비즈니스 영어이메일 대박 표현사전

초판 1쇄 발행 2012년 7월 10일
초판13쇄 발행 2020년 12월 10일

지은이 박명수, 이진규
펴낸이 유성권

펴낸곳 ㈜이퍼블릭
출판등록 1970년 7월 28일, 제1-170호
주소 서울시 양천구 목동서로 211 범문빌딩 (07995)
대표전화 02-2653-5131 | **팩스** 02-2653-2455
메일 loginbook@epublic.co.kr
포스트 post.naver.com/epubliclogin
홈페이지 www.loginbook.com

- 이 책은 저작권법에 따라 보호받는 저작물이므로 무단전재와 복제를 금지하며, 이 책 내용의 전부 또는 일부를 이용하려면 반드시 저작권자와 ㈜이퍼블릭의 서면 동의를 받아야 합니다.
- 잘못된 책은 구입처에서 교환해 드립니다.
- 책값과 ISBN은 뒤표지에 있습니다.

로그인은 ㈜이퍼블릭의 실용서 브랜드입니다.

비즈니스 영어이메일 대박 표현사전

박명수·이진규 지음

로그인

머리말

　IT기술의 발달은 인간의 의사소통 방식을 확실히 바꿔 놓았다. 직장인이라면 대부분 출근 직후 업무용 이메일을 확인하는 것으로 일과를 시작할 정도로 오늘날 이메일은 매우 중요한 의사소통의 도구가 되어 버렸다. 개인적인 의사소통뿐 아니라, 기업의 업무수행에서도 이메일의 역할은 말로 다할 수 없을 정도이다. 우리는 서로 의사소통을 위해 언어를 사용하는데, 그러한 소통을 위해 이제는 꼭 직접 얼굴을 맞대고 표정을 읽어가며 애를 쓸 필요가 없게 된 것이다.

　그런데 이메일은 마주보고 의사를 전달하는 면대면의 커뮤니케이션이 아니므로, 사소한 표현들로 큰 오해를 빚는 경우들이 종종 생긴다. 하물며 그것이 영어로 이루어진다면 오해의 골은 더욱 깊어질 수가 있다. 우리가 이 책을 쓰게 된 것도 점점 더 빈번해지는 국제 비즈니스에서 커뮤니케이션의 핵심인 '영어'와 '이메일'에 대한 수많은 우리나라 비즈니스맨들의 고민을 조금이라도 덜어 주고픈 생각에서 비롯되었다. 우리는 십여 년간 수많은 강연, 강의, 컨설팅, 회의통역, 번역 등을 통해 접해 본 비즈니스 현장 경험을 바탕으로, 실제적인 국제 비즈니스 커뮤니케이션을 위해 어떤 것이 필요한지에 대한 고민을 많이 하면서 폭넓고 다양한 표현을 이 책에 실었다.

　이 책은 무역영어, 사내영어 등 기업의 대내외 비즈니스 영작문에 관련된 내용을 폭넓게 다루고 있다. 이 책의 타이틀이 '이메일'이라는 범주를 빌리고 있긴 하지만 Speaking, Listening, Writing 등 영어의 여러 영역들은 따로 떼서 존재할 수 없는 부분이므로, 이 책을 통해 비즈니스 이메일 표현들에 익숙해진다면 결과적으로 영어로 이루어지는 모든 비즈니스에 필요한 효과적인 의사소통 기술을 익힐 수 있으리라고 본다. 따라서 국제 비즈니스의 다양한 상황에서 영어로 각종 거래와 교류를 원활하게 수행하기를 원하는 독자라면 이 책을 통해 그러한 바램이 현실이 될 수 있을 것이라고 생각한다. 부디 이 책이 여러분의 비즈니스 현장 곳곳에서 실제적으로 도움이 되어 많은 비즈니스 성과들을 이뤄내는 데 도움이 되는 책으로 자리잡기를 기대해 본다.

언제나 그렇지만 한 권의 책을 집필하는 데는 자신의 모든 열정과 노력을 마지막까지 쏟아내야만 한다는 것을 다시 한 번 느끼고 배웠다. 특히 이 책을 집필하면서 많은 이들에게 신세를 졌다. 오랜 시간 좋은 원고를 위해 참고 기다려 준 로그인의 안현진 씨와 여러 명의 리뷰어분들께 감사드린다. 그리고 집필 기간 동안 배려해 준 사랑하는 가족들에게 깊은 애정을 전한다.

다시 한 번, 여러분의 국제적인 비즈니스 커뮤니케이션 감각을 이 책을 통해 한층 더 세련되게 만들어 보기를 바란다.

박명수 · 이진규

이 책의 특징 및 활용법

'핵심패턴'에서 '표현사전'까지 한 권으로 OK!
당신에게 필요한 비즈니스 이메일의 모든 것!

대한민국 직장인을 위한 생존영어! 이메일 영어!

오늘날 이메일은 비즈니스 전쟁의 시작이자 끝이라고 할 만큼 중요한 비즈니스 수단이다. 당신이 선택한 단어 하나, 문장 한 줄이 수십 억의 거래를 날려 버릴 수도, 살려 낼 수도 있다. 그런데 영어 이메일을 대충 뜻만 통하게 영작해서 보낸다고?! 이제 이 책을 통해 품격 있는 비즈니스 영어 이메일에 도전해 보자!

업무상 부딪히는 수백 가지 이메일 실제상황! 이 한 권이면 해결된다!

업무상 부딪히게 되는 이메일 상황은 수백 가지! 한정된 패턴 몇 개로 표현하기란 도저히 불가능하다! 이 책에는 비즈니스 이메일에 필요한 모든 표현을 230개 상황별로 상세히 분류해 수록하였다. 책상 위에 꽂아두고 필요할 때마다 찾아보면 언제, 어떤 상황에서건 든든한 이메일 파트너가 되어 줄 것이다.

이 책, 저 책 헤매지 말자! 이메일 '영작 기본서'와 '표현사전'이 한 권에!

이 책은 ❶ 영어 이메일 쓸 때 꼭 나오는 30패턴, ❷ 단어만 바꿔 바로 쓰는 샘플 이메일, ❸ 230개 상황별 3,000개 이메일 표현 등 영어 이메일에 필요한 모든 요소를 한 권에 총망라해 어떤 문장이라도 원하는 영어문장을 쉽게 찾아 바로 쓸 수 있도록 배려하고 있다.

실전 감각 100%의 현대식 비즈니스 이메일 표현만을 모았다!

이 책은 비즈니스 영어 전문 저자군과 다양한 직군의 직장인 리뷰어들이 상황별, 업종별로 가려 뽑은 활용도 100% 실전 비즈니스 이메일 표현들로 이루어진 것이 특징이다. 또한 고루한 인상을 줄 수 있는 문어체 표현들은 최대한 배제하고, 격식을 갖추더라도 현대식 비즈니스 커뮤니케이션에 어울리는 표현들로 엄선하여 수록하였다.

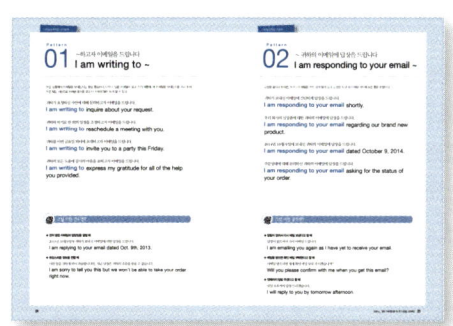

영어 이메일 쓸 때 꼭 나오는 30패턴

'이메일의 목적을 밝힐 때', '메일 주셔서 감사하다고 할 때', '답장이 늦었을 때', '첨부파일이 있을 때' 등 영어로 이메일을 쓸 때 가장 많이 쓰는 30개의 이메일 빈출 패턴을 소개하고 있다. 또한 '그럼 이런 경우엔?' 코너를 통해 해당 패턴 상황에서 확장된 표현들까지 한꺼번에 익힐 수 있도록 배려하고 있다.

단어만 바꿔 바로 쓰는 샘플 이메일

'이메일의 시작 표현', '이메일의 맺음말 표현', '회사 소개', '사업 제안' 등 비즈니스 상황별로 단어만 바꾸면 바로바로 활용 가능한 샘플 이메일을 제시하고 있다. 이 코너를 통해 상황별 이메일 작성의 전체적인 감을 잡은 후 본문에 제시된 표현들에서 자신이 원하는 표현을 찾아 이메일을 작성하면 성공적인 비즈니스 이메일을 완성할 수 있게 될 것이다.

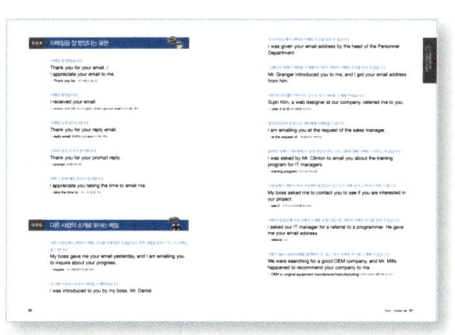

230개 상황별 3,000개 비즈니스 이메일 표현

영어 이메일이 막막한 직장인을 위한 비즈니스 이메일 영어표현 총망라! '인사', '회사소개', '제품문의'에서 '계약', '지불', '항의', '사교' 이메일까지 비즈니스를 진행하면서 등장할 수 있는 이메일 영어표현들을 총망라하고 있다. 총 3,000여 개 문장을 5개 파트, 25챕터, 230개 소주제로 구분하여 상세하게 제시하여 누구나 원하는 표현을 쉽고 빠르게 찾을 수 있도록 했다.

 목차 한눈에 보기

| Intro. | 영어 이메일 쓸 때 꼭 나오는 30패턴 _ 022 |

PART 1
이메일의 기본
- Chapter 01. 이메일의 시작 표현 _ 056
- Chapter 02. 이메일의 맺음말 표현 _ 073
- Chapter 03. 첨부파일/수신확인/메일 오류/전달 _ 088

PART 2
비즈니스의 시작
- Chapter 04. 회사 소개 _ 104
- Chapter 05. 사업 제안 및 미팅 _ 120
- Chapter 06. 응답 및 상담 표현 _ 134
- Chapter 07. 연락처 및 담당자 _ 144
- Chapter 08. 홈페이지/웹하드/팩스 _ 152
- Chapter 09. 제품 소개 _ 161
- Chapter 10. 제품 문의 및 시제품 요청 _ 168
- Chapter 11. 사용 허가 요청 _ 185
- Chapter 12. 가격 문의//가격 정책 설명 _ 193

PART 3
계약/주문/결제
- Chapter 13. 계약 관련 _ 208
- Chapter 14. 주문/배송/선적/입금 _ 216
- Chapter 15. 결제 및 지불 관련 _ 239
- Chapter 16. 클레임 및 클레임 처리 _ 258

PART 4
출장/회의/행사
- Chapter 17. 행사 초대 _ 280
- Chapter 18. 거래처 방문 및 해외출장 _ 291
- Chapter 19. 회의 공지 _ 322
- Chapter 20. 의견 및 협상표현 _ 330

PART 5
사교 및 사내 이메일
- Chapter 21. 친밀감을 어필하는 이메일 _ 360
- Chapter 22. 출장/휴가/퇴사/이직 공지 _ 370
- Chapter 23. 축하/감사/위로의 이메일 _ 379
- Chapter 24. 사내 이메일 공지 _ 393
- Chapter 25. 사내 업무용 이메일 _ 407

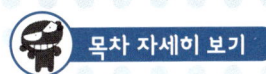 **목차 자세히 보기**

머리말 _ 004
이 책의 특징 및 활용법 _ 006
이메일의 5가지 기본 구성요소 _ 014
국제 비즈니스 이메일에서 반드시 주의해야 할 10가지 _ 018

Intro.
영어 이메일 쓸 때 꼭 나오는 30패턴

PART 1
이메일의 기본

Chapter 01. 이메일의 시작 표현
- **001** 이메일의 첫인사 _ 057
- **002** 처음 보내는 이메일 및 자기소개 _ 057
- **003** 답장으로 보내는 메일 _ 059
- **004** 이메일을 잘 받았다는 표현 _ 060
- **005** 다른 사람의 소개로 보내는 메일 _ 060
- **006** 정보를 확인하며 시작할 때 _ 062
- **007** 늦은 회신에 대한 사과 및 변명 _ 063
- **008** 오랜만에 다시 연락할 때 _ 065
- **009** 좋은 소식을 전할 때 _ 066
- **010** 좋지 않은 소식을 전할 때 _ 067
- **011** 명절/행사/공휴일 인사 _ 067
- **012** 크리스마스/새해 인사 _ 069
- **013** 날씨/계절인사 _ 070
- **014** 자연재해에 대한 안부인사 _ 071

Chapter 02. 이메일의 맺음말 표현
- **015** 이메일의 마무리 인사 _ 074
- **016** 이메일의 클로징 표현 _ 075
- **017** 확인 후 연락 주겠다고 할 때 _ 075
- **018** 상사 승인후 연락하겠다고 할 때 _ 077
- **019** 기한 통보 및 요청 _ 078
- **020** 시간 연장 요청 _ 079
- **021** 협조 요청 _ 080
- **022** 안부 전하기 _ 082
- **023** 수신 확인 및 답신 요청 _ 083
- **024** 다시 한번 감사인사하기 _ 085
- **025** 사과하기 _ 086

Chapter 03. 첨부파일/수신확인/메일 오류/전달
- **026** 첨부파일 안내 _ 089
- **027** 첨부파일이 없거나 열리지 않을 때 _ 090
- **028** 업무 담당자에게 이메일을 전달할 때 _ 092
- **029** 이메일의 전달/CC 부탁 _ 094
- **030** 메일이 반송되었을 때 _ 095
- **031** 메일을 다시 보내 달라고 할 때 _ 096
- **032** 메일이 깨져서 왔을 때 _ 098
- **033** 이메일 내용을 이해하지 못했을 때 _ 099

PART 2
비즈니스의 시작

Chapter 04. 회사 소개
- **034** 회사 소개의 시작과 마무리 _ 105
- **035** 회사의 분야 소개 _ 105
- **036** 연혁 소개 _ 108
- **037** 회사 규모/업계 위상/수상 경력 소개 _ 110
- **038** 중장기 전망 소개 _ 111
- **039** 본사 및 지사/파견소 소개 _ 113
- **040** 주요 고객사 소개 _ 115

041 주요 수출국 소개 _ 117

Chapter 05. 사업 제안 및 미팅

042 업무제휴 제안하기 _ 121
043 거래 제의 _ 122
044 제안서 전달 _ 123
045 시범사용 제안 _ 124
046 A/S 정책 설명 _ 126
047 견본제품 발송 _ 127
048 상담 및 회의 요청 _ 129
049 약속 상기 _ 130
050 방문 후 감사 인사 _ 132

Chapter 06. 응답 및 상담 표현

051 제안/제공에 대한 감사 _ 135
052 언제까지 보내겠다고 할 때 _ 136
053 검토해 보겠다고 할 때 _ 137
054 요청 수락 _ 138
055 요청 거절 _ 139
056 사용 허가 _ 140
057 상사와 논의해 보겠다고 할 때 _ 141

Chapter 07. 연락처 및 담당자

058 담당부서 및 담당자 연락처 요청 _ 145
059 후임자의 소개 _ 146
060 후임을 맡았을 때 _ 147
061 전화번호 변경 _ 148
062 이메일 주소 변경 _ 149
063 사무실 주소 변경 _ 150

Chapter 08. 홈페이지/웹하드/팩스

064 홈페이지 안내 _ 153
065 웹하드에 자료가 있다고 할 때 _ 154

066 웹하드에 접속이 안 될 때 _ 155
067 팩스 송수신 _ 157
068 팩스에 문제가 있을 때 _ 158

Chapter 09. 제품 소개

069 신제품 출시 _ 162
070 제품의 장단점 소개 _ 163
071 경쟁제품과 비교하기 _ 164
072 임상실험 단계의 제품 설명 _ 165

Chapter 10. 제품 문의 및 시제품 요청

073 제품 문의 _ 169
074 카탈로그 요청 _ 170
075 재고 확인/신제품 추천 _ 172
076 기술수준 문의 _ 173
077 견본 요청 _ 174
078 시제품 사용 요청 _ 176
079 시제품 사용후 반환 및 문의 _ 177
080 A/S 문의 _ 178
081 추가정보 요청 _ 178
082 프로그램 업데이트 문의 _ 181
083 기술 지원 관련 요청 _ 182

Chapter 11. 사용 허가 요청

084 사용 허가 요청 _ 186
085 저작권 침해시 _ 188
086 상표권 침해시 _ 190
087 특허권 침해시 _ 191

Chapter 12. 가격 문의/가격 정책 설명

088 가격 조건 _ 194
089 가격 할인 _ 195
090 가격 할인 요청 _ 196

091 견적 요청 _ 198
092 신규 정책 공지 _ 199
093 배송료 문의 _ 200
094 구매유도 _ 201
095 가격 변동에 대한 고지 _ 203

PART 3
계약/주문/결제

Chapter 13. 계약 관련
096 계약서 송부 및 수령 _ 209
097 계약서 및 문서 전달 방식 _ 210
098 계약서 관련 세부사항 _ 211
099 계약서 수정요청 _ 212
100 계약 방식에 대한 협의 _ 214

Chapter 14. 주문/배송/선적/입금
101 견적서 보내기/받기 _ 217
102 주문하기 _ 218
103 주문 변경하기 _ 219
104 주문 확인 _ 221
105 주문 취소 _ 222
106 주문 오류 _ 224
107 주문 처리 지연 _ 225
108 판매 조건 _ 227
109 납기 및 배송 일정 안내 _ 228
110 선적 지연 _ 229
111 납품 지연 _ 231
112 신용장 _ 233
113 통관 _ 234

114 출하 통지 _ 236

Chapter 15. 결제 및 지불 관련
115 청구서 요청 _ 240
116 지불방식 문의 _ 241
117 지불방식 변경 _ 243
118 대금 결제 _ 244
119 입금 확인 _ 246
120 송금 확인 _ 248
121 송금액 오류 및 미납 _ 249
122 대금 청구액이 다를 때 _ 251
123 지급 지연 _ 253
124 지불 촉구 및 연체료 공지 _ 255

Chapter 16. 클레임 및 클레임 처리
125 수량 부족 _ 259
126 물품 파손 _ 260
127 불량품 _ 262
128 반품 요청 _ 264
129 제품 관련 분실 및 누락 _ 265
130 고객 불만 _ 267
131 고객 불만 응대 _ 267
132 고객 문의 응대 _ 269
133 A/S 요청 및 응대 _ 271
134 유감 표시 _ 273
135 재촉하기 _ 274
136 자연재해에 의한 양해 _ 276

PART 4
출장/회의/행사

Chapter 17. 행사 초대
- **137** 사내 행사 안내 _ 281
- **138** 파티 초대 _ 281
- **139** 신제품 발표회 초대 _ 282
- **140** 개업식 초대 _ 284
- **141** 세미나/강연회 초대 _ 286
- **142** 시사회 초대 _ 287
- **143** 전시회 초대 _ 288

Chapter 18. 거래처 방문 및 해외출장
- **144** 방문 목적 밝히기 _ 292
- **145** 워크샵 및 행사 참가신청 _ 292
- **146** 전시회 부스 신청 _ 294
- **147** 방문 일정 잡기 및 일정 전달 _ 296
- **148** 일정 조정 _ 297
- **149** 항공권 예약 _ 299
- **150** 호텔 예약 _ 300
- **151** 차량 렌트 _ 301
- **152** 예약 변경 _ 302
- **153** 약속 잡기 _ 304
- **154** 약속 수락에 대해 감사하기 _ 305
- **155** 약속 시간 변경 _ 306
- **156** 방문 후 감사인사 _ 307
- **157** 환대에 대한 감사표시 _ 309
- **158** 방문 취소 및 연기 _ 310
- **159** 바이어 초청 및 방문 _ 311
- **160** 바이어의 숙박 주선 _ 312
- **161** 픽업 약속 _ 313
- **162** 일정 알리기 _ 314
- **163** 방문 후 피드백 받기 _ 315
- **164** 참석 인원 통지 및 문의 _ 316
- **165** 회의 준비 및 요청 _ 317
- **166** 교통편 문의 _ 319

Chapter 19. 회의 공지
- **167** 회의 공지 _ 323
- **168** 의제 알리기 _ 324
- **169** 회의/모임에 대한 상기 _ 326
- **170** 회의 후 요약 _ 327
- **171** 회의록 송달 _ 328

Chapter 20. 의견 및 협상 표현
- **172** 상대방의 이해 구하기 _ 331
- **173** 시장상황 설명하기 _ 332
- **174** 확신 표현하기 _ 333
- **175** 해명하기 _ 335
- **176** 중요성 강조하기 _ 336
- **177** 가능성 피력하기 _ 338
- **178** 완곡한 불만 제기 _ 339
- **179** 강력한 불만 제기 _ 341
- **180** 조언/권유하기 _ 342
- **181** 조언 수용하기 _ 343
- **182** 염려/우려 표현하기 _ 344
- **183** 질문하기 _ 345
- **184** 찬성하기 _ 346
- **185** 완곡한 반대 _ 348
- **186** 거절하기 _ 349
- **187** 오해 풀기 _ 350
- **188** 대안 제시하기 _ 351
- **189** 이유/조건 말하기 _ 352
- **190** 타협 제안하기 _ 354

191 최후 통첩 _ 355
192 협상 결렬시 _ 356

PART 5
사교 및 사내 이메일

Chapter 21. 친밀감을 어필하는 이메일
193 퇴직자에 대한 작별 인사 _ 361
194 거래 후 감사 인사 _ 362
195 상대방 칭찬하기 _ 363
196 연락 제안하기 _ 365
197 접대 제안 _ 366
198 초대 _ 368

Chapter 22. 출장/휴가/퇴사/이직 공지
199 휴무 공지 _ 371
200 출장 공지 _ 372
201 휴가 공지 _ 374
202 전근 공지 _ 376
203 퇴직/퇴사 공지 _ 377

Chapter 23. 축하/감사/위로의 이메일
204 개인적인 축하 _ 380
205 회사 행사 축하 _ 381
206 감사 _ 382
207 접대에 대한 감사 _ 383
208 소개에 대한 감사 _ 384
209 정보 제공에 대한 감사 _ 385
210 격려와 위로 _ 386
211 부고/조문/위로 _ 388

212 장례식 공지 _ 390
213 사과 _ 391

Chapter 24. 사내 이메일 공지
214 인사 이동 안내 _ 394
215 공고/공지 _ 395
216 폐쇄 공지 _ 397
217 정전 및 중단 공지 _ 398
218 귀빈의 방문공지 _ 400
219 해고 통보 _ 401
220 경고성 메일 _ 403
221 조직 개편 _ 404

Chapter 25. 사내 업무용 이메일
222 결재 요청 _ 408
223 보고 요청 _ 409
224 자료 요청 _ 410
225 상황 보고 _ 411
226 업무 요청 및 제안 _ 413
227 업무 보고에 대한 피드백 _ 414

이메일의 5가지 기본 구성요소

이메일은 형식면에서 공식적인 서면 문서에 비해 다분히 비격식적으로 여겨지지만, 비즈니스 목적으로 주고받는 이메일이라면 일반 서신처럼 기본적으로 지켜야 하는 구성요소들이 있다.

1. 발신자 (Sender)

이메일을 보내는 본인의 이름이 정확하게 나타나야 한다. 본인의 별명을 사용하거나 이름을 약자로 해서 표현하는 것은 좋지 않다. 편의상 영어 이름을 쓰는 경우라도 최초의 이메일 교환시에는 본인의 한국 이름을 정확하게 알려 주는 것이 좋다. 특히 이름을 그냥 소문자로 보내거나, 그냥 본인의 성을 빼고 이름만을 쓰는 것도 처음 관계를 형성하는 단계에서는 삼가는 것이 좋다. You are what you write.라는 말이 있다. 우리가 어떻게 이메일을 쓰느냐가 앞으로의 관계를 좌지우지할 뿐 아니라, 자신의 정체성도 드러내는 것이라는 것을 명심하자.

2. 제목 (Subject Line)

이메일 제목은 수신자가 가장 먼저 보게 되는 부분이므로 의미 있고, 명료하고, 간결하게 해야 한다. 제목을 쓸 때는 잘려서 일부만 보이지 않도록 하면서 간결하고 명료하게 적어야 한다. 특히 본문 내용의 앞머리를 그냥 복사해서 붙이는 무성의한 제목과 From Myongsu(명수로부터)나 Dear James(제임스에게)처럼 내용을 전혀 짐작할 수 없는 제목은 삼가야 한다. 가령 다음과 같이 회의 시간과 장소에 대한 안내 이메일인 경우, 첫 번째보다는 두 번째와 같은 제목이 더 좋다.

The following is about when and where the meeting takes place.
다음은 회의가 있을 시간과 장소에 관한 것입니다.

Time and Place of Meeting
회의 시간 및 장소

하루에도 수십 통씩 쏟아지는 스팸메일 속에서 일단 제목을 보고 이메일을 열어 본다는 것을 상기하며 제목을 잘 선택하는 것이야말로 이메일 작성의 핵심이라는 점을 다시 한 번 명심하자.

3. 인사 (Greetings)

인사도 없이 시작되는 이메일은 자칫 건방지게 보일 수 있다. 영어의 인사표현이 많기는 하지만, 이메일로 인사를 한다면 Dear, Hi, Hello 등이 가장 적합하다. 이 중에서 비즈니스 관계상 가장 안전한 것은 Dear이고 반드시 상대방의 이름을 정확하게 적어야 한다. Dear Mr. Forrest, Dear James, Dear Ms. McKay 등으로 하면 된다. 다만, 특정 사안을 놓고 서로 수차례 주고받는 이메일이라면 Dear Paul Smith 등을 반복할 필요 없이, 상대방의 '호칭(Mr., Ms. 등)과 이름' 또는 '이름(first name)'만을 사용하고, 그 아래에 바로 내용을 쓰면 된다.

우리말 이메일은 '안녕하세요'로 시작하는 경우가 많은데, 영어로 이에 해당하는 Good morning, Good afternoon 등은 적절치 않을 수 있다. 우리말의 '안녕하세요'는 시간대와 상관 없이 사용할 수 있지만, 영어의 경우에는 이메일을 읽은 사람이 아침에 읽는지 저녁에 읽는지 알 수 없기 때문에 Good morning 등의 인사는 적절하지 않다.

4. 본문 (Body)

본문을 작성할 때 주의해야 하는 세 가지가 있는데, 바로 ❶ 길이, ❷ 간격, ❸ 문법이다.

❶ **길이** 본문의 길이는 이메일의 성격에 따라 달라지겠지만, 가급적 스크롤바를 움직이지 않은 상태에서 읽을 수 있는 한 페이지 이내의 분량이 적당하다.

❷ **간격** 이메일의 내용이 한 페이지이더라도, 내용에 따라 적절하게 문단을 나눠서 가독성(readability)을 높이는 것이 좋다. 화면에 꽉 찬 듯한 이메일은 읽을 때도 부담스럽고, 읽고 난 후에도 이메일의 핵심을 파악하는 것이 쉽지 않기 때문이다. 특히 중요한 내용의 이메일이라면, 자신의 다른 이메일 계정에 동일한 내용의 이메일을 사전에 보내서 어떻게 보이는지를 미리 확인하는 것도 좋은 방법이다.

❸ **문법** 비즈니스 목적으로 보내는 이메일이라면, 보내기 전에 꼼꼼하게 문법상 오류가 없는지를 재차 확인해야 한다. 비문법적인 표현이 너무 많거나 어눌한 표현이 반복되는 것은 내용 전달력이 떨어질 뿐 아니라 성실하지 않은 듯한 인상을 줄 수 있다. 아울러 모든 단어를 소문자 또는 대문자로 사용하는 것도 무성의해 보이므로 삼가야 한다. 우리가 기본적으로 아는 대로 문장의 시작은 반드시 대문자로 하고, 마지막에는 반드시 마침표를 찍는 버릇을 갖는 것이 좋다.

Before you email ①

5. 마무리 인사 (Closing)

첫인사와 마찬가지로 마무리 인사가 없다면 무례하거나 무성의해 보일 수 있고, 너무 사무적으로만 대한다는 인상을 줄 수 있다. 따라서 적절한 마무리 인사를 사용하는 습관을 갖는 것이 중요하다.

가장 일반적으로 많이 사용되는 마무리 인사는 Best, Regards, Cheers 등이며, 마지막에 본인의 이름을 정확하게 제시하는 것도 잊지 말아야 한다.

더불어 요즘 이메일에는 하단에 본인의 소속, 전화번호, 이메일 주소 등이 자동으로 붙여져서 발송되는 '자동 서명' 기능이 있는데, 이때 불필요하게 너무 많은 정보를 담기보다는 정말 필요한 내용만을 담도록 하자. 개인의 핸드폰 번호, 개인적으로 사용하는 이메일 주소, 블로그 주소 등은 불필요하게 넣을 필요가 없다. 비즈니스 이메일은 목적에 맞게 내용도, 구성도 간결하게 하는 것이 좋다.

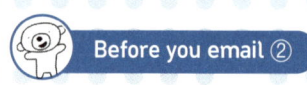

국제 비즈니스 이메일에서 반드시 주의해야 할 10가지

1. 호칭과 성별은 정확하게 사용한다

이메일을 받을 상대방의 직위, 이름, 성별 등은 사전에 충분히 확인하도록 한다. 가령 성별도 모르는 채 Dear Sir로 시작한다거나 상대방의 이름 스펠링을 틀리게 보내는 것은 사소하지만 상대방에게 불편한 감정을 일으킬 수 있으니 주의하자. 가장 안전한 것은 Dear를 사용해서 Mr.나 Ms. 뒤에 상대방의 이름을 쓰거나 호칭 없이 상대방의 풀네임(성과 이름)을 함께 사용하는 방법이다.

Dear Mr. Forrest, 포레스트 씨께 / **Dear Ms. McKay,** 맥케이 씨께

다만 서로 연락을 여러 번 주고 받았거나, 만나 인사를 나눈 뒤라면 Dear James, Dear Susan처럼 상대방의 first name을 사용해서 인사를 하는 것은 괜찮다. 비즈니스의 첫 시작에서 지나치게 격의 없는 태도는 안 좋은 첫인상으로 이어질 수 있다는 것을 명심하자.

2. 일반적으로 흔히 사용되는 서체를 사용한다

국제 이메일에서 영문 서체는 Times New Roman이나 Arial 등이 좋으며, 글자 크기는 10에서 12포인트 정도면 적당하다. 아울러 강조의 의미로 느낌표를 한 개 이상 쓰는 것(!!!)과 같이 굳이 불필요한 문장 부호의 반복은 피하는 것이 좋다.

3. 메일의 길이는 적당하게 한다.

용건을 적절한 양으로 쓰되, 간결하면서도 충분히 이해할 수 있게 써야 한다. 물론 적절하다는 개념은 상대적이기는 하지만, 보통 이메일을 열었을 때 한 페이지 내에서 스크롤바를 움직이지 않고 읽을 수 있는 정도면 된다.

4. 첨부파일 사용을 자제한다

모든 국가의 인터넷 속도가 우리나라처럼 대용량 파일을 원활히 처리할 수 있을 정도로 빠르지 않다는 점을 명심하자. 첨부파일을 보낼 때는 정말 필요한 경우인지 다시 한 번 생각하고, 꼭 보내야 한다면 첨부한 파일에 대한 설명을 본문에 간단하게 적는 것이 좋다. 이때 파일에 대한 간단한 설명과 함께 파일명, 파일 형식 등을 알려 주면 좋다.

> **예** Please find the attached document.
> It is about an updated version of the project proposal.
> Attached: Project3Proposal.doc
> This file is in Microsoft Word 2007.
>
> 첨부파일을 확인하세요.
> 프로젝트 제안에 대한 업데이트 버전에 관한 것입니다.
> 첨부파일: Project3Proposal.doc
> 이 파일은 MS Word 2007로 작성되었습니다.

대용량 파일을 원활히 처리할 수 있을 정도로 빠르지 않다는 점을 명심하자. 대용량 파일을 보내야 하는 경우, 사전에 대용량 첨부파일을 보내겠다는 이메일을 보내 해당 파일을 다운로드하거나 파일을 읽는 데 문제가 없는지 미리 확인하는 것도 좋은 방법이다.

5. 첨부파일의 형식에 주의한다

첨부파일을 보낼 때는 파일의 형식에 대해서도 고려해야 한다. 국제 비즈니스라면 당연히 hwp(아래아한글) 파일은 사용해서 안 되고, 경우에 따라 doc(MS Word) 파일도 버전 때문에 문제가 될 수 있다. 가장 현명한 방법은 파일의 호환성을 고려해서 rtf

나 pdf 형식으로 저장해서 보내는 것이다. 수신자의 컴퓨터 OS가 윈도우이건 매킨토시이건 상관없이 rtf 파일은 읽을 수 있기 때문이다.

6. 이모티콘 사용은 자제한다

비즈니스 목적의 이메일에서 이모티콘의 사용은 자제해야 한다. 이모티콘은 오히려 이메일 내용의 진정성을 저해할 수 있고, 우리나라에서 자주 사용하는 이모티콘과 외국에서 자주 사용하는 이모티콘은 다르기 때문에 이해 자체를 못할 상황도 충분히 가능하다. 가령 우리나라에서는 웃음을 뜻하는 이모티콘으로 ^^을 많이 쓰지만 외국에서는 :)을 널리 사용한다.

7. 농담은 하지 않는다

문화에 따라 유머 감각이 달라 웃자고 한 농담이 전혀 재미있지 않거나 불필요한 오해 등 전혀 엉뚱한 결과를 가져올 수 있으므로 주의해야 한다.

8. 수신자와 참조자(cc)는 구분해서 사용한다

본인이 보내는 이메일이 누구에게 보내는 것인지를 명확하게 해야 한다. 이메일을 받는 상대방이 자신의 이름이나 이메일 주소가 수신자란에 있는지, 참조자에 있는지에 따라 이메일을 읽고 반응하는 것이 전혀 다를 수 있다는 점을 명심해야 한다. cc로 이메일을 받는다면, '그냥 알고 계세요'라는 말로 여겨지기 때문이다. 특히 누군가에게 받은 이메일을 그냥 전달(forwarding)하는 경우라면, 원래 이메일에 있던 수신자와 cc가 그대로 딸려 갈 수 있으므로 주의해야 한다.

9. 이메일을 보내기 전에 반드시 다시 읽어 본다

이메일은 참으로 편리한 수단이지만, 그런 편리함으로 인해 비즈니스의 신중함에 모자람이 있어서는 안 된다. 영어로 쓴 이메일을 보낼 때는 〈SEND〉 버튼을 누르기 전에 꼭 본인이 쓴 이메일을 재차 확인하는 버릇을 들이도록 한다. 이때 작성한 메일을 소리 내어 읽어 보는 것도 좋은 습관이다.

10. 이메일 회신은 신속하게 한다

비즈니스 관계에서는 상대방의 회신 요청이 없더라도 상대방이 보낸 이메일을 읽었고, 그에 대한 처리가 진행중이라는 것을 알리는 회신이 필수적이다. 정보 수집이나 상사의 결재 등으로 인해 회신에 시간이 걸리는 경우라면, 그런 점에 대해 미리 간단히 설명하는 회신 이메일을 먼저 보내고 후에 자세한 내용을 담은 회신을 해야 한다.

INTRO

영어 이메일 쓸 때 꼭 나오는 30패턴

이메일의 목적을 나타낼 때

Pattern 01 ~하고자 이메일을 드립니다
I am writing to ~

어떤 상황에서 이메일을 보내는지는 항상 중요하다. 너무나 많은 이메일이 오고 가기 때문에, 왜 이메일을 보내는지를 미리 밝혀 두면 읽는 사람으로 하여금 흥미를 갖고 더 자세히 읽어 보게 할 수 있다.

귀하가 요청하신 사안에 대해 문의하고자 이메일을 드립니다.
I am writing to inquire about your request.

귀하와 하기로 한 회의 일정을 조정하고자 이메일을 드립니다.
I am writing to reschedule a meeting with you.

귀하를 이번 금요일 파티에 초대하고자 이메일을 드립니다.
I am writing to invite you to a party this Friday.

귀하의 모든 도움에 감사의 마음을 표하고자 이메일을 드립니다.
I am writing to express my gratitude for all of the help you provided.

 그럼 이런 경우엔?

+ 먼저 받은 이메일의 답장임을 알릴 때
2013년 10월 9일자 귀하가 보내신 이메일에 대한 답장을 드립니다.
I am replying to your email dated Oct. 9th, 2013.

+ 유감스러운 정보를 전할 때
이런 말씀 전하게 되어 죄송합니다만, 지금 당장은 귀하의 주문을 받을 수 없습니다.
I am sorry to tell you this but we won't be able to take your order right now.

이메일 답장을 보낼 때

Pattern
02 ~ 귀하의 이메일에 답장을 드립니다
I am responding to your email ~

답장을 쓴다고 밝히면, 누구나 이메일을 주의 깊게 읽게 된다. 답장을 보낼 때 이메일 서두에 쓰면 좋은 표현이다.

귀하가 보내신 이메일에 간단하게 답장을 드립니다.
I am responding to your email shortly.

우리 회사의 신상품에 대한 귀하의 이메일에 답장을 드립니다.
I am responding to your email regarding our brand new product.

2014년 10월 9일에 보내신 귀하의 이메일에 답장을 드립니다.
I am responding to your email dated October 9, 2014.

주문상태에 대해 문의하신 귀하의 이메일에 답장을 드립니다.
I am responding to your email asking for the status of your order.

 그럼 이런 경우엔?

+ 답장이 없어서 다시 메일 보낸다고 할 때
답장이 없으셔서 다시 이메일 드립니다.
I am emailing you again as I have yet to receive your email.

+ 메일을 받으면 확인 메일 부탁한다고 할 때
이메일 받으시면 제게 확인 메일 보내 주시겠습니까?
Will you please confirm with me when you get this email?

+ 언제까지 답장 주겠다고 할 때
내일 오후까지 답장 드리겠습니다.
I will reply to you by tomorrow afternoon.

Pattern 03 ~이메일 주셔서 감사합니다
Thank you for your email ~

이메일을 받고 답장을 쓸 때, 먼저 이메일을 보낸 데 대한 감사의 말을 하는 것은 비즈니스에서 기본이다.

우리 회사의 제품에 대한 문의로 이메일 주셔서 감사합니다.
Thank you for your email inquiring our products.

주문에 대한 기본 조건과 관련한 이메일을 보내 주셔서 감사합니다.
Thank you for your email regarding the basic conditions for our order.

귀하의 계정에 대한 세부사항과 관련하여 2015년 10월 9일에 보내신 귀하의 이메일에 감사드립니다.
Thank you for your email received 09/10/2015 regarding your account details.

2014년 11월 1일에 보내신 귀하의 이메일에 감사드립니다.
Thank you for your email dated Nov. 1, 2014.

 그럼 이런 경우엔?

✚ 고객 자동 응대 메일의 시작표현
항상 저희를 애용해 주셔서 감사드립니다.
Your continued patronage is always much appreciated.

✚ 이메일 수신을 확인해 줄 때
귀하의 지원 이메일에 대한 자동회신임을 주지하시기 바랍니다.
Please note that this is an automatic response to your application email.

나중에 답장을 보내겠다고 할 때

Pattern
04 ~ 다시 연락 드리겠습니다
I will get back to you ~

이메일을 받고 지금 당장 길게 답장을 못하는 바쁜 상황에서, 나중에 답장하겠다는 뜻을 표하는 것도 좋은 이메일 에티켓이다. 아래의 표현 get back to는 '~로 되돌아가다'의 의미로, 이메일 상황에서는 이메일로 '나중에 다시 연락하겠다'는 의미가 된다.

내일 오전에 다시 연락 드리겠습니다.
I will get back to you tomorrow morning.

회의를 확정하기 위해 이번 주 금요일에 다시 연락 드리겠습니다.
I will get back to you this coming Friday to confirm the meeting.

출장에서 돌아오면 다시 연락 드리겠습니다.
I will get back to you when I come back from a business trip.

가능한 한 빨리 답장 드리도록 하겠습니다.
I will get back to you as soon as possible.

 그럼 이런 경우엔?

+ 알아보고 연락 주겠다고 할 때
제품에 대해 상세한 정보로 답장 드리겠습니다.
I will email you back with detailed information on the product.

+ 월요일까지 피드백 드리겠다고 할 때
월요일까지 제안서에 대한 피드백을 보내겠습니다.
I will send my feedback on the proposal by Monday.

+ 담당자에게 연락 드리라고 한다고 할 때
귀하의 이메일에 담당자가 답장 드리도록 요청하겠습니다.
I will ask a person in charge to reply your email.

Pattern 05 ~하느라 답장이 늦어 죄송합니다
I am sorry for the late reply as ~

이메일 회신이 늦게 되면 이유여하를 막론하고 사과부터 해야 한다. 아울러 간단하게라도 왜 그러했는지를 설명하는 것도 필요하다.

외근으로 자리를 비우는 바람에 답장이 늦어 죄송합니다.
I am sorry for the late reply as I was out of office.

일주일간 시드니로 출장을 다녀오느라 답장이 늦어 죄송합니다.
I am sorry for the late reply as I was on a business trip to Sydney for a week.

이메일 계정에 접속을 할 수 없어 답장이 늦었습니다. 죄송합니다.
I am sorry for the late reply as I couldn't access my email account.

최근에 열린 컨벤션으로 인해 너무 바빠서 답장이 늦었습니다. 죄송합니다.
I am sorry for the late reply as I have been very busy with the recent convention.

 그럼 이런 경우엔?

✚ 상사의 출장으로 답변이 늦어진 경우
일주일 동안 부장님이 출장을 가시는 바람에 이메일 답장을 보낼 수 없었습니다.
I couldn't reply to you as my manager has been away on business for a week.

✚ 월말 마감시간이라 바빴다고 할 때
월말결산업무로 바빠서 답장이 늦었습니다. 죄송합니다.
Sorry for my late reply as I have tied up at work, doing a monthly closing.

이메일 답장을 요청할 때

Pattern 06 답장 주시기 바랍니다
Please email me back ~

이메일을 보내고 나서, 빠른 회신을 기다리는 건 누구나 마찬가지이다. 다음은 답장을 꼭 보내 달라는 의미로 말하고 싶을 때 사용하면 좋은 표현이다. 필요에 따라 시한을 정해 '~언제까지'라고 하려면 전치사 by 또는 before를 쓰면 된다.

가능한 한 빨리 답장을 주시기 바랍니다.
Please email me back as soon as possible.

어느 요일이 가장 편하신지 답장 주시기 바랍니다.
Please email me back as to which day works best for you.

늦어도 목요일 오후 다섯 시까지 답장 주시기 바랍니다.
Please email me back by Thursday 5 p.m. at the latest.

myongsu@gmail.com의 주소로 귀하의 휴대폰 번호를 알려 주시기 바랍니다.
Please email me back at myongsu@gmail.com with your cell phone number.

 그럼 이런 경우엔?

+ 답장을 독촉할 때

신속하게 답장을 주시면 감사하겠습니다.
Your prompt reply is much awaited and appreciated.

답장 주시겠다고 하신 날로부터 벌써 일주일이 지났습니다.
More than a week has already passed since the day that you promised to reply.

+ 전화 연결이 안 되어 메일 드린다고 할 때

전화 연락이 되지 않아 이메일을 드립니다.
I am emailing you as you cannot be reached by phone.

소개받아 연락할 때

Pattern 07
~의 소개로 ~을 알게 되었습니다
Your ~ was given to me by ~

전혀 모르는 사람이 보낸 이메일은 열어 보지 않을 수도 있다. 따라서, 이메일 서두에 ~ 소개로 이메일을 보낸다는 의미로, 이러한 표현을 사용하면 좋다.

잉글리시트리의 박 선생님께서 귀하를 소개해 주셨습니다.
Your name was given to me by Mr. Park at Englishtree Inc.

예전 부장님의 소개로 귀하의 이메일을 알게 되었습니다.
Your email address was given to me by my former manager.

우리 사장님의 소개로 귀하의 연락정보를 알게 되었습니다.
Your contact information was given to me by our boss.

직장 상사의 소개로 귀사의 판매연락처를 알게 되었습니다.
The sales contact information was given to me by my boss.

 그럼 이런 경우엔?

✚ 어떻게 아는 사이인지를 소개할 때

박 선생님과 저는 대학 동창사이입니다.
Mr. Park and I went to the same university.

박 선생님과 저는 예전에 같은 회사를 다녔었습니다.
Mr. Park and I have worked at the same company.

✚ 소개로 온 이메일에 답장할 때

박 선생님께 말씀 많이 들었습니다.
I heard a lot about you from Mr. Park.

이메일에 자료를 첨부했을 때

Pattern 08 ~을 첨부했으니 참고하세요
Please find ~ attached

이메일에 여러 가지 다양한 자료를 첨부하는 일이 많아져서, 아래와 같은 표현은 요즘에는 필수적으로 사용하게 되는 유용한 표현이다.

문서를 첨부했으니 참고하세요.
Please find the document **attached.**

프레젠테이션 파일을 첨부했으니 참고하세요.
Please find the presentation file **attached.**

우리 회사의 제품 브로셔를 첨부했으니 참고하세요.
Please find the brochure of our product **attached.**

바로 참고하시라고 우리 회사 소개서를 첨부했습니다.
Please find our company profile **attached** for your immediate reference.

 그럼 이런 경우엔?

✚ 자료를 웹하드에 올렸을 때

파일 사이즈가 너무 커서 자료를 웹하드에 올려 놓았습니다.
I uploaded the file to the web hard drive as the file is too big.

웹하드를 이용하시면 됩니다. 웹하드 아이디는 epublic, 비밀번호는 login입니다.
You can access the web hard server with the user id of 'epublic' and the password of 'login.'

✚ 첨부를 깜박 잊었을 때

제가 첨부를 깜박 잊었네요. 다시 보내 드립니다.
I am emailing again as I forgot to attach the file.

무언가를 제안할 때

Pattern 09 ~해도 될런지요?
May I suggest that ~?

부드럽게 상대방에게 무언가를 제안할 때 사용하면 좋을 표현이다. 제안을 할 때 What about~?, Why don't you~? 등도 좋지만 좀 더 정중하면서도 부드러운 제안이라면 May I suggest ~?가 좋겠다.

편하실 때 전화 드려도 될까요?
May I suggest that I call you at your convenient time?

우리 회사의 제품 테스트를 한번 더 해보시면 어떨까요?
May I suggest that you repeat your test on our product?

다음 프로젝트 회의에서 이 문제를 논의해도 될까요?
May I suggest that we discuss this matter at the next project meeting?

프로젝트 팀을 확대하면 어떨까요?
May I suggest that we expand our project team?

 그럼 이런 경우엔?

+ 제안을 거절할 때

죄송합니다만 귀하의 요청사항을 거절할 수밖에 없습니다.
I am sorry but I have to refuse your request.

귀사의 제안을 받아들이지 못하게 되어 유감스럽게 생각합니다.
I regret to inform you that we will not be able to take your offer.

+ 대안을 제시할 때

판매실적을 개선할 수 있는 대안을 제시하고자 합니다.
I'd like to propose an alternative method of improving our sales performance.

무언가를 부탁할 때

Pattern 10
~해 주시면 감사하겠습니다
We would be grateful if ~

정중하게 '~해 달라'는 부탁의 표현이다. be grateful은 '감사하다'라는 뜻으로 여기에 if절을 넣어 사용해서 '혹시~해 주시면 고맙겠습니다'라고 완곡하게 부탁을 하는 것이다.

더 자세한 정보를 알려 주시면 감사하겠습니다.
We would be grateful if you provide us with more detailed information.

이 문제를 신속히 처리해 주시면 감사하겠습니다.
We would be grateful if you deal with this issue promptly.

귀사의 제품 카탈로그를 보내 주시면 감사하겠습니다.
We would be grateful if you send us the catalog of your products.

조속한 시일 내에 서명하신 계약서를 보내 주시면 감사하겠습니다.
We would be grateful if you could return the signed contract ASAP.

 그럼 이런 경우엔?

+ 해준 것에 대해 감사할 때

시간을 내서 저와 얘기를 나눠 주셔서 감사드립니다.
I appreciate the time you took to talk with me.

저희의 고객이 되어 주셔서 늘 감사드립니다.
Your patronage is always appreciated.

+ 정중히 부탁할 때

다음 금요일로 예정된 축하연에 참석해 주시면 감사하겠습니다.
Your presence at the celebration scheduled for next Friday would be appreciated.

정중하게 부탁할 때

Pattern 11
~해도 괜찮으시겠습니까?, ~을 부탁드리겠습니다
Would you mind if I ask you to ~?

상대방에게 아주 정중하게 부탁할 때 사용하는 표현이다. '제가 ~을 부탁해도 되겠습니까?' 정도의 느낌을 주는 표현으로 질문의 형태이지만, 정중하게 우리말로 '~을 부탁드립니다'라는 의미로 보면 된다.

설문지 응답을 부탁 드리겠습니다.
Would you mind if I ask you to fill my questionnaire?

저녁식사 약속을 하루 연기하는 걸 양해해 주시기 바랍니다.
Would you mind if I ask you to put off the dinner to another day?

제안서 수정을 부탁 드리겠습니다.
Would you mind if I ask you to revise your proposal?

회의록을 한 부 보내 주시기 바랍니다.
Would you mind if I ask you to send me a copy of the meeting minute?

 그럼 이런 경우엔?

✚ 주문 취소를 요청할 때
웹사이트상에서 주문한 것을 취소해 주시기 바랍니다.
I'd like to request you to cancel my order I placed over the website.

✚ 회의에 앞서 자료 복사를 요청할 때
회의를 하기 전에 발표자료를 20부 복사해 주시겠어요?
May I ask you to make 20 copies of the presentation file before the meeting?

정보를 요청할 때

Pattern 12
~대한 정보를 좀 주실 수 있으신지요?
Could you give me some information about ~?

상대방에게 정중하게 정보를 요청할 때 사용할 수 있는 표현이다. I'd like you to give me some information about ~도 마찬가지로 사용할 수 있다.

귀하의 도시에 있는 호텔에 대한 정보를 좀 주실 수 있으신지요?
Could you give me some information about hotels in your city?

귀사와 귀사의 연간매출 정보를 좀 주실 수 있으신지요?
Could you give me some information about your company and its annual turnover?

업그레이드 과정에 대한 정보를 좀 주실 수 있으신지요?
Could you give me some information about the upgrade process?

발표장에 대해 사전에 정보를 좀 주실 수 있으신지요?
Could you give me some information about the presentation room in advance?

 그럼 이런 경우엔?

+ 정보를 아는지 물을 때
이 문제에 대한 담당자가 누구인지 혹시 아시나요?
Do you happen to know who is in charge of this matter?

+ 아이디어/충고를 부탁할 때
이 문제 해결에 대해 좋은 의견 있으신지요.
I wonder if you have any better idea on how to solve the problem.

+ 조언을 구할 때
이 문제에 대해 귀하의 조언을 듣고자 합니다.
I would be happy to hear what your thoughts are on this matter.

견적을 요청할 때

Pattern 13

~ 견적을 요청드립니다.
Please quote us ~

quote은 보통 '인용하다'의 의미로 사용하지만, 여기서는 '견적을 내다'라는 뜻으로 쓰였다. 비즈니스에서 물건을 구매하기 전에 해당 수량에 대한 가격을 사전에 알아보고자 할 때 꼭 사용하게 되는 표현 중 하나이다.

버스를 3일간 빌리는 데 드는 비용 견적을 요청드립니다.
Please quote us the fee for renting a bus for three days.

부산에서 LA까지 화물 운송 비용 견적을 요청드립니다.
Please quote us your freight charge from Busan to Los Angeles.

다음 물품에 대하여 최선의 가격으로 견적을 요청드립니다.
Please quote us the best prices for the following items.

귀사의 최근 오퍼에 대하여 최대의 할인폭을 적용하여 견적을 보내 주시기 바랍니다.
Please quote us the most recent offers you tender with the best available discounts.

 그럼 이런 경우엔?

✚ 재고가 있는지 물을 때

재고가 있는지 문의를 드리려 이메일을 보냅니다.
I am emailing to see if you have more in stock.

✚ 견적서를 보내 달라고 할 때

이번 주까지 우리의 주문에 대한 견적서를 보내 주시기 바랍니다.
Please send your estimate for our order by this week.

✚ 세금이 포함된 가격인지 물을 때

가격에 세금이 포함된 것인지 궁금합니다.
We wonder if the price includes a tax.

협상할 때

Pattern 14
~하신다면 ~해 보겠습니다
We would be prepared to ~ if ~

상대방에게 조건을 제시하고 그렇게 해줄 수 있으면 '우리도 ~해 보겠다'는 의도를 나타내고자 할 때 사용하면 좋은 표현이다.

대량으로 구매하신다면 더 할인을 해드릴 수 있도록 해보겠습니다.
We would be prepared to give you more discount **if** you purchase in big quantity.

시제품을 공유하실 수 있다면 귀사의 요청을 고려해 보겠습니다.
We would be prepared to consider your requests **if** you can share the prototype model with us.

조건이 맞는다면 협상을 시작해 보도록 하겠습니다.
We would be prepared to start negotiations **if** the conditions are met.

효율성이 확실히 개선된다면 설계를 수정해 보도록 하겠습니다.
We would be prepared to modify our design **if** it definitely enhances the efficiency.

 그럼 이런 경우엔?

+ 마지노선을 제시할 때
이 가격이 제품에 대해 우리 회사가 제시할 수 있는 최적의 마지노선임을 알려 드립니다.
Please be advised that this is our best and final price on the product.

+ 다른 여지는 없다고 할 때
주문하신 부분에서 더 이상 할인은 어렵겠습니다.
Unfortunately we cannot offer any more discount off the order.

+ 변수에 대한 우려
원자재 가격이 너무 걱정됩니다.
We're very concerned about the prices of raw materials.

무언가를 분명히 해두고자 할 때

Pattern 15 ~을 분명히 하고자 합니다
I'd like to make sure ~

구어체로 말할 때도 아주 많이 사용되는 표현이다. make sure은 '~을 확실하게 해두다'라는 말인데, confirm의 느낌으로도 사용할 수 있고, 짚고 넘어가고자 하는 상황 등에서 사용할 수 있는 표현이다.

회의실에 전 직원이 다 들어갈 수 있는 것이 분명해야 합니다.
I'd like to make sure that the conference room will accommodate all of our employees.

다음 수요일 회의에 참석하실 수 있으신지 확실히 알고 싶습니다.
I'd like to make sure that you will be available for the meeting next Wednesday.

우리 모두 정해진 의제만을 논의해야 합니다.
I'd like to make sure that we stick to the agenda.

질문하신 내용에 대해 답변을 얻으셨는지 확실히 알고 싶습니다.
I'd like to make sure that you get an answer to your question.

그럼 이런 경우엔?

✚ 아직 확실하지 않을 때

내일 회의에 참석할 수 있을지 아직 확실하지 않습니다.
I cannot say for sure if I can participate in the meeting tomorrow.

다음 주 회의에 누가 참석하시는지 아직 잘 모르고 있습니다.
We are still wondering who are coming for the meeting next week.

✚ 다시 한번 확인하고 연락하겠다고 할 때

부장님이 회의에 참석하실 수 있으신지 확인해 보고 다시 연락 드리겠습니다.
I will get back to you after I check with my manager to see if he will be available for the meeting.

확인을 요청할 때

Pattern 16

~을 확인 부탁드립니다
Please confirm that ~

비즈니스에서는 꼭 확인하고 넘어가는 습관을 갖는 것이 중요한데, 이럴 때 상대방에게 확인요청을 하는 상황에서 사용하면 좋은 표현이다.

주문하신 물품을 받으셨는지 확인 부탁드립니다.
Please confirm that you have received the order.

귀하가 원하는 것이 다 포함되었는지 확인 부탁드립니다.
Please confirm that I have included everything you want in it.

제품이 본 운영체제에 지원되는 것인지 확인 부탁드립니다.
Please confirm that the product is supported for this operating system.

주문 확인에 앞서 주소를 제대로 적으셨는지 확인해 주시기 바랍니다.
Please confirm that you have the right address provided before confirming the order.

 그럼 이런 경우엔?

✚ 잘 받았다고 할 때
주문한 물품을 오늘 수령했음을 이메일로 알려 드립니다.
I am emailing to inform you that we received our order today.

✚ 뭔가 잘못된 부분이 있을 때
주문한 물건이 어제 도착했는데, 수량에 문제가 있습니다.
Our order has arrived yesterday but there is one problem with the amount.

질문을 할 때

Pattern 17 ~에 관해 질문드립니다
I'd like to inquire ~

inquire는 '질의하다'의 뜻인데 ask, enquire로 바꿔서 사용해도 된다. 이메일을 쓸 때 무언가를 물어 보고자 할 때 사용할 수 있는 표현이다.

본 제품에 대한 지불 방식에 관해 질문 드립니다.
I'd like to inquire about payment options for the product.

회의 일정이 언제로 변경되었는지 질문 드립니다.
I'd like to inquire when the meeting is rescheduled for.

귀사 제품의 커버에 어떤 재료가 사용되었는지에 관해 질문 드립니다.
I'd like to inquire what material is used for the cover of your product.

귀사의 환불정책에 대해 문의 드립니다.
I'd like to inquire about your refund policy.

 그럼 이런 경우엔?

+ 다른 답변처를 알려 줄 때

문의하신 내용은 판매사인 Log-In사로 문의하셔야 합니다. 이메일 주소는 sales@login.com입니다.
Your question needs to go to Log-In Co. which is the product vendor. The email address is sales@login.com.

죄송하지만, A/S 관련 문의는 제조사로 연락 주시기 바랍니다.
Excuse me but you are kindly advised to contact a manufacturer for any questions on after-sales service.

무언가를 상기시킬 때

Pattern 18 ~에 대해 다시 알려 드립니다
I'd like to remind you of ~

흔히 사람들이 "상기시켜 줘"라고 하는 영어 표현이 바로 remind A of B 구문이다. 주의할 점은 전치사 of를 사용한다는 점이다.

내일 오전 회의를 다시 알려 드립니다.
I'd like to remind you of the meeting tomorrow morning.

우리 회사의 환불정책에 대해 다시 알려 드립니다.
I'd like to remind you of our refund policy.

합의 조건에 대해 다시 알려 드립니다.
I'd like to remind you of the terms of our agreement.

뉴욕 출장 건과 관련해서 두 가지 사안에 대해 다시 알려 드립니다.
I'd like to remind you of a couple of items related with the business trip to New York.

 그럼 이런 경우엔?

+ 꼭 해야 하는 것에 대한 강조 표현

양식의 모든 빈칸에 기입을 했는지 꼭 확인해 주시기 바랍니다.
Please make sure that all of the fields in the form are completed.

떠나시기 전에, 참석자 명부에 반드시 서명을 하시기 바랍니다.
Before you leave, please make sure to sign the attendance sheet.

+ 안 될 경우 미리 연락 달라는 표현

혹시 참석하지 못하시는 경우 미리 연락을 주시기 바랍니다.
Please let us know in advance if you cannot join us.

미팅을 요청할 때

Pattern 19 저희와 미팅을 하실 수 있으신지요?
Could you meet us ~?

상대방에게 만나 달라는 부탁을 하는 상황에서 사용하는 표현이다. 정중하게 부탁해야 하기 때문에 조동사의 과거형인 Could ~? 로 시작하는 구문이 흔히 쓰인다. 조동사의 과거형은 정중함을 나타낸다.

수요일 오후에 회의가 가능하신지요?
Could you meet us on Wednesday afternoon?

다음 월요일 오전에 저희와 미팅을 하실 수 있으신지요?
Could you meet us next Monday morning?

다음 주중에 저희와 회의 가능하신지요?
Could you meet us somewhere next week?

다음 달 런던 IT박람회에서 저희와 회의를 하실 수 있으신가요?
Could you meet us at the London IT Fair next month?

 그럼 이런 경우엔?

✚ 자기네 사무실로 와 달라고 할 때

괜찮으시면 저희 본사로 와 주실 수 있을까요?
If you don't mind, would you be able to come to the headquarters of our company?

✚ 누군가와 함께 가고자 할 때

이 프로젝트의 책임자인 박소연 씨와 함께 가고자 하는데 괜찮을까요?
Will it be okay with you if I come to the meeting with Ms. Park, Soyeon in charge of the project?

미팅의 필요성을 나타낼 때

Pattern 20
~하려면 미팅을 갖는 것이 좋겠습니다
I think we need to have a meeting to ~

상대방을 직접 만나 얘기를 하고 싶을 때 만나 달라는 부탁보다는 만나야 하는 타당한 근거를 대는 것이 효과적이다. 바로 이런 상황에서 사용할 수 있는 표현이다.

이 문제를 해결하려면 회의를 갖는 것이 좋겠습니다.
I think we need to have a meeting to address the issues.

무엇을 할 수 있을지에 대해 결정하려면 회의를 하는 것이 좋겠습니다.
I think we need to have a meeting to decide what we can do.

우선순위를 결정하려면 회의를 하는 것이 좋겠습니다.
I think we need to have a meeting to determine our priorities.

제품 디자인에 대해 자세히 논의하려면 회의가 필요하다고 생각합니다.
I think we need to have a meeting to discuss the product designs in more detail.

 그럼 이런 경우엔?

✚ 해당 일시가 괜찮느냐고 할 때
10월 14일 수요일에 미팅 괜찮으세요?
Is Wednesday, October 14 okay with you for a meeting with us?

이번 금요일 말고, 다음 주 금요일은 어떠세요?
How about next Friday, not this Friday?

✚ 사전 자료를 요청할 때
회의 전에 9월 매출현황을 미리 보내 주시면 감사하겠습니다.
It would be appreciated if you could email me with a sales report of September before the meeting.

Intro_ 영어 이메일 쓸 때 꼭 나오는 30패턴 43

약속 등의 날짜, 시간을 조정할 때

Pattern 21 ~을 ~로 조정해도 될지요?
I wonder if we could move ~ to ~

시간을 조정할 때 move to를 쓰면 말 그대로 시간을 움직여 조정한다는 의미가 된다. 앞에 붙은 I wonder if~라는 표현도 다소 주저하는 듯한 그래서 약간은 미안해하는 조심스러운 마음을 전하는 표현이다.

회의를 다음 월요일로 조정해도 될지요?
I wonder if we could move our meeting **to** next Monday.

회의를 오후 3시로 변경해도 될지요?
I wonder if we could move the meeting **to** 3 p.m.

귀사의 사업장 방문을 다음 주로 연기해도 될지요?
I wonder if we could move our visit to your plant **to** the following week.

약속을 5월 9일 화요일 10시로 변경해도 될지요?
I wonder if we could move our appointment **to** Tuesday, May 9 at 10:00.

 그럼 이런 경우엔?

✚ 괜찮다고 할 때
다음 월요일 괜찮습니다.
Next Monday sounds fine.

✚ 안 된다고 할 때
월요일 아침에는 주간 회의를 합니다. 다른 요일을 잡아 주세요.
We have a weekly meeting on Monday morning. Please pick another day.

월요일은 선약이 있어서 가능하지 않습니다.
I'm afraid Monday is not good for me. I have a prior engagement.

초대할 때

Pattern 22
귀하를 ~에 초대합니다
I'd like to invite you to ~

비즈니스를 하면서 상대방을 초대할 일이 많아지는데, 이럴 때 사용하면 제격인 표현이다. 전치사 to 다음에 파티 등의 행사명을 사용하거나 장소를 쓰면 된다.

이번 토요일 파티에 귀하를 초대합니다.
I'd like to invite you to a party this Saturday.

우리 회사 10주년 기념행사에 귀하를 초대합니다.
I'd like to invite you to the celebration of our tenth anniversary.

오프닝 리셉션에 귀하를 초대합니다.
I'd like to invite you to the opening reception.

저희 신제품 출시 행사에 귀하를 초대합니다.
I'd like to invite you to the launch event for our new product.

 그럼 이런 경우엔?

✚ 함께 오라고 할 때
김 대리님도 파티에 함께 오세요.
You're welcome to bring Assistant Manager Kim to the party.

✚ 꼭 가겠다고 할 때
회의에 꼭 참석하겠습니다.
I will definitely attend the meeting.

✚ 아쉽지만 갈 수 없겠다고 할 때
아쉽지만 그 행사에 갈 수 없겠습니다.
I'm sorry that I cannot be at the event.

Pattern 23 ~해 주셔서 감사 드립니다
I would like to thank you for ~

해준 일에 대한 감사를 표시할 때 쓴다. 그냥 thank you라고 할 수도 있지만, I would like to를 붙여 사용하면 더 정중하게 들린다.

머무는 동안 환대해 주셔서 감사 드립니다.
I would like to thank you for your hospitality during my stay.

바쁘신 데도 불구하고 시간을 내 주셔서 감사 드립니다.
I would like to thank you for arranging time for us despite your busy schedule.

신속하게 답장을 주셔서 감사 드립니다.
I would like to thank you for the prompt reply.

프로젝트를 성공적으로 완료하는 데 협조해 주셔서 감사 드립니다.
I'd like to thank you for your cooperation in successfully completing the project.

 그럼 이런 경우엔?

+ 더 정중히 감사를 전할 때

지난 주에 주신 선물 진심으로 감사 드립니다.
Please accept my sincere appreciation for the gift you gave me last week.

잘해 주셔서 진심으로 감사드립니다.
I really appreciate your kindness.

+ 자신도 좋았다고 할 때

저도 즐거웠습니다.
It was a pleasure for me too.

못하는 것에 대한 미안함을 표현할 때

Pattern 24
죄송하지만 ~할 수 없을 것 같습니다
I am afraid I will not be able to ~

실수나 고의는 아니지만 약속을 지킬 수 없는 상황이 되거나 상대방의 제안 등을 받아들이기 어려울 때 사용할 수 있는 표현이다.

죄송합니다만, 회의에 참석하지 못할 것 같습니다.
I am afraid I will not be able to attend the meeting.

죄송합니다만, 이번에는 조건을 수용할 수 없을 것 같습니다.
I am afraid I will not be able to accept the terms at this time.

죄송합니다만, 환불이나 교환이 어렵겠습니다.
We are afraid we will not be able to offer a refund or exchange.

죄송합니다만, 제안서를 제출할 수 없을 것 같습니다.
We are afraid we will not be able to submit our proposal.

 그럼 이런 경우엔?

+ 이유를 해명할 때

불편을 끼쳐 드려 정말 죄송합니다. 현재 사고의 원인을 조사하고 있습니다.
We are very sorry for any inconvenience caused and we're now working on the cause of the accident.

+ 회사의 방침이라고 할 때

죄송합니다만 회사 방침상 신제품에 대하여 10% 이상 할인해 드릴 수 없습니다.
I am afraid to say this but our company policy does not allow discounts of over 10% on the new products.

Pattern 25 ~에 대해 진심으로 사과드립니다
We would like to offer our sincere apologies for ~

비즈니스에서 상대방에게 실례를 했다면, 정중하게 사과하는 것이 필요하다. 영어에서도 정중한 표현을 사용하는 것은 비즈니스 관계 형성에 아주 중요한 역할을 한다.

이번 실수에 대해 진심으로 사과 드립니다.
We would like to offer our sincere apologies for the mistake.

도착하실 때 맞춰 수하물을 전달해 드리지 못해 진심으로 사과 드립니다
I would like to offer my sincere apologies for not being able to deliver your baggage on your arrival.

이로 인해 실망스러운 일이 있었다면 진심으로 사과 드립니다.
We would like to offer our sincere apologies for any diappointment this has caused.

대금 지급 만기일을 넘겨서 진심으로 사과 드립니다.
We would like to offer our sincere apologies for missing the payment due date.

 그럼 이런 경우엔?

✚ 불편을 끼쳐 죄송하다고 할 때

불편을 끼쳐 드려 진심으로 죄송하다는 말씀 드립니다.
I would like to express my sincere apologies for causing any inconvenience.

두 번 다시 이런 일이 없을 것입니다.
I assure you that it will never happen again.

✚ 피해 보상에 대해 말할 때

저희 직원의 실수로 인한 손해는 보상하겠습니다.
I will pay for any damage caused by our employee's mistake.

유감을 나타낼 때

Pattern 26
~에 대해 알게 되어 유감입니다
We regret to learn that ~

별로 달갑지 않은 소식을 접할 때 유감이라고 할 때 영어로 regret을 쓴다. we regret to learn that 다음에 유감스러운 내용을 쓰면 된다.

저희 회사 제품사용에 또 다른 문제가 생겼다니 유감입니다.
We regret to learn that you have experienced another problem with our product.

회사를 그만두신다는 소식을 들으니 유감스럽습니다.
We regret to learn that you are leaving the company.

당사의 고객 서비스에 실망하셨다니 유감입니다.
We regret to learn that you are disappointed with our customer service.

저희 제안에 만족하지 못하신다니 유감입니다.
We regret to learn that you are not satisfied with our offer.

 그럼 이런 경우엔?

+ 상대방의 잘못에 대한 유감을 표명할 때
유감스럽게도 프로젝트에서의 귀하의 업무 수행에 매우 실망입니다.
I regret to say that I am very disappointed with your performance at the project.

+ 가격 인상에 대한 유감을 표명할 때
유감스럽게도 유가 인상으로 인하여 가격을 인상할 수밖에 없습니다..
Unfortunately we are forced to increase our prices due to the surge in oil prices.

무언가에 대해 불평할 때

Pattern 27
~에 대한 불만으로 이메일을 씁니다
I am writing to complain about ~

비즈니스 상황에서 거래를 하다 보면, 불평, 불만을 표현해야 할 때가 종종 있다. complain하는 것도 비즈니스의 일부이므로 부담 갖지 말고 필요하면 이런 표현도 사용할 수 있어야 한다.

귀사 직원의 태도에 대한 불만으로 이메일을 씁니다.
I am writing to complain about the attitude of your staff.

귀사 제품의 품질에 대해 불만이 있어 이메일을 씁니다.
I am writing to complain about the quality of your product.

귀사의 상점에서 푸대접을 받아 불만을 제기하고자 이메일을 씁니다.
I am writing to complain about the unacceptable treatment I have received in your store.

귀사의 제품에 대한 기술 지원에 불만이 있어서 이메일을 씁니다.
I am writing to complain about the technical support for the product.

 그럼 이런 경우엔?

+ 굉장히 불쾌하다고 할 때
당신 회사 교환원의 예의 없는 행동이 불쾌합니다.
I resent the rude behavior your operator showed.

+ 빨리 해결해 달라고 할 때
빨리 해결해 주시면 좋겠습니다.
I would appreciate your early action in the matter.

+ 불편을 끼쳐 죄송하다고 할 때
불편을 끼쳐 드려 죄송합니다.
I am sorry to have inconvenienced you in any way.

무언가를 기대할 때

Pattern
28 ~이 기대됩니다
I look forward to ~

기대하는 일에 대해 사용하는 표현인데, 여기서 주의할 점은 마지막에 쓰인 to는 전치사이므로 그 다음에 명사를 쓰거나 동사가 올 때는 반드시 동명사(-ing)를 사용해야 한다.

상하이 방문이 무척 기대됩니다.
I look forward to my visit to Shanghai.

다음 월요일 회의가 기대됩니다.
I look forward to meeting you next Monday.

목요일로 예정된 귀하의 프레젠테이션이 기대됩니다.
I look forward to your presentation on Thursday.

답장 빨리 해주시기 바랍니다.
I look forward to your quick reply.

 그럼 이런 경우엔?

➕ 본인도 기대한다고 할 때
다음 주 화요일에 귀하를 만나는 것이 몹시 기다려집니다.
I can't wait to see you next Tuesday.

➕ 답장을 빨리 보내겠다고 할 때
답장을 가능한 빨리 보내도록 하겠습니다.
I will try to send you a reply as soon as possible.

➕ 너무 좋았다고 할 때
당신의 발표는 제 기대 이상이었습니다.
Your presentation was more than I expected.

소식을 듣고 반가움을 표현할 때

Pattern 29 ~ 소식을 듣고 기뻤습니다
I was delighted to hear that ~

무언가 좋은 소식을 들었을 때, 비즈니스에서도 반가움 또는 고마움을 표현해야 한다. 이럴 때 delighted, glad, pleased라는 형용사를 쓰면 그 마음을 전할 수 있다.

승진하셨다는 소식을 듣고 반가웠습니다.
I was delighted to hear that you have been promoted.

머무시는 동안 즐거우셨다는 얘기를 듣고 기뻤습니다.
I was delighted to hear that you enjoyed your stay with us.

경연에서 일등을 하셨다는 얘기를 들으니 참 좋았습니다.
I was delighted to hear that you won the first prize in the contest.

저희와 비즈니스 제휴 관계를 구축하는 데 관심이 있으시다는 얘기를 들어 기뻤습니다.
I was delighted to hear that you are interested in establishing a business alliance with us.

 그럼 이런 경우엔?

+ 감사하다고 할 때
진심 어린 답변에 정말 감사 드립니다.
We really appreciate your sincere reply.

+ 도움 주신 덕분이라고 할 때
당신의 의견이 매우 많은 도움이 되었습니다.
Your comment was tremendously helpful.

+ 안 좋은 소식에 대해 위로할 때
귀사에 대한 안 좋은 소식을 들어 유감입니다.
I regret to hear the bad news about your company.

언제든지 연락하라고 할 때

Pattern 30 ~하시면 언제든지 연락주세요
Please feel free to contact me if ~

주저하지 말고 편안하게 연락하라는 의미로 보통 feel free to~ 또는 do not hesitate to~ 등을 사용할 수 있다.

질문이 있으시면 언제든지 연락주세요.
Please feel free to contact me if you have any question.

제품에 문제가 있으시면 언제든지 연락주세요.
Please feel free to contact me if you have problems with our product.

우리 회사 제품에 관심 있으시면 언제든지 연락주세요.
Please feel free to contact me if you are interested in our products.

더 많은 정보가 필요하시면 언제든지 연락주세요.
Please feel free to contact me if you need further information.

 그럼 이런 경우엔?

+ 연락처를 알려 줄 때

8215-2587로 연락 주십시오.
Please contact me at 8215-2587.

제품에 대한 문의를 하시려면 steve1@abc.com으로 이메일을 보내세요.
If you have questions about the product, send an email to steve1@abc.com.

+ 다른 연락처를 소개할 때

제 연락처를 또 하나 드리지요, 777-0246입니다.
Here's another number you can call, 777-0246.

PART 1
이메일의 기본

Chapter 01. 이메일의 시작 표현
Chapter 02. 이메일의 맺음말 표현
Chapter 03. 첨부파일 / 수신확인 / 메일 오류 / 전달

이메일의 시작 표현

몇 번 영어 이메일을 보내 본 사람들도 늘 고민하게 되는 이메일의 시작 표현. 매번 한 가지 표현만 쓰지 말고, 적어도 2~3가지 유형을 정해 놓고 돌아가며 사용해 보자.

 **SAMPLE EMAIL**

Jiwon Park at Future Tech

• Dear Mr. Paul Smith,

My name is Jiwon Park at Future Tech. I have just replaced Mr. Collins in the IT security position. My boss gave me your email address and I am emailing you to inquire about your progress on the project. We need the information in order to make sure the project is right on schedule. Your quick reply will be appreciated.

····· 이메일은 Dear나 Hello로 시작하면 무난하다. 비즈니스 이메일에서 자기 소개를 할 때는 이름 뒤에 'at+회사명' 또는 'with+회사명'을 붙여 소속을 밝히는 것이 좋다.

퓨처테크의 박지원입니다

안녕하세요, 폴 스미스 씨.
저는 퓨처테크의 박지원이라고 합니다. 최근에 IT 보안 책임자로 근무하시던 콜린스 씨의 후임으로 근무하게 되었습니다. 저희 사장님께서 귀하의 이메일 주소를 알려 주셔서 프로젝트 진행에 관하여 문의 드리고자 메일을 드립니다. 프로젝트가 예정대로 진행되는지를 확인하기 위해 해당 정보가 필요합니다. 빨리 답변해 주시면 감사하겠습니다.

inquire about ~에 관해 문의하다   in order to ~하기 위해   make sure ~을 확실히 하다   be on schedule 예정대로 진행되다

001 이메일의 첫인사

[이름을 아는 경우]

스미스 씨께.
Dear Mr. Smith, → 격식을 차리는 경우 Dear 뒤에 Mr., Ms.를 쓰고 성+이름 또는 성을 쓴다.

김 박사님께.
Dear Dr. Kim, → Dear 뒤에 Mr., Ms. 외에 Dr., Prof. 등의 호칭을 붙일 수 있다.

폴에게
Dear Paul, → 친분이 있는 경우 이름만 쓴다.

안녕하세요, 스미스 씨.
Hello, Mr. Smith, → 적당히 예의를 갖춘 표현이다.

안녕하세요, 폴. / 안녕, 폴.
Hello, Paul, / Hi, Paul, → 친분이 있는 경우 이름만 쓴다.

[이름을 모르거나 여럿인 경우]

마케팅 담당자 님께
Dear Marketing Manager, → 수신자의 이름을 모르는 경우 직책을 쓴다.

안녕하세요.
Hello, → 수신자의 이름을 모르거나 수신자가 여럿인 경우 이름을 생략하면 된다.

002 처음 보내는 이메일 및 자기소개

소여 씨께.
저는 제이슨테크의 영업과장인 이진이라고 합니다.
Dear Mr. Sawyer,
I am Jin Lee, a sales manager at Jason Tech.
→ sales manager 영업과장

안녕하세요.
저는 박지원이라고 합니다. 저는 퓨처테크의 IT 과장입니다.
Hello,
My name is Jiwon Park. I am an IT manager at Future Tech.

안녕하세요.
저는 퓨처테크의 박지원입니다.
Hi,
I am Jiwon Park at Future Tech.

인사도 드리고 제 소개도 드리고자 이메일 드립니다.
I am emailing you to say hello and to introduce myself to you.

저는 최근에 신임 정보보안 책임자로 채용되었습니다.
I was recently hired as a new information security officer.
⋯ be hired as ~로 채용되다

최근에 텍사스 지사로 발령받아서 인사 드립니다.
I'd like to say hello to you as I have recently been assigned to the branch office in Texas.
⋯ be assigned to ~에 임명되다, 부임하다   branch office 지사

저는 션 콜린스 박사라고 합니다. IT보안 책임자로 근무하시던 박 이사님의 후임으로 근무하게 되었습니다.
My name is Dr. Shawn Collins. I have just replaced Director Park in the IT security position.
⋯ replace ~의 후임이 되다

저는 톰 대니얼이라고 합니다. 10월 1일 부로, 코티의 영업부 팀장으로 임명되었습니다.
My name is Tom Daniel. On October 1, I was appointed the manager of the Sales Department at KOTTI.
⋯ be appointed ~로 임명되다

003 답장으로 보내는 메일

귀하의 이틀 전 이메일에 회신 메일을 드립니다.
I am writing this email in reply to the email you sent two days ago.
… in reply to ~에 대한 답장으로

10월 9일자 귀하의 이메일에 대한 회신입니다.
This is to reply to your email from October 9.
… This is to reply to one's email ~의 이메일에 대한 회신 이메일이다

프로젝트에 관한 정보를 요청하셔서 답장 드립니다.
I am emailing you to reply to your request for information about our project.

이메일로 요청하신 내용을 잘 받았습니다. 문의에 대한 답변은 3일 내로 드리겠습니다.
This is to confirm that we received your email request. We will respond to your inquiry within three days.
… confirm ~을 확인하다   respond to ~에 답을 하다   inquiry 문의

이메일 주셔서 감사합니다. 영업과장님이 오늘 오후까지 답장을 드릴 겁니다.
Thank you for your email. The sales manager will answer your email by this afternoon.

2월 20일자 이메일과 관련하여, 우리 회사의 IT 과장님이 가능한 한 빠른 시일 내에 답장을 보내실 겁니다.
In reference to your email dated February 20, our IT manager will reply as soon as possible.
… in reference to ~에 관한, ~와 관련하여

귀하의 이메일을 오늘 오전에 받았습니다. 고객만족관리팀 과장님께 귀하의 요청사항을 전달했습니다. 과장님이 곧 회신하실 겁니다.
I received your email this morning. I forwarded your request to the manager of our customer satisfaction management team. He will respond to your email soon.
… forward A to B A를 B에게 전달하다   customer satisfaction management 고객만족관리

004　이메일을 잘 받았다는 표현

이메일 잘 받았습니다.
**Thank you for your email. /
I appreciate your email to me.**
⋯→ Thank you for ~에 대해 감사합니다

이메일 받았습니다.
I received your email.
⋯→ receive 대신에 친한 사이라면 get을 사용해서 I got your email.이라고 해도 된다.

이메일 답장 감사드립니다.
Thank you for your reply email.
⋯→ reply email 답장메일 (그냥 reply라고 해도 된다.)

신속한 답장 주셔서 감사합니다.
Thank you for your prompt reply.
⋯→ prompt 신속한, 즉각적인

바쁘신 중에 메일 주셔서 감사합니다.
I appreciate you taking the time to email me.
⋯→ take the time to ~하는 데 시간을 내다

005　다른 사람의 소개로 보내는 메일

저희 사장님께서 귀하의 이메일 주소를 어제 알려 주셨습니다. 진척 상황을 문의 드리고자 이메일을 드립니다.
My boss gave me your email yesterday, and I am emailing you to inquire about your progress.
⋯→ inquire ~에 대해 질문하다, 물어보다

다니엘 사장님으로부터 귀하를 소개받았습니다.
I was introduced to you by my boss, Mr. Daniel.

인사부장님께서 귀하의 이메일 주소를 알려 주셨습니다.
I was given your email address by the head of the Personnel Department.

그레인저 씨께서 귀하를 소개해 주시면서 귀하의 이메일 주소를 알려 주셨습니다.
Mr. Granger introduced you to me, and I got your email address from him.

저희 회사의 웹디자이너인 김수진 씨가 귀하를 소개해 주었습니다.
Sujin Kim, a web designer at our company, referred me to you.
⋯ refer A to B A에게 B를 소개하다

영업과장님의 요청으로 귀하에게 이메일을 드립니다.
I am emailing you at the request of the sales manager.
⋯ at the request of ~의 요청으로, 부탁으로

클린턴 씨께서 귀하에게 IT 팀장 대상의 연수 프로그램에 대해 이메일 드리라고 하셨습니다.
I was asked by Mr. Clinton to email you about the training program for IT managers.
⋯ training program 연수/교육 프로그램

사장님께서 귀하가 우리 프로젝트에 관심이 있으신지 여쭤 보라고 하셔서 연락 드립니다.
My boss asked me to contact you to see if you are interested in our project.
⋯ see if ~인지 아닌지 여부를 알아보다

저희 IT팀장님께 프로그래머 소개를 요청드렸는데, 귀하의 이메일 주소를 알려 주셨습니다.
I asked our IT manager for a referral to a programmer. He gave me your email address.
⋯ referral 소개

저희가 좋은 OEM업체를 물색하던 차, 밀즈 씨가 저에게 귀사를 소개해 주셨습니다.
We were searching for a good OEM company, and Mr. Mills happened to recommend your company to me.
⋯ OEM (= original equipment manufacturer/manufacturing) 주문자 상표에 의한 제품 생산(자)

006 정보를 확인하며 시작할 때

트럭을 판매하신다고 들었습니다.
I was told that you have some trucks for sale.
⋯ I was told that ~ ~라고 들었다   for sale 판매용의

귀사에서 훌륭한 연수프로그램을 운영한다고 들었습니다.
I heard that your company offers one of the most reputable training programs.
⋯ reputable 명성 있는, 유명한, 잘 알려진

이번 수요일까지 재입찰해야 한다고 들었습니다.
I was told that we need to apply for the bidding again by this coming Wednesday.
⋯ apply for ~을 신청하다   bidding 입찰

신제품 홍보를 위해 귀사의 사장님이 다음 달에 일본을 방문하신다고 들었습니다.
I was informed that your boss is visiting Japan next month to promote your new products.
⋯ be informed ~라는 정보를 듣다, 전해 듣다   promote ~을 홍보하다

귀사가 제품 제조에 관한 기술력이 뛰어나다고 들었습니다.
I was told that you have a highly technical expertise in manufacturing the product.
⋯ expertise 전문지식, 전문기술(력)

귀사가 저렴하면서도 품질이 좋은 제품을 잘 만드신다고 들었습니다.
We were informed of your products, which are moderately priced and of good quality.
⋯ moderately priced 가격이 저렴한, 적당한   of good quality 품질이 좋은

저희 제품의 품질에 대해 만족하고 계신다니 기쁩니다.
I am happy to find that you are satisfied with the quality of our products.
⋯ be happy to find ~ 알게 되어 기쁘다

우리 사장님이 예정보다 두 시간 먼저 도착하신다는 내용의 이메일 보내라는 요청을 받았습니다.
I was asked to email you that my boss is arriving two hours ahead of schedule.

⋯▸ ahead of schedule 일정보다 앞서

007 늦은 회신에 대한 사과 및 변명

늦게 답장을 드려 죄송합니다.
I am sorry for the late reply.

⋯▸ be sorry for ~에 대해 미안해하다   reply 답장

이메일 주셔서 감사드리고 답장이 늦어 죄송합니다.
Thank you for your email, and I am sorry for the late reply.

이렇게 늦게 답장을 드려 죄송합니다.
I apologize for being so late in answering you.

⋯▸ answer 대신 reply를 사용해도 된다.

더 일찍 답장을 드리지 못해 정말 죄송합니다.
I am really sorry for not emailing you earlier.

⋯▸ be sorry for not ~하지 못해서 미안하다

더 일찍 연락을 드리지 못한 점 사과 드립니다.
Sorry for not contacting you sooner.

⋯▸ sooner 더 일찍 (soon의 비교급)

일주일 동안 연락을 드리지 못해 죄송합니다.
Sorry for not contacting you for a week.

늦장 부려 정말 송구합니다만 너무 정신 없이 바빴습니다.
I am terribly sorry for my lateness, but I have been insanely busy.

⋯▸ be terribly sorry for ~에 대해 너무나 미안해하다   insanely 제정신이 아니게

귀하의 요청에 회신을 늦게 드려 진심으로 사과 드립니다.
I am awfully sorry for my late reply to your request.

답장을 드리는 데 시간이 너무나 많이 걸린 점 사과 드립니다.
I am sorry for taking so long to email you back.
⋯→ take so long to ~하는 데 시간이 많이 걸리다

귀하의 질문에 이렇게 늦게 답변을 드리는 점 용서해 주시기 바랍니다.
Please forgive me for taking so long to answer to your question.
⋯→ forgive ~을 용서하다

출장중이어서 이메일 회신이 늦은 점 사과 드립니다.
I am sorry for my late reply, but I have been out of town.
⋯→ be out of town 출장을 가다

외근중이어서 바로 답장을 못 드려 죄송합니다.
I am sorry for replying late, but I was out of the office.
⋯→ reply late 답장을 늦게 하다 be out of the office 외근하다

어제는 회의 때문에 메일을 확인할 수 없었습니다.
I couldn't check my email yesterday because of the meeting.
⋯→ check one's email 이메일을 확인하다

휴가중이어서 메일 회신이 늦었습니다. 죄송합니다.
I apologize for my late reply, but I was on vacation.
⋯→ be on vacation 휴가중이다

2주 동안 귀하의 이메일에 답장을 못 드린 점 정말 죄송합니다.
I am very sorry for leaving your email unanswered for two weeks.
⋯→ leave one's email unanswered ~의 이메일에 답장을 하지 않고 두다

제 메일함이 꽉 차서 메일수신이 늦었습니다.
The delivery of your email was delayed because my email account was full.

008 오랜만에 다시 연락할 때

오랜만입니다.
It's been a long time.

이메일 드린 지 오래되었네요.
It's been a long time since I emailed you.

지난 번 이메일 드리고 이렇게 시간이 지났군요.
It's been quite a long time since I emailed you.

지난 번 연락한 후로 오랜만입니다.
It's been a long time since I contacted you.
⋯▸ contact 접촉하다, 연락하다

한동안 연락도 못 드려 정말 죄송합니다.
I am really sorry for not contacting you for a long time.

오랜만에 이메일 드립니다.
Long time, no email. /
Long time, no contact with you.
⋯▸ 두 표현 모두 Long time no see.의 변형으로 오랜만에 이메일을 보낼 때 흔히 쓸 수 있는 표현이다.

한동안 연락 못 드려 죄송합니다.
Sorry for having gone a long time with no contact.

한동안 연락도 못하고 지내 죄송합니다. 전시회로 바빴습니다.
I am sorry I have not been in contact for a while. I've been busy with the exhibition.
⋯▸ be in contact 연락하고 지내다   exhibition 전시회

009 좋은 소식을 전할 때

반가운 소식이 있습니다.
I have some good news for you.

함께 하고 싶은 반가운 소식이 있습니다.
I have some good news to share with you.
• share with ~와 공유하다, 나누다

여러분 모두에게 알려 드릴 희소식이 있습니다.
I have some great news to announce to you all.
• announce 발표하다, 공개하다

이 소식을 들으시면 좋아하실 겁니다.
This news will be like music to your ears.
• music to one's ears (귀에 음악 같이 들릴 만한) 좋은 소식

귀사에 반가운 소식이 있습니다.
I have some good news for your company.

이 소식을 들으시면 반가워하실 거라 생각합니다.
I believe you will be happy with this news.
• be happy with ~에 반가워하다, 행복해하다

새로운 소프트웨어와 관련해서 반가운 소식이 있습니다.
I have some great news about our new software.

좋은 소식이 있습니다. 우리 회사가 아시아에서 최고 기업으로 선정되었습니다.
I have some great news for you. We have been chosen one of the best companies in Asia.
• be chosen 선정되다

010 좋지 않은 소식을 전할 때

좋지 않은 소식이 있습니다.
I have some bad news to tell you.

좋지 않은 소식을 전하게 되어 유감입니다.
I am sorry to give you some bad news.

달갑지 않은 소식이 있습니다. 아주 실망스러우실 겁니다.
I have some bad news. It's going to be very disappointing to you.
⋯ disappointing 실망스러운

유감입니다만 이번에는 귀하를 도울 수 없습니다.
I am sorry, but we are unable to help you this time.

어떻게 말씀드려야 할지 모르겠지만 귀하의 요청은 거절되었습니다.
I don't know how to say this, but your request was declined.
⋯ decline 거절하다

사장님께서 귀하의 제안을 거절하셨음을 알려 드리게 되어 유감입니다.
I regret to inform you that my boss declined your offer.
⋯ I regret to inform you that ~라고 알려 드리게 되어 유감이다 (안 좋은 소식을 전할 때 쓰는 전형적인 표현)

유감스럽게도 귀하의 제안을 받아들일 수 없게 되었습니다.
Unfortunately, I am so sorry, but I am unable to accept your offer.

011 명절/행사/공휴일 인사

밸런타인 데이 축하드려요!
Happy Valentine's Day!

축 할로윈!
Happy Halloween!

부활절 즐겁게 보내세요!
Wishing you a very happy Easter!

휴가 잘 다녀오세요!
Have a good vacation!

엑스포 잘 치르시길 바랄게요.
Hope you have a successful expo.

새해 복 많이 받으세요!
Happy New Year!

즐거운 명절 보내셨나요?
Did you have a good holiday?

여름 휴가는 잘 보내셨는지요?
How was your summer vacation?

긴 휴가를 보내고 오셔서 업무 적응이 되셨나요?
Are you prepared to work again after the long holiday?

저는 이번 휴가 때 가족들과 함께 제주도에 다녀왔습니다.
I took my family to Jeju Island for vacation.
⋯→ take A to B A를 B로 데려가다

저는 이번 설날 명절 때 부모님과 일가 친척들을 만나고 왔습니다.
I visited my parents and relatives during the Lunar New Year holiday.
⋯→ Lunar New Year holiday 설 연휴, 설 명절

012 크리스마스/새해 인사

즐거운 크리스마스 되세요!
I wish you a merry Christmas. /
Merry Christmas! /
Merry Christmas to you!
Season's greetings! ⋯ '즐거운 크리스마스 되세요'와 '새해 복 많이 받으세요'의 뜻으로 쓰인다.

즐거운 연말연시 되시기를 기원합니다.
Happy Holidays! /
I wish you very happy holidays.
⋯ 종교색이 없는 크리스마스 인사로 흔히 쓰인다.

즐거운 연말연시 보내시고, 새해 복 많이 받으세요.
Season's greetings and best wishes for the new year.

새해 복 많이 받으시고 하시는 일 번창하시기를 기원합니다.
We hope your new year brings you much happiness and prosperity.
⋯ prosperity 번영, 번창

즐거운 성탄절 보내시고 새해 복 많이 받으세요.
Best wishes for a wonderful holiday and a happy new year ahead.
⋯ ahead 앞의, 앞으로의

행운을 기원합니다. 새해 복 많이 받으세요.
Wishing you the best of all the happiness. Happy New Year!
⋯ Happy New Year 가장 일반적인 새해 인사

즐거운 연말연시 되시길 기원합니다. 지난 해 귀하의 성원에 감사드립니다.
We wish you the compliments of the season and thank you for your support in the past year.
⋯ compliments 연말연시의 인사표현(= season's greetings)

또 한 해가 저물고 있네요. 따뜻하고 행복한 연말연시 되시기를 감사하는 마음으로 기원합니다.

At the close of another year, we gratefully pause to wish you a warm and happy holiday season.

⋯ at the close of ~의 마무리에, 끝 무렵에   pause to 잠시 하던 일을 멈추고 ~하다

013 날씨/계절인사

날씨가 많이 따뜻해졌네요.

It is getting warmer these days.

⋯ get+비교급 더욱 ~해지다

여기는 엄청나게 덥습니다.

It is scorching hot here.

⋯ scorching hot 탈 듯이 더운, 매우 더운

여름 휴가는 언제 가세요?

When are you going to take your summer vacation?

⋯ take one's summer vacation 여름휴가를 가다

여름 휴가는 벌써 다녀오셨나요?

Have you already taken your summer vacation?

여기는 우기여서 일주일 내내 비만 왔습니다.

It is the rainy season here. So it has been raining the whole week.

⋯ rainy season 우기

벌써 겨울이네요.

It is winter already.

감기 조심하세요.

Please take care not to catch a cold.

⋯ catch a cold 감기에 걸리다

서울은 무척 춥습니다. 뉴욕은 어떤가요?
It is very cold here in Seoul. How about in New York?

이곳 한국은 기온이 영하 11도까지 내려갔네요. 그곳의 따뜻한 날씨가 그립습니다.
The temperature has fallen to minus 11 degrees here in Korea. I miss the warm weather there.
⋯▸ temperature 기온

014 자연재해에 대한 안부인사

홍콩에 비가 많이 왔다고 하던데 귀사는 피해가 없기를 바랍니다.
I heard it rained a lot in Hong Kong. I hope your company is okay.

뉴스에서 시카고에 폭설이 내렸다고 하던데요.
According to the news, it snowed heavily in Chicago.
⋯▸ snow heavily 폭설이 내리다

이번 지진으로부터 모두 무사하고 아무런 피해가 없기를 기원 드립니다.
I hope everybody is safe from the earthquake and no damage was done.
⋯▸ do damage 피해를 가하다

지진의 진원지가 사무실과 많이 떨어져 있지 않다고 하던데 괜찮습니까?
I heard the earthquake happened not far from your office. Is your company okay?
⋯▸ far from ~에서 멀리 떨어진

그 지역에 최근에 발생한 쓰나미의 영향이 있었는지요?
Did the recent tsunami hit your area?
⋯▸ hit 영향을 주다

최근 서울에 비가 너무 많이 내려 저희 회사도 약간 피해가 있었습니다.
The recent heavy rain in Seoul caused a little damage to our company.
⋯▸ heavy rain 많은 비

전기 시설이 망가져 하루 동안 정전이었습니다.
There was a blackout here for a day due to the damage to the electricity facilities.
⋯▸ blackout 정전 facility 시설, 설비

이번 지진으로 건물과 집기들이 약간 흔들렸을 뿐 큰 피해는 없었습니다.
Our building and office furniture shook a little due to the earthquake, but no severe damage was done.
⋯▸ office furniture 사무실 가구(집기)

전기 시설이 피해를 입어 전력공급이 원활치 않아 공장가동을 제한적으로 하고 있습니다.
The plant is not in full operation because of the lack of power caused by the damage to the electricity facilities.
⋯▸ in full operation 풀가동 중인

인터넷 접속이 원활하지 않아 당분간 연락 드리기 어려울 듯합니다.
I am afraid I will not be able to contact you for a while due to the unstable access to the Internet.
⋯▸ access to ~로의 접속(접근)

Winning Tip

영어로 날짜 표기하는 방법

날짜를 표기할 때 우리는 년, 월, 일, 요일 등의 순서로 표기한다. 그러나 영어권에서는 다음과 같이 크게 두 가지로 분류된다는 점을 알아두면 좋다. 아래의 예에서 보듯이 영국 및 유럽식 표기는 우리나라의 표기와 정반대 순서이다.

[미국식 날짜 표기] 요일/월/일/년 순으로 표기한다.
  Ex) Friday, February 20, 2015 2015년 2월 20일 금요일
      2.20.2015 2015년 2월 20일

[영국 및 유럽식 날짜 표기] 요일/일/월/년 순으로 표기한다.
  Ex) Friday, 20 February, 2015 2015년 2월 20일 금요일
      20.2.2015 2015년 2월 20일

이메일의 맺음말 표현

모든 일은 마무리를 잘해야 하는 법! 이메일, 특히 비즈니스 이메일을 마칠 때는 sincerely와 같은 마무리 표현을 꼭 넣도록 하자.

SAMPLE EMAIL

Request for a meeting

Thank you for your company brochure. We need to hire a firm to handle the public relations for our new product. We are interested in your firm and would like to discuss your services and fees.
Please call to set up an appointment to discuss details. **I look forward to hearing from you.**

Sincerely,

look forward to는 원래 '~하기를 고대하다'라는 의미이지만, 이메일에서는 '답장이나 연락 등을 기다리고 있겠다'란 의미로 자주 쓰인다.

회의 요청

회사 안내책자를 보내 주셔서 감사합니다. 저희는 신제품 홍보를 담당할 회사를 고용하려고 합니다. 귀사에 관심이 있으며 귀사의 서비스와 수수료에 대해 논의하고자 합니다.
세부사항 논의를 위한 일정을 잡아야 하니 전화를 주시기 바랍니다. 연락 기다리고 있겠습니다.

안녕히 계세요.

hire 고용하다 **public relations (= PR)** 홍보 **fee** (서비스에 대한) 요금, 수수료 **set up an appointment** 약속을 잡다

015 이메일의 마무리 인사

좋은 하루 되세요.
Have a great day. /
Have a good one.

만사형통하시길!
All the best of success.

감사합니다.
Thank you.

시간 내 주셔서 감사합니다.
Thank you for your time.

답장 주셔서 고맙습니다.
Thank you for your response.

시간을 내서 제 제안서를 읽어 주셔서 감사합니다.
Thank you for taking your time to read my proposal.

답장 기다리겠습니다.
I'm looking forward to your reply. /
I look forward to hearing from you.

연말연시 잘 보내세요!
Happy Holidays!

주말 잘 보내세요!
Have a good weekend. /
Enjoy your weekend.

016 이메일의 클로징 표현

[친한 사이에 흔히 쓰는 클로징]

안녕히 계세요.
Best, /
Cheers, /
Yours, /
Cordially, /
Thanks, /
Take care,

[격식을 갖춘 비즈니스 이메일의 클로징]

안녕히 계세요.
Regards, /
Best regards, /
Best wishes, /
Sincerely, /
Kindest regards, /
Warmest regards, /
I remain yours truly, /
Warmly,

⋯▶ 이메일을 끝낼 때 쓰는 표현들로, 우리말로 딱히 해석이 불필요하다. 보통 이 표현들 다음 행에 보내는 이의 이름을 쓴다. 이메일의 성격이 '항의, 불만표시' 등의 다소 부정적인 내용이라면, 그냥 regards 정도로 마치는 것이 좋다. 부정적인 내용을 써 놓고 마지막에 친근함이 묻어나는 cordially, thanks, sincerely 등을 쓰면 본문의 어조가 희석되어 버릴 수 있기 때문이다.

017 확인 후 연락 주겠다고 할 때

확인하고 이메일 드리겠습니다.
I will email you after I check it out.
⋯▶ check out 확인하다

오후에 다시 이메일 드리겠습니다.
I will email you back in the afternoon.
⋯▶ email+사람+back ~에게 이메일 회신을 하다

사장님하고 상의한 후 이메일 드리겠습니다.
I will email you after I talk with my boss.
⋯→ boss 사장 상사

첨부파일을 검토한 후 이메일 답장 보내겠습니다.
I will email you back after I review the attachment file.
⋯→ attachment file 첨부파일

귀사의 홈페이지를 훑어 보고 나서 이메일 드리겠습니다.
I will email you after I browse through your company webpage.
⋯→ browse through 둘러보다

보내신 문서를 검토한 후 이메일 드릴게요.
I will email you after I review the document you sent.

물건을 보내고 나서 추적번호를 이메일로 보내겠습니다.
I will email you the tracking number after I send you an item.
⋯→ tracking number 추적번호   item 물건

사무실에 돌아가자마자 자세한 내용을 이메일로 드릴게요.
I will email you more details once I get back to the office.
⋯→ get back to ~로 돌아가다

회의가 어떻게 되었는지 나중에 이메일 보내겠습니다.
I will email you later to tell you how the meeting goes.

바로 나가야 해서 지금은 길게 못 쓰지만, 나중에 이메일 보내겠습니다.
I cannot write long as I have to leave right now, but I will email you later.
⋯→ write long 길게 ~을 쓰다

018 상사 승인 후 연락하겠다고 할 때

사장님의 최종승인을 받는 중이므로 피드백과 함께 메일을 보내겠습니다.
I am seeking final approval from my boss to email you with his feedback.
⋯› seek ~을 구하다, 찾다   approval 승인, 인정

아직 사장님의 승인을 받지 않았으니 이틀만 더 시간을 주시기 바랍니다.
Please give me a couple of days as I have yet to receive approval from my boss.
⋯› have yet to 아직 ~하지 않다

제 상사로부터 승인을 받으면 전화나 이메일을 드리겠습니다.
I will call or email you once I obtain my superior's approval.
⋯› obtain one's approval ~의 승인을 얻다   superior 상사, 윗사람

귀하의 제안을 우리 사장님과 논의해 봐야 합니다.
I need to discuss your suggestion with my boss.

저희 과장님의 승인이 필요하기 때문에 답을 드리려면 일주일 걸릴 겁니다.
It will take me a week to reply as my manager's approval is needed.

귀하의 계획에 대해 사장님께 말씀 드려야 하기 때문에 금요일까지는 연락 드리겠습니다.
I will contact you by Friday because I should talk to my boss about your plan.

저희 사장님이 디자인을 승인하시면, 바로 이메일로 연락 드리겠습니다.
Once my boss approves the design, I will email you immediately.
⋯› immediately 즉시, 바로

사장님의 승인이 안 나서 아직까지 회의일자가 결정되지 않았습니다.
The meeting date is not confirmed yet since I need my boss's approval.

이 문제에 대해서는 저희 연구소측과 논의 후 답변 드리겠습니다.
I am going to reply to your email after discussing this issue with our R&D center.

⋯→ R&D center (= research and development center) 연구소, 연구개발센터

019 기한 통보 및 요청

귀사 브로셔를 목요일까지 받았으면 합니다.
We'd like to have your company's brochure by Thursday.

귀사의 제품 견본은 다음주 초까지 보내 주세요.
Please send the product sample by early next week.

월요일까지 제 질문에 답변 바랍니다.
Please send your responses to my questions by Monday.

⋯→ respond to ~에 대한 답변, 응답

보고서를 다음주 수요일까지 끝내야 하니 검토 결과를 이번 주까지 보내 주세요.
I must finish the report by next Wednesday, so please send the review results by the end of this week.

⋯→ review results 검토 결과 the end of this week (주중에서) 이번 주의 마지막 날

회의가 월요일에 있을 예정이니 견적을 이번 주까지 보내세요.
The meeting is on Monday, so send me the quotation by the end of this week.

⋯→ be on Monday 월요일에 열리다, 월요일에 있다

보내신 견본이 도착하지 않았습니다. 금요일까지 다시 한번 보내 주세요.
The sample you sent failed to arrive. Please send it to me again by Friday.

⋯→ fail to arrive 도착하지 않다 (= fail to reach me)

4월 9일 선적분에 대한 대금청구서를 이번 달이 가기 전에 보내 주세요.
Please send the invoice for the shipment dated April 9 before this month ends.

시간이 없어서 그러는데 평가 결과를 스캔해서 바로 보내 주세요.
It's very urgent, so please scan the evaluation results and send them right away.
⋯ evaluation results 평가 결과

품질 검사결과가 목요일까지 도착해야 합니다.
The quality test results should reach me by Thursday.
⋯ quality test 품질검사

향후 처리를 위해 다음 주 월요일까지 주문을 확정해 주시기 바랍니다.
Please confirm your order by next Monday for further processing.

보고서 마감일이 다음 달이니 이번 달에 실험을 마쳐야 합니다.
The report is due next month, so the tests must be completed this month.

제품에 대한 결정을 이번 달 말까지 해야 하니 견본을 그 전에 보내 주세요.
I have to make a decision on the product by the end of this month, so please send me a sample before then.

020 시간 연장 요청

귀하의 신청을 처리하는 데 좀 더 많은 시간이 필요하다는 점을 감안해 주시기 바랍니다.
Please allow for more time to process your application.
⋯ allow for ~을 허락하다, 허용하다

귀하의 제안에 대해 며칠 시간을 두고 검토해 보고자 합니다.
We would like to take a few days to think over your offer.
⋯ think over ~에 대해 숙고하다

이번 프로세스를 좀 더 잘 이해하기 위해 시간이 더 필요합니다.
Please allow us to have more time to gain a better understanding of this process.
⋯ gain a better understanding of ~을 보다 잘 이해하다

사장님을 설득해야 하니 좀 더 시간을 주시기 바랍니다.
Please give us more time to convince our boss.
⋯ convince ~을 납득시키다

최종 구매결정을 하기에 앞서 일주일 정도 시간을 주실 수 있는지요?
Will you be able to give us a week to make a final decision on the purchase?

괜찮으시면 좀 더 시간을 갖고 하청업체와 논의를 하고자 합니다.
If you don't mind, we'd like to have a little more time to negotiate with our subcontractors.
⋯ negotiate with ~와 협상하다   subcontractor 하청업체

021　협조 요청

협조해 주시면 감사하겠습니다.
Your cooperation is appreciated.
⋯ be appreciated 감사하게 생각하다

이 건에 대해 당신의 협조가 필요합니다.
We need your cooperation in this matter.

배송시간을 줄이기 위하여 협조해 주신 것 감사드립니다.
We appreciate your cooperation in shortening the delivery time.
⋯ shorten 줄이다   delivery time 배달시간

이 프로젝트를 성공적으로 이끌기 위하여 지원을 요청해도 될까요?
Could we ask for your support to make this project successful?
⋯ ask for support 지원 요청하다

선적이 지체되지 않고 이루어질 수 있도록 최대한 협조를 요청합니다
We ask for a lot of cooperation from you to ensure that the shipment is made without delay.
⋯ without delay 지체되지 않고

물건이 합의한 날짜에 저희 공장에 배송될 수 있도록 협조를 부탁드립니다.
We would appreciate it if you could deliver the goods to our factory by the agreed-upon date.

⋯▸ by the agreed-upon date 합의한 날짜까지

제품 품질에 문제가 없도록 최대한 협조를 부탁드립니다.
We need a lot of cooperation from you to guarantee the quality of the product.

⋯▸ guarantee the quality of ~의 품질을 보장하다

통관 절차가 잘 이루어질 수 있도록 많은 협조 바랍니다.
We'd appreciate your support in a swift and smooth customs clearance.

⋯▸ swift and smooth 신속하고 순조로운   customs clearance 통관

전시회가 잘 끝날 수 있도록 협조해 주세요.
Please cooperate to ensure the smooth completion of the exhibit.

⋯▸ smooth completion 좋은 결말   exhibit 전시회

마감일자에 프로젝트를 완료하기 위해 많은 지원을 바랍니다
We expect a lot of support from you to complete the project by the deadline.

⋯▸ deadline 마감기한

프로그램 버그에 대해 필요한 정보를 얻는 일에 협력해 주시면 감사하겠습니다.
We'd appreciate your assistance in obtaining the necessary information about the bug in the program.

⋯▸ assistance 지원 협력(= help, cooperation)

저희가 2일 동안 귀사측에 저희 제품에 대한 기술교육을 실시할 예정입니다. 예정대로 모두 마칠 수 있도록 귀사의 협조를 부탁드립니다.
We are going to give you two days of training on our product. Your cooperation in completing the training as scheduled will be greatly appreciated.

⋯▸ as scheduled 예정대로

자꾸 요청 드려 죄송하지만, 언제 결재 받을 수 있는지 알려 주시기 바랍니다.
I am sorry to ask you this once again, but please let me know when approval will be given.

⋯▸ approval 결재, 승인

022 안부 전하기

귀하의 과장님께 안부 전해 주세요.
Please say hello to your manager.

⋯▸ say hello to ~에게 인사하다, 안부를 전하다

도착하시면, 사장님께 안부인사 전해 주세요.
When you arrive, please give my regards to your boss.

김 박사님께 안부를 전해 주시면 감사하겠습니다.
Please kindly remember me to Dr. Kim.

⋯▸ remember A to B A의 안부인사를 B에게 전하다

당신 친구에게 안부 전해 주세요.
Please give my love to your friend.

⋯▸ give one's love to ~에게 안부를 전하다

사모님께 안부인사 꼭 전해 주세요.
Don't forget to send your wife my best wishes, please.

부모님께 안부인사 꼭 전해 주세요.
Please ask after your parents for me.
Please convey my respects to your parents.

⋯▸ ask after ~의 안부를 묻다   convey one's respects to ~에게 안부인사를 전하다

뉴욕에서 혹시 제인을 만나시면, 안부 전해 주세요.
If you happen to see Jane in New York, please tell her I said hello.

023 수신 확인 및 답신 요청

화요일 오전까지 답장을 주시기 바랍니다.
Please email me back by Tuesday morning.
…→ email+사람+back ~에게 이메일 답장을 하다

답장하는 것 잊지 마세요!
Please don't forget to reply!
…→ forget to ~하는 것을 잊다

가능한 한 빨리 꼭 답장을 주시기 바랍니다.
I really need your reply as soon as possible.

귀하의 신속한 답장을 기대합니다.
I look forward to your prompt reply.
…→ look forward to ~을 고대하다, 기대하다   prompt 신속한, 빠른

시간이 없으니 이번 금요일 오후까지 답장을 주세요.
Please reply by this Friday afternoon as we are running out of time.
…→ run out of time 시간이 없다

귀하의 답장을 고대합니다.
Your reply is much awaited.
…→ be much awaited 아주 기대하며 기다리다, 고대하다

빨리 답장을 주시면 정말 감사하겠습니다.
Your quick reply will be highly appreciated.
…→ be appreciated 고마워하다

저희 제안에 대한 답신을 기다리고 있겠습니다.
We look forward to your reply to our suggestion.
…→ look forward to ~을 고대하다

제가 여쭤 본 질문에 대한 답신을 보내 주세요.
Please let us know your reply to the questions I asked.

귀하가 빨리 답장을 주시면 제가 결정을 내리는 데 도움이 되겠습니다.
Your quick reply will be helpful to me in making a decision.

귀하의 연락처 정보와 함께 답장을 보내 주시기 바랍니다.
Please don't forget to reply with your contact information.

8월 10일까지 답장을 보내 주시면 감사하겠습니다.
The favor of your reply is kindly requested by August 10.
…▸ The favor of one's reply is kindly requested by 답장을 ~까지 해주십시오 (전형적인 회신요청의 구문이다).

우리 주문을 언제 선적할 지 메일로 즉시 회신해 주시기 바랍니다.
Please let us know by return email right away when you will ship our order.
…▸ return email 회신메일

당사의 샘플 요청건에 관한 신속한 회신을 기다리고 있겠습니다.
We look forward to hearing from you about our request for a sample product as soon as possible.
…▸ hear from ~로부터 소식을 듣다, 연락을 받다

7월 8일에 보내 드린 이메일을 받으셨는지 알고 싶습니다.
I'm wondering if the email I sent on July 8 ever reached you. / I'm wondering if the email I sent on July 8 arrived.
…▸ reach 도착하다

회계팀장이 보낸 이메일을 받으셨으면 바로 답신 바랍니다.
If you received the email sent by the finance manager, please respond right away.
…▸ right away 바로 (= immediately)

답변을 아직 못 받았습니다. 가능한 한 빨리 연락 부탁드립니다.
We haven't heard from you yet, so please contact us at the earliest possible time.
…▸ at the earliest possible time 가능한 한 빨리 (= as soon as possible)

답신이 없으셔서 이메일을 다시 한 번 보내 드립니다.
We haven't heard from you yet, so we are sending our email again.

제가 보낸 5월 15일 이메일에 대한 답변을 못 받았는데요.
I haven't received your reply to the email I sent on May 15.
⋯ reply 답신, 답변

여러 번 메일을 보냈는데 답이 없으시네요. 이번에는 답변 부탁드립니다.
I sent several emails, but there was no reply. Please send me a reply this time.

답신을 못 받은 지 한 달이 넘었습니다.
It has been more than one month, but I haven't received a reply from you.
⋯ over a month 한 달이 넘은

024 다시 한 번 감사인사하기

다시 한 번 감사드립니다.
I'd like to thank you once again.

귀하에게 정말 감사드린다고 꼭 한 번 더 말씀드리고자 합니다.
Once again, I must say that I am very much obliged to you.
⋯ be obliged to ~에게 감사해하다

얼마나 감사한지 모릅니다.
I can never thank you enough.
⋯ never thank you enough 너무나 감사하다 (직역하면 '절대로 충분히 감사할 수 없다'란 뜻)

귀하의 환대에 정말 감사드립니다.
I can never thank you enough for your friendly welcome.
⋯ friendly welcome 친절한 환영, 환대

자리를 빛내 주셔서 다시 한 번 감사드립니다.
I'd like to thank you once again for adding to the occasion.
⋯ add to the occasion 자리를 빛내다

이번 프로젝트의 성공을 위한 귀사의 노력에 진심 어린 감사를 드립니다.
We would like to express our sincere thanks for your efforts at making the project successful.
⋯ express sincere thanks 진심 어린 감사를 표하다

025 사과하기

너무나 죄송합니다.
A thousand apologies.
⋯ a thousand apologies 천 번의 사과 (한두 번으로 부족할 정도로 너무나 미안하다는 의미)

뭐라고 사과 드려야 할지 모르겠습니다.
I have no words to apologize to you.
⋯ have no words to ~을 표현할 방법이 없다

다시 한 번, 진심으로 사과 드립니다.
Once again, I sincerely apologize to you.
⋯ sincerely 진심으로

 **Winning Tip**

이메일에서 사용하는 @의 의미

외국인 친구에게 이메일 주소를 알려 주다가 우리가 흔히 '골뱅이'라고 부르는 특수문자 @를 영어로 뭐라고 하는지 몰라 당황스러웠다는 얘기를 종종 듣는다. @는 전치사 at을 가리키는 표현으로 '~에 있는, ~에 위치한' 정도의 뜻이다. 그러니까 가령 gildong@gmail.com이라는 메일 주소는 'gmail.com에 위치한 gildong이다'란 개념이다.
그럼 gmail.com의 점(.)은 어떻게 읽을까? 설마 '지메일쩜컴'이라고? 이메일이나 웹 주소를 얘기할 때의 '점(.)'은 dot이라고 읽는다. 한동안 '닷컴 기업'이라는 말을 많이 했었는데 이는 웹 주소 중 .com을 가리키므로 쉽게 기억할 수 있을 것이다.

모든 혼란에 대해 다시 한번 진심으로 사과 드립니다.
I'd like to sincerely apologize once again for all the confusion.
⋯ confusion 혼란

지난 몇 주 동안 아무런 설명을 드리지 못한 점에 대해 진심으로 사과 드립니다.
I'd like to offer my sincere apology for the lack of any explanation over the past several weeks.

이번 변경으로 인해 불편을 끼쳐 드렸다면 사과하겠습니다.
I am sorry for the inconvenience this change might cause you.
⋯ inconvenience 불편

첨부파일/수신확인/메일 오류/전달

비즈니스 이메일에서는 파일을 첨부하는 경우가 많으므로, 첨부 파일을 안내하는 표현은 이메일 핵심 표현이라고 할 수 있다.

 **SAMPLE EMAIL**

Our latest product brochure

Thank you for your interest in our products. Recently, two new models have been added to our product line. **Please find the attachment file on our latest product brochure.** If you have a problem with downloading the file, please let us know. You can view the brochure also on our web site.

……~에 관한 내용을 파일로 첨부합니다라고 할 때 find 대신에 open을 써도 무방하며, I am attaching a file on~ 같은 표현도 자주 사용된다.

최신제품 브로셔

저희 제품에 관심을 가져 주셔서 감사 드립니다. 최근에 두 개의 신규 모델이 제품라인에 추가되었습니다. 제품에 관한 최신 브로셔를 파일로 첨부합니다. 파일을 다운로드하는 데 문제가 있으시면 알려 주세요. 당사의 웹사이트에서도 브로셔를 보실 수 있습니다.

be interested in ~에 관심을 갖다　**have a problem with** ~에 문제가 있다　**let someone know** ~에게 알려 주다

026 첨부파일 안내

관련 내용의 파일을 첨부했습니다.
I am attaching a file on the matter.
⋯▸ attach 첨부하다

자세한 내용은 첨부 자료를 참조하시기 바랍니다.
Please see the attachment for the details.
⋯▸ details 자세한 내용

첨부파일을 확인해 보시기 바랍니다.
Please find the attachment file.
⋯▸ attachment file 첨부파일 (=attachment, attached file)

첨부파일을 꼭 확인해 보시기 바랍니다.
Please make sure to open the email attachment.
⋯▸ make sure ~을 분명히 하다, 꼭 ~하다

보다 자세한 제품 정보는 첨부파일을 확인해 보시기 바랍니다.
For more information, please open the attachment file.

첨부파일에는 보다 자세한 내용을 담은 송장이 들어 있습니다.
The attached document contains a more detailed invoice.
⋯▸ detailed 자세한

첨부파일 내용은 회의에 사용될 호텔비용에 대한 것입니다.
The attachment is about the hotel rates for our meeting.

첨부파일에 제품 모델, 명세, 가격 등의 정보가 담겨 있습니다.
The attachment file contains information such as the models, specification, and price.
⋯▸ specification (제품 등의) 명세서, 설명서, 스펙

주문하신 제품들의 개별 납기일 정보는 첨부파일을 확인하시기 바랍니다.
Please open the attachment file to check the individual deadlines on your orders.

첨부파일을 여시면, 우리의 최신제품 사진을 보실 수 있습니다.
Please open the attachment file to see our latest product images.

첨부한 사진을 꼭 보시고 이메일로 연락 바랍니다.
Please make sure to see the attached photo and email me.
⋯ attached photo 첨부한 사진

첨부파일을 또 하나 보내 드립니다.
We are sending another email attachment.

첨부할 수 있는 파일용량 제한 때문에 문서를 보낼 수 없습니다.
I cannot send the file because of the attachment file size limit.

첨부파일에 귀사의 프로젝트 관련 정보, 솔루션, 자원, 비용 등의 내용이 담겨 있습니다.
I've attached a document that includes information relevant to your project, solution, resources, and cost.
⋯ relevant to ~에 관련한, ~과 적절한

027 첨부파일이 없거나 열리지 않을 때

메일은 받았는데, 첨부파일이 없네요.
I received your email, but it does not have any attachments.
⋯ attachment 첨부파일 (= attachment file)

파일을 첨부하시는 것을 깜빡하셨나 봅니다.
I think you forgot to attach the file in your email.
⋯ forget to ~하는 것을 잊다, 깜빡하다

첨부파일을 잊으신 것 같습니다. 다시 메일 보내 주세요.
You seem to have forgotten the attachment. Please email me again.

메일은 잘 받았습니다. 그런데 첨부파일에 아무것도 없네요.
Your email arrived okay, but the attachment is empty.

첨부파일을 열면 글씨가 모두 깨져 보입니다.
When I open the attachment file, the font is broken.
⋯ the font is broken/unrecognizable 글자가 깨졌다

첨부파일이 열리지 않습니다.
I cannot open the attachment file.

죄송합니다만 첨부파일이 열리지 않습니다.
I'm sorry, but the attachment file does not open.

첨부하신 엑셀파일을 열 수가 없습니다.
I am unable to open the attached Excel file.

첨부파일이 열리지 않으니, 다시 보내 주시기 바랍니다.
Please email me again with the attachment as I cannot open it.

첨부파일이 열리지 않습니다. 다시 메일 보내 주세요.
Please email me again as I cannot open the attachment file.

다른 파일이 첨부된 것 같습니다. 확인하시고 다시 한번 보내 주세요.
You attached the wrong file. Please check it and send me the right one.

첨부파일을 열 수가 없네요. 어떤 프로그램으로 열어야 하나요?
I cannot open the attached file. Which application program do I have to use for this file?
⋯ application program 응용 프로그램

첨부파일이 열리지 않아서 그러는데, 무슨 내용인지 알려 주시기 바랍니다.
Would you please let me know what the attachment file is about as the file will not open?

바이러스 감염 우려가 있어서 여쭙니다만, 첨부파일 내용이 무엇인지 알려 주시기 바랍니다.
Please indicate what the attachment file is about because I am afraid of getting a computer virus.
⋯ get a computer virus 컴퓨터가 바이러스에 감염되다

첨부파일을 제 컴퓨터에 다운로드 받았는데, 열리지 않습니다.
I downloaded the attachment to my computer, but it won't open.

첨부파일이 손상되어 열리지 않습니다.
The attachment does not open as it has been corrupted.
⋯ corrupt ~을 오염시키다, 더럽히다

제게 전달된 이메일에 첨부된 파일이 열리지 않습니다.
The attached document in the email forwarded to me won't open.
⋯ forward (이메일 등을) ~에게 전달하다

컴퓨터 프로그램 호환성 문제 때문에 첨부파일을 열어 볼 수가 없습니다.
I cannot open the attached file because of a computer application compatibility issue.
⋯ compatibility 호환성

제 컴퓨터에서는 신버전의 파일이 열리지 않습니다. 구버전으로 다시 저장해서 보내 주실 수 있습니까?
I cannot open a file saved in a new version. Can you save the file in the old version and send it again?
⋯ new version 신버전

028 업무 담당자에게 이메일을 전달할 때

담당자에게 이메일을 전달하겠습니다.
I will forward the email to the person in charge.
⋯ a person in charge 담당자   forward 보내다, (사람이나 물건을) 먼저 보내다 (= send)

고객에게 온 이메일을 당신에게 전달합니다.
I am forwarding this email from a customer to you.

알고 계시라고 거래처에서 온 이메일을 전해 드립니다.
I am forwarding the email from our client for your information.
⋯→ client 고객

참고하시라고 아래의 이메일을 전달해 드립니다.
For your information, I am forwarding the email below.
⋯→ for one's information ~에게 알려 주려고, 참고용으로

제 담당이 아니라서 구매부장에게 이메일을 전달했습니다.
I forwarded the email to the purchasing manager as it is not my area.
⋯→ purchasing manager 구매부장   be not one's area 담당이 아니다

귀하가 고객서비스 담당이므로 아래 이메일을 전달해 드립니다.
I am forwarding the following email to you as you are in charge of customer service.
⋯→ in charge of ~을 담당하는, 책임지는

참고 차원에서 그리고 조치를 하셔야 할 것 같아 이메일을 전달합니다.
I am forwarding this email to you for your information and for you to take action on.
⋯→ take action on ~에 조치를 취하다

이번 행사에 관심 있으신 분들에게 이메일을 전달합니다.
I am forwarding this email to those who are interested in the event.

전달해 드린 이메일에 중요한 일정이 포함되어 있으니 꼭 읽어 보시기 바랍니다.
Please make sure to read the forwarded email as it contains an important schedule.
⋯→ make sure to 꼭 ~하다   forwarded email 다른 사람으로부터 전달된 이메일

지난 주에 귀하의 회사 이메일로 보냈던 이메일을 다시 전달합니다.
I am forwarding you the email I sent to your company email account last week.
⋯→ email account 이메일 계정

029 이메일의 전달/CC 부탁

지난 번 제안 드린 전자책 개발과 관련해 몇 가지 제안을 드립니다. 팀장님께도 전달 부탁드립니다.

I am sending you some suggestions on the proposed e-book development. Please forward this mail to the manager.

⋯▸ suggestion 제안

김 과장님께 보내는 메일이 계속 반송되네요. 이 메일을 김 과장님께 전달해 주시면 감사하겠습니다.

My email to Mr. Kim keeps bouncing back to me. I would appreciate it if you could forward this mail to Mr. Kim.

⋯▸ bounce back (이메일이) 되돌아오다 appreciate 고마워하다

피터슨 씨가 보내 주신 메일을 전달해 드립니다. 검토해서 의견을 알려 주시기 바랍니다.

I am forwarding an email from Mr. Peterson. Please review it and give me your feedback.

⋯▸ feedback 피드백, 의견

관련 이메일을 저희 모든 관계자분들에게 전달했습니다.

I have forwarded related emails to all the people concerned.

⋯▸ concerned 관련된

이제부터 이번 사업에 관련된 이메일을 저에게도 참조로 해서 보내 주시기 바랍니다.

I am asking you to cc me any emails regarding the project from now on.

⋯▸ regarding ~에 관하여 cc (= carbon copy) 참조, 참조로 보내다(지정하다)

홈페이지 시안 관련 메일입니다. 팀원들과 회람 부탁드립니다.

This email is about a draft plan on our website. Please forward it to the other team members.

⋯▸ draft plan 시안

세금계산서 보내실 때 abe@gmail.com으로도 참조로 지정 부탁드립니다.

Please cc the tax invoice to abe@gmail.com as well.

참조란에 이지성 대리님(xyz@naver.com)을 추가해서 보내 주세요.
I'd like to ask you to copy the email also to assistant manager JS Lee (xyz@naver.com).
⋯ copy an email to ~에게 참조로 이메일을 보내다   assistant manager 대리

페타프레임에 이벤트 제안서 보내실 때 저에게도 숨은 참조로 메일을 보내 주시기 바랍니다.
When you send the event proposal to Petaframe, please bcc me as well.
⋯ bcc (= blind carbon copy) 숨은 참조, 숨은 참조로 보내다

그 문서를 저에게 보내 주실 때, 나머지 분들은 숨은 참조로 보내 주시기 바랍니다.
When you send me the document, please bcc it to the others.
⋯ document 문서

030 메일이 반송되었을 때

이메일이 자꾸 반송됩니다.
My email keeps bouncing back to me.
⋯ keep -ing ~하는 것이 반복되다, 계속 ~하다

이메일 전달이 안 된다고 반송되었습니다.
My email has been returned as undeliverable.
⋯ undeliverable 전달될 수 없는

주소가 잘못되었다고 메일이 반송되었습니다.
My email was returned as an incorrect email address.

귀하의 이메일 수신함이 꽉 차서 메일이 반송되었습니다.
My email was returned as your email account was full.
⋯ email account 이메일 계정

첨부파일이 너무 커서 메일이 반송되었습니다.
My email was returned as the attachment was too large.

귀하의 이메일 계정이 첨부파일 수신을 허용하지 않아, 반송되었습니다.
The email was returned as your email account does not allow any attachments.
⋯ allow ~을 허용하다, 허락하다

이메일 주소가 유효하지 않다는 메시지만 받게 됩니다.
I kept receiving a message that your email address is invalid.
⋯ invalid 유효하지 않은, 무효의

이메일 답장을 보냈는데 반송되었습니다. 그래서 다시 보내 드리오니 받으시면 받았다고 답장 주세요.
I replied, but my email was returned. Please send me an email if you have received it.
⋯ be returned 반송되다

메일 발송을 여러 차례 시도했지만, 자꾸 반송되었습니다. 그때 보낸 메일 받으셨는지요.
I tried to email you several times, but it kept returning to me. I wonder if you received any of them.

제가 보내는 이메일이 반송되는 경우가 있는 것 같습니다. 만일을 대비해서 다른 이메일 계정을 하나 더 알려 주시겠습니까?
My emails are returned sometimes. Please let me know another email address of yours just in case.
⋯ just in case 만일에 대비해

확실히 메일을 받으실 수 있도록 제 다른 이메일 계정에서도 이메일을 보내 드리겠습니다.
I am also going to send this email from another email account of mine in order to make sure you receive it.
⋯ make sure 분명히 하다

031 메일을 다시 보내 달라고 할 때

이메일을 다시 보내 주시겠습니까?
Could you email me again, please?
⋯ email+사람+again ~에게 이메일을 다시 보내다 (같은 의미로 요즘에는 reemail이라는 표현도 사용됨)

48시간 내에 답장을 못 받으시면 다시 이메일을 보내 주시기 바랍니다.
Please email us again if you do not receive an email within 48 hours.

제가 실수로 귀하가 보낸 이메일을 지웠습니다.
I deleted your email by mistake.
⋯→ delete 지우다, 삭제하다   by mistake 실수로(= accidentally)

귀하가 보내신 이메일이 어쩌다 보니 지워졌습니다. 다시 보내 주세요.
Your email was somehow deleted. I am sorry, but please email me again.
⋯→ somehow 왜 그런지, 왠지

제 회사메일 용량이 초과되어서 그러니, 다시 이메일을 보내 주시겠습니까?
My company email account is over quota. Can you email me again, please?
⋯→ be over quota 정해진 용량을 초과하다(= reach the limit)

귀하의 메일이 스팸처리된 것 같습니다. 다시 메일을 부탁드립니다.
I'd like you to email me again as your email seemed to be spam-filtered.
⋯→ be spam-filtered 스팸메일로 처리되다

아무리 찾아봐도 귀하가 보내신 메일을 찾을 수 없사오니 다시 이메일을 보내 주시기 바랍니다.
Please email me again because I can't find your email no matter what I try.
⋯→ no matter what I try 아무리 해봐도

일주일 동안 아무런 회신을 받지 못했습니다.
I haven't received a reply for a week.
⋯→ reply 회신

최근에 회사 서버에 문제가 생겨서 메일수신이 안 되었습니다.
I couldn't receive any email because my company had a server problem.

032 메일이 깨져서 왔을 때

귀하의 메일 내용이 모두 깨졌습니다.
Your email message was all jumbled up.
⋯ jumble up 뒤섞어 놓다, 엉망으로 만들다

보내신 이메일이 모두 깨져서 읽을 수 없습니다.
Your email looks like a jumbled mess.
⋯ jumble 뒤섞어놓다, 엉망으로 만들다

귀하가 보내신 이메일 내용이 깨져서 읽을 수가 없습니다.
I can't read your email as it was jumbled.

보내 주신 메일이 숫자와 부호 같은 것만 보입니다.
The email you sent to me was all in numbers and symbols.
⋯ be all in numbers and symbols 숫자와 부호 투성이다

귀하의 이메일을 열었는데, 글자가 다 깨져서 이상하게 보입니다.
When I opened your email, all of the characters were crazy and jumbled looking.

일부 글자가 깨져서 이메일을 읽을 수가 없습니다.
I cannot read your email as some of the characters were broken.
⋯ character 글자

글자가 이상하게 보여서 이메일을 읽을 수가 없었습니다.
I couldn't read your email as the characters were garbled.
⋯ garble 혼동하다, 잘못 이해하다

메일의 일부 내용이 깨져서 알아보기 어렵습니다.
A part of your email was broken, and it is difficult to read it.

원래 이메일의 내용을 붙여서 이메일을 다시 보내 주시기 바랍니다.
Please email me again with a copy of the original message.

033 이메일 내용을 이해하지 못했을 때

보내 주신 이메일에서 제기하신 품질에 관한 문제점이 잘 이해가 되지 않습니다.
I don't understand the quality issue that you raised in your mail.
⋯ raise an issue 문제를 제기하다

보내신 이메일의 마지막 부분이 잘 이해가 되지 않습니다.
I cannot make out the last part of your email.
⋯ make out ~을 만들다, ~을 이해하다 (= recognize, understand, figure out)

귀하의 질문 내용을 이해할 수 없었습니다. 좀 더 구체적으로 말씀해 주시겠습니까?
I couldn't understand your question. Could you be more specific about it?
⋯ be specific 구체적으로 말하다

귀하의 문제를 해결하려면 설명을 더 해주셔야 합니다.
I need more of an explanation to resolve your problem.
⋯ resolve one's problem ~의 문제를 해결하다

좀 더 상세한 설명과 함께 이메일을 다시 보내 주시겠습니까?
Will you please email me again with further details?
⋯ further ~이상의, 보다 앞선, 나은

제가 이쪽으로 전문가가 아니어서 이 문제에 관하여 추가적인 정보를 부탁드립니다.
I am not an expert in this area. So please send me some more information on this.
⋯ expert 전문가

보내 주신 자료로는 개념이 완전히 이해가 되지 않습니다. 자료를 좀 더 보내 주시겠습니까?
I don't fully understand the concept in the material you sent me. Can you send some more materials?
⋯ concept 개념   material 자료

그 문제의 기술적인 부분을 이해할 수가 없었습니다. 따라서 이 메일을 저희 엔지니어에게 전달하겠습니다.

I cannot understand the technical part of this issue. I am going to forward this mail to one of our engineers.

⋯▶ technical 기술적인

그 현상이 왜 일어났는지 저희는 이해할 수 없습니다. 상황에 대한 더 자세한 설명 부탁드립니다.

I don't understand why it happened. May I ask you for a further explanation on the situation?

⋯▶ situation 상황

보내 주신 메일 내용 중 3번 항목은 잘 이해가 안 갑니다. 상세히 설명해 주시면 감사하겠습니다.

I cannot understand the third point in your email. I would appreciate it if you could explain it in more detail.

⋯▶ in detail 자세하게

CVO는 뭐 하는 사람일까?

이제는 거의 우리말처럼 느껴지는 CEO는 영어 Chief Executive Officer의 약자로, '최고경영자'를 가리키는 표현이다. 그런데 CEO 말고도 회사에는 이 Chief가 붙은 직책들이 많은데, chief가 붙었다면 이는 흔히 '중역'을 의미한다. 그런데 요 사이 사회가 급변하면서 예전에는 없던 직책들이 많이 생겨나고 있다. CVO도 그중 하나인데, Chief Vision Officer의 약자로 '최고비전책임자'를 가리키는 표현이라고 한다.

CDO(Chief Development Officer) 최고개발책임자
COO(Chief Operation Officer) 최고경영책임자
CTO(Chief Technology Officer) 최고기술책임자
CKO(Chief Knowledge Officer) 최고지식책임자
CPO(Chief Privacy Officer) 최고개인정보보호책임자
CSO(Chief Security Officer) 최고보안책임자
CSO(Chief Strategy Officer) 최고전략책임자
CIO(Chief Information Officer) 최고정보책임자

제가 제대로 이해했는지 확인하고 싶습니다. 추가 개발을 위해 시간과 비용이 더 필요하다는 말씀이신가요?

Let me make sure I understand you correctly. Are you saying you need more time and money for additional development?

⋯▸ additional 추가적인

PART 2
비즈니스의 시작

Chapter 04. 회사 소개

Chapter 05. 사업 제안 및 미팅

Chapter 06. 응답 및 상담 표현

Chapter 07. 연락처 및 담당자

Chapter 08. 홈페이지/웹하드/팩스

Chapter 09. 제품 소개

Chapter 10. 제품 문의 및 시제품 요청

Chapter 11. 사용 허가 요청

Chapter 12. 가격 문의/가격 정책 설명

회사 소개

이메일을 통해 회사 소개를 할 때는 이메일 본문에 장황하게 회사소개를 하기보다는 최대한 간단하게 소개글을 넣고 보다 자세한 내용은 첨부파일이나 링크로 대신하는 것이 좋다.

Company introduction

- **We are one of the best camping gadget companies in Korea.** We have been doing business in the field of camping goods since 1993. In addition, the company has been playing a leading role for many years now in promoting environment-friendly business. I am attaching our company brochure that introduces our company and major products in more detail. Please feel free to contact me if you have any questions.

...... 회사의 업계 내 위상을 설명할 때 we are the best~라고 단정짓지 말고 조심스럽게 we are one of the best라고 하는 데 주의하자.

회사 소개 드립니다

우리 회사는 한국에서 캠핑장비 분야의 최고 기업 중 하나입니다. 우리는 1993년 이래로 캠핑 관련 제품분야 사업을 해오고 있습니다. 아울러, 우리 회사는 수년째 친환경사업 증진을 위해 주도적인 역할을 하고 있습니다. 우리 회사와 주요 제품에 대해 상세한 내용을 담은 안내책자를 첨부합니다. 질문 있으시면 언제든지 연락 주시기 바랍니다.

be one of the best ~ companies ~분야 최고 기업 중 하나이다 **do business in the field of** ~분야의 사업을 하다
play a leading role in ~에서 주도적인 역할을 하다   **attach** ~을 첨부하다

034 회사 소개의 시작과 마무리

이렇게 저희 회사를 소개하게 되어 기쁩니다.
I am pleased to introduce our company to you.

저희 회사와 제품을 귀사에 소개하고자 합니다.
I'd like to introduce our company and our products to you.

우리 회사의 홈페이지를 방문하신다면 더 많은 정보를 알 수 있을 것입니다.
You can find more information about our company by visiting our webpage.

당사의 회사 및 주요 제품 소개서를 첨부하오니 검토하여 주시기 바랍니다.
I would like you to read the attached documents on our company and major products.
⋯ attached 첨부된

귀사에서 생산하시는 제품에 저희 회사의 부품이 사용되기를 원합니다.
We hope we can supply parts for your products.
⋯ part 부품

035 회사의 분야 소개

저희 회사는 모든 종류의 등산화와 고기능성 신발을 생산합니다.
We produce all kinds of mountain climbing shoes and high-tech shoes.
⋯ mountain climbing shoes 등산화   high-tech shoes 고기능성 신발

우리 회사는 보험업을 하고 있습니다.
We're in the insurance business.
⋯ be in the ~ business ~사업을 하다

우리 회사는 1977년에 설립되었으며, 초창기에는 낚시 및 사냥용 안경을 제조했습니다.
Our company was established in 1977 and manufactured fishing and hunting glasses at the beginning.

⋯ be established 설립되다 manufacture 제조하다, 만들다

우리 회사의 주력사업은 청바지, 티셔츠 등의 의류제품입니다.
Our main line of business is garment products, including jeans and T-shirts.

⋯ main line of business 주력사업

우리 회사는 1993년 이래로 전기전자제품 분야의 사업을 하고 있습니다.
We have been doing business in the field of electrical and electronic goods since 1993.

우리 회사는 한국에서 조명 제품의 도매업체 및 공급업체 중에서 촉망받는 선도업체입니다.
We are one of the leading recognized wholesalers and suppliers of lighting products in Korea.

⋯ recognized 인정받는, 촉망받는 lighting product 조명제품

우리 회사는 많은 식품, 건강, 미용 분야의 제품의 수출을 전문으로 하는 업체입니다.
We specialize in exporting thousands of products in the fields of food, health, and beauty.

⋯ specialize in ~을 전문으로 하다, 전공으로 하다 field 분야

우리 회사는 독특한 자전거 헬멧 제조를 전문으로 하고 있습니다.
We specialize in manufacturing a unique model of bicycle helmet.

우리 회사는 해외로 국제화물 운송을 전문으로 합니다.
Our company specializes in international freight shipping to overseas locations.

⋯ freight shipping 화물운송

우리 회사는 한국에서 가장 우수한 캠핑 장비회사 중 하나입니다.
We are one of the best camping gadget companies in Korea.

⋯ gadget 장비

우리 회사는 파티용품 렌탈 및 공급을 전문으로 하고 있습니다.
Our specialty is in the area of party rentals and party supplies.

⋯▸ specialty 전문, 전공, 특화(영역)

우리 회사는 모든 종류의 종이 인쇄용품을 전문으로 제조하고 있습니다.
We are a professional manufacturer of all kinds of paper printing goods.

⋯▸ manufacturer 제조업자, 제조업체

우리 회사는 모든 종류의 차량을 해외로 운송하는 전문기업입니다.
Our specialty is providing overseas shipping for all types of vehicles.

우리 회사는 컴퓨터를 해외시장에 수출하는 업무에 종사해 오고 있습니다.
We are in the business of exporting computers to overseas markets.

⋯▸ be in the business of ~ 업무를 하다   overseas markets 해외시장

당사는 연 매출액 10억 달러 규모의 의류업체입니다.
We are a garment company with an annual turnover of a billion dollars.

⋯▸ annual turnover 연매출액 (= annual sales)

저희는 북미 지역을 주 시장으로 하고 있는 수출업체입니다.
We are a company that exports mainly to the North American market.

저희 회사는 한국의 서울에 소재하고 있으며, 자동차 에어백을 전문적으로 제작하고 있습니다.
Our company is located in Seoul, Korea and specializes in manufacturing airbags for automobiles.

⋯▸ be located in ~에 위치하다   specialize in ~을 전문으로 하다

저희는 중동지방으로 철강을 수출하는 무역회사입니다.
We are a trading company exporting steel products to the Middle Eastern market.

⋯▸ trading company 무역회사

저희는 국내 주요 철강회사인 스트롱 제강으로부터 물품을 공급받고 있습니다.
Our company is supplied steel products by the Strong Steel Co., one of the major steel manufacturing companies in Korea.

⋯ be supplied 공급받다　steel (manufacturing) company 철강회사

우리 회사는 한국에서 휴대폰용 액정을 제조하는 회사입니다.
We are a manufacturing company specializing in LCD screens for cellular phones.

⋯ specialize in ~을 전문으로 하다　LCD screen (= liquid crystal display) 액정화면

우리 회사는 화학, 섬유, 그리고 통신사업 세 분야를 전문으로 하고 있습니다.
Our company has three major business areas: chemicals, textiles, and telecommunications.

⋯ business area(s) 사업분야, 사업영역

우리 회사는 고객들이 학부 및 석박사 과정을 포함한 여러 과정에 지원하는 것을 돕고 있습니다.
Our company helps our clients to apply for programs at different levels, including undergraduate and postgraduate courses.

⋯ postgraduate 대학 졸업후의, 대학원 (과정)

포트리스 보안 코리아는 1990년 이후로 금융 기업을 위한 보안 서비스 분야에서 선도적 역할을 하고 있습니다.
My company, Fortress Security Korea (FSK), has been a leader in the field of security provision to financial institutions since 1990.

지난 80년 이상, 잉글리시트리는 외국어교육 분야에서 두각을 나타내 오고 있습니다.
For more than eight decades, Englishtree has been preeminent in the field of foreign language education.

⋯ preeminent 탁월한, 우위의

036　연혁 소개

잉글리시트리는 J&J 패밀리가 1993년에 설립하였습니다.
Englishtree, Inc. was established by the J&J family in 1993.

우리 회사는 1970년에 설립되어 항공기 관리서비스를 제공하고 있습니다.
Our company was set up to provide aircraft management services in 1970.

⋯ be set up 설립되다, 세워지다 (= be established, be founded)

우리 회사는 20년 전인 1990년에 인터넷 서비스 제공업체로 첫 영업을 시작하였습니다.
The company started its operation 20 years ago in 1990 as an Internet service provider.

⋯ start one's operation 영업을 시작하다

우리 회사는 1990년도의 첫 번째 프로그래밍 분석도구 개발 성공을 시작으로 출발했습니다.
We trace our beginnings to our 1990 success in developing our first programming analysis tool.

⋯ trace ~을 추적하다

잉글리시트리는 외국어교육 코리아와 새미 언어데이터의 합병으로 1993년에 창립되었습니다.
Englishtree, Inc. was created in 1993 through the merger of Foreign Language Education Korea and Samy Language Data, Inc.

⋯ merger 합병

잉글리시트리는 토노 데이터 사와 합병하여 2010년에 잉글리시트리 데이터 사가 되었습니다.
The Englishtree Corporation and Tono Data, Inc. combined to form Englishtree Data, Inc. in 2010.

⋯ combine 합치다

1981년부터 데이터 솔루션 제공을 시작으로 하여, J&J 데이터 시스템은 1990년대 초반부터 컴퓨터 데이터 관리분야에서 사업을 해오고 있습니다.
Having provided data solutions since 1981, J&J Data Systems has been operating in the computer data management sector since the early 1990s.

⋯ provide 제공하다   operate 운영하다

우리 회사는 보석가공업 분야에서 30년 이상의 역사를 갖고 있습니다.
We have been in the business of refining jewelry for more than 30 years.

⋯ refine 세련되게 하다, (보석 등을) 세공하다

지난 20년 동안, 워터테크는 상수처리 기술 분야에서 혁신적인 리더로 자리매김을 했습니다.
During the past 20 years, Water Tech has established itself as an innovative leader in water treatment technology.
··· treatment 처리, 대우

우리 회사는 2010년에 환경보호 분야로 사업비전을 확대하였습니다.
The company expanded its vision to the environment protection business in 2010.

037 회사 규모/업계 위상/수상 경력 소개

직원은 한국과 해외 사업장에 만 명 정도 됩니다.
We have around 10,000 employees in Korea and at our overseas factories.

저희 회사의 작년 매출액은 약 5억 달러입니다.
We generated around 500 million dollars in turnover last year.
··· generate ~을 생산하다 turnover 매출(액)

우리 회사는 한국에서 최고 수준의 전문적인 기업으로 명성이 자자합니다.
Our company enjoys a reputation as a first-class, professional organization in Korea.
··· enjoy a reputation 명성을 누리다

에코트리는 세계적인 주요 친환경기업의 반열에 올라 있습니다.
Ecotree, Inc. ranks among the world's leading green companies.
··· green company 친환경기업

우리 회사는 환경보호 서비스 제공업체 중에서 가장 우수한 기업입니다.
Our company ranks the highest among environment protection service providers.
··· rank the highest among ~에서 최고 위치를 차지하다, ~에서 일등이다

잉글리시트리는 10대 혁신적인 교육기업 중 하나로 선정되었습니다.
Englishtree, Inc. was designated as one of the 10 most innovative education companies.
⋯▸ be designated as ~로 지정받다, 선정되다

우리 회사는 이제 친환경 사업 분야에서 오랫동안 주도적인 역할을 해오고 있습니다.
The company has been playing a leading role for many years now in environment-friendly business.
⋯▸ play a leading role 주도적인 역할을 하다   environment-friendly 친환경적인

우리 회사는 작년에 환경보호 분야에서 일등을 차지하였습니다.
My company took first place in the category of environment protection last year.
⋯▸ take first place in ~에서 일등을 하다

우리 회사는 정부로부터 실적우수 10대 기업으로 선정되어 수상을 하였습니다.
The company received an award from the government for being one of the top 10 performing companies in Korea.
⋯▸ receive an award 수상하다 (= be awarded)

우리 회사는 대한민국 정부로부터 수출실적 우수 기업상을 수상하였습니다.
We received the award for best export performance from the Korean government.
⋯▸ export performance 수출실적

잉글리시트리는 최근 근무하기 가장 좋은 기업 중 하나로 선정되어 수상한 바 있습니다.
Englishtree, Inc. recently received an award for being one of the best places to work.

038 중장기 전망 소개

우리 회사의 장기 전망이 좋습니다.
The company's long-term prospects remain bright.
⋯▸ long-term prospects 장기전망   bright 밝은

우리 회사의 사업 전망이 매우 희망적이라 생각됩니다.
The company's business outlook appears to be very hopeful.
⋯ business outlook 사업전망 hopeful 희망적인

회사의 장기전망이 앞으로도 좋을 것으로 보입니다.
The company's long-term prospects continue to look promising.
⋯ promising 전도유망한

향후 10년간의 회사 전망이 좋습니다.
The company has good long-term prospects for the next ten years.

회사의 중단기 전망이 보다 긍정적입니다.
The short- to mid-term prospects of the company are more than bright.

반도체 시장의 분위기 변화 덕분에 우리 회사의 장기전망이 희망적입니다.
The changing atmosphere in the semiconductor market bodes well for the long-term prospects of the company.
⋯ bode well 희망적이다

희망적인 전망 덕분에, 회사의 시장점유율이 내년에 37%로 증대될 것으로 보입니다.
Owing to its bright prospects, the company's market share will increase to 37% next year.
⋯ market share 시장점유율

우리 회사의 국제시장 점유율이 세 배 늘어 거의 30%에 육박할 것으로 보입니다.
The company's international market share will grow by three times to almost 30%.
⋯ by three times 세 배로, 세 배 차이의

회사의 장기전망이 너무나 불확실합니다.
The company's long-term projections are highly uncertain.
⋯ projection 예상 전망 uncertain 불확실한

현 시장상황의 불확실성으로 인해, 사업전망이 어두울 것으로 보입니다.
The business outlook appears challenging due to the current uncertain market conditions.
⋯ outlook 전망

039 본사 및 지사/파견소 소개

저희 본사는 서울에서 남쪽으로 35km 떨어져 있는 안산시에 위치하고 있습니다.
Our headquarters is located in Ansan, which is 35km south of Seoul.
⋯ be located in ~에 위치하고 있다

저희 본사는 서울에 위치하고 있으며 부산과 인천에도 지사를 두고 있습니다.
Our main office is located in Seoul, and we also have regional branches in Busan and Incheon.
⋯ main office 본사   regional branch 지사, 지점

STK는 세계 100여 개 국가에 해외법인과 지사를 가지고 있는 글로벌 기업입니다.
STK is a global enterprise with overseas corporations and branches in about 100 countries.
⋯ overseas corporation 해외법인

내년에 영국과 브라질에 해외법인이 설립될 예정입니다.
Overseas corporations are scheduled to be established in the UK and Brazil next year.
⋯ be scheduled to ~할 예정이다   establish 설립하다

저희 제품은 15개국 48개 공장에서 생산되고 있습니다.
Our products are manufactured in 48 plants in 15 countries.

미테크, 슈퍼디자인, SIT코리아, 파워콤 등의 자회사가 있습니다.
We have subsidiary companies such as MiTech, SuperDesign, SIT Korea, and PowerCom.
⋯ subsidiary (company) 자회사

저희는 잉글리시트리 그룹의 자회사입니다.
We are a subsidiary of the Englishtree Group.

저희는 잉글리시트리에서 분사하여 별도 상장된 회사입니다.
We are separated from Englishtree and are independently listed.
⋯ be separated from ~에서 분리되다, 분사되다   independently listed 독립적으로 상장된

저희의 주요 고객으로는 더디자인, 폴리테크, 파워콤, 잉글리시트리 등이 있습니다.
We have major customers such as The Design, PolyTech, PowerCom, and Englishtree.

중국과 스페인에 공장이 있습니다.
We have manufacturing factories in China and Spain.
⋯→ manufacturing factory 제조공장

저희 본사는 서울에 있고, 공장은 안산, 연구소는 대전에 위치하고 있습니다.
We are headquartered in Seoul, Korea and have a factory in Ansan and a laboratory in Daejeon.
⋯→ be headquartered in ~에 본사를 두다

저희 지사는 뉴욕, LA, 파리, 도쿄에 있으며, 38개국에 저희 대행사가 있습니다.
We have overseas branch offices in New York, L.A., Paris, and Tokyo and agents in 38 countries.
⋯→ overseas branch office 해외지사   agent 대행업체, 대행인

저희는 전 세계에 50개의 매장이 있는데, 이중 20곳은 직영점이고, 나머지 30곳은 가맹점입니다.
Among our 50 stores around the world, we have 20 direct management stores, and the remaining 30 are franchises.
⋯→ direct management store 직영점   franchise 가맹점

생산의 대부분은 유럽에 위치한 5개의 공장에서 이루어지고 있습니다
The major share of manufacturing is conducted in 5 production units in Europe.
⋯→ major share of ~의 대부분

현재 15개의 제조공장이 10개국에서 가동 중에 있으며 3개의 공장이 건설 중에 있습니다.
Currently, 15 plants are operated in 10 countries, and the construction of 3 additional plants is underway.
⋯→ additional 추가적인   be underway ~중에 있다

중국에서 가동중인 공장은 최첨단 제조시설을 갖추고 있습니다.
The plant in China is equipped with advanced manufacturing facilities.
⋯→ be equipped with ~을 갖추고 있다

현재 뉴욕에 2개 매장과 파리에 매장 1개를 운영하고 있습니다.
We are operating two shops in New York and one in Paris.
⇢ operate 운영하다

향후 5년 동안 매장 수를 10개국에서 20개로 늘릴 계획입니다
We plan to increase the number of shops to 20 in 10 countries over the next 5 years.
⇢ increase 늘리다, 증가시키다 the number of ~의 수

독일, 미국, 한국에 모두 세 개의 세계적 수준의 바이오 기술 연구소를 운영하고 있습니다
We have three world-class biotech research labs in Germany, the United States, and Korea.
⇢ world-class 세계적 수준의 research lab (= laboratory) 연구소

040　주요 고객사 소개

유명한 기업들이 저희 회사의 고객입니다.
Our company serves well-known companies.
⇢ serve 서비스를 제공하다

저희 회사의 주 고객은 유럽의 음료 및 식품 산업에 종사하고 있는 기업들입니다.
Our main customers are in the European beverage and food industries.
⇢ be in the ~ industry ~산업에 종사하다

저희는 유럽과 아시아에 폭넓은 고객 기반을 확보하고 있습니다.
We have secured a broad customer base in Europe and Asia.
⇢ secure 확보하다 customer base 고객 기반

저희는 수천 개의 대기업 및 중소기업, 정부기관 그리고 교육기관을 고객으로 하고 있습니다.
Our customers include thousands of small and large businesses, government agencies, and educational institutions.
⇢ government agency 정부 기관 educational institution 교육 기관

당사는 85개가 넘는 공급업체들과 장기적이고 안정적인 관계를 유지해왔습니다.
We maintain long-term and stable relationships with more than 85 suppliers.
⋯→ long-term 장기적인 stable 안정적인

저희 회사는 세계 수준의 제품과 서비스를 고객들에게 제공하기 위해 선도적인 제조업체들과 긴밀히 협조하고 있습니다.
Our company closely works with leading manufacturers to supply our customers with world-class products and services.
⋯→ closely work with ~와 긴밀히 협조하다

저희는 당사의 엄격한 품질 기준을 충족시키는 공급업체로부터만 원재료, 부품 및 서비스를 구매하고 있습니다.
We purchase raw materials, parts, and services only from suppliers that meet our strict quality standards.
⋯→ meet (기준 등을) 충족시키다

당사의 협력업체에는 다수의 포춘지 선정 500대 기업이 포함되어 있습니다.
Our vendors include many Fortune 500 companies.
⋯→ Fortune 500 companies 포춘지 선정 500대 기업

다음 목록은 전 세계적으로 저희 제품에 만족하는 250개가 넘는 고객사 중 일부입니다.
The following list is a small sample of more than 250 satisfied customers worldwide.
⋯→ satisfied customer 만족하는 고객 worldwide 전 세계적으로

다음은 당사와 긴밀한 파트너십을 맺고 있는 협력업체들의 리스트이니 참조하시기 바랍니다.
Please note the following list of suppliers that maintain strong business partnerships with us.
⋯→ business partnership 사업 동반자 관계(파트너십)

최근 저희 회사는 한국의 대기업 중 하나인 한진과 파트너 관계를 체결하였습니다.
We have recently established a partnership with Hanjin Co., one of the big conglomerates in Korea.
⋯→ establish a partnership with ~와 파트너십을 맺다 big conglomerate 대기업

041 주요 수출국 소개

당사는 전 세계 35개국 이상의 국가에 제품을 수출하고 있습니다.
Our company exports our products to more than 35 countries around the world.
⋯ export A to B A를 B에 수출하다

주로 프랑스, 독일, 이탈리아 같은 유럽연합 국가들에 제품을 수출하고 있습니다.
We are exporting our goods mostly to European Union countries such as France, Germany, and Italy.
⋯ goods 제품   European Union 유럽연합

우리는 첨단 반도체 제조 기술을 25년 넘게 여러 국가에 수출해오고 있습니다.
We have been exporting our state-of-the-art semiconductor manufacturing technology to many countries for more than 25 years.
⋯ state-of-the-art 첨단

지난 3년 동안 수출 국가의 수가 배로 늘었습니다.
The number of countries to which we export our products has doubled over the last 3 years.
⋯ double 두 배가 되다

당사는 세계 전역의 슈퍼마켓에 냉동식품을 수출하는 주요 업체 중 하나입니다.
We are a major exporter of frozen foods to supermarkets throughout the world.
⋯ major exporter 주요 수출업체

내년에는 아프리카 국가로 수출을 확대할 계획입니다.
We are planning to expand our exports to African countries next year.
⋯ expand exports 수출을 늘리다, 확대하다

FTA덕분에 미국으로의 수출이 증가할 것으로 예상됩니다.
Exports to the United States are expected to increase thanks to the Free Trade Agreement.
⋯ FTA (= Free Trade Agreement) 자유무역협정   thanks to ~덕분에

유럽시장을 개척하여 수출 다변화를 달성하려고 노력해 오고 있습니다.
The company has made an effort to achieve export diversification by entering the European market.

⋯ make an effort 노력하다 export diversification 수출 다변화

개발도상국가로의 수출이 증가하여 2년 연속 수출 100만 달러를 달성하였습니다.
We reached our export target of one million USD for two consecutive years thanks to an increase in exports to developing countries.

⋯ consecutive 연속의 developing country 개발도상국 developed country 선진국

우리의 주된 수출국은 쿠웨이트입니다.
Kuwait is our major exporting market.

저희 회사의 국내 매출 및 수출 비율은 3:7입니다.
The ratio of domestic to overseas turnover is 3 to 7.

⋯ ratio 비율 turnover 총매출액

저희 회사 매출의 80%가 수출에서 나옵니다.
80% of our sales come from exports overseas.

⋯ come from ~에서 기인하다, 비롯되다

Winning Tip

우리나라 행정구역의 영어 표기

'OO시', 'OO구', 'OO동'처럼 영어에는 없는 행정구역을 표기할 때 참 헷갈린다. 가령 '목동'의 '동'만 하더라도 같은 회사 홍 대리는 tong을 앞글자랑 붙여서 Moktong이라고 쓰고, 김 과장은 dong을 앞글자랑 띄어서 Mok dong이라고 쓰는 식이다. 하지만 가장 추천하는 표기는 dong 앞에 하이픈(-)을 넣어 Mok-dong이라고 붙여 쓰는 것이다. 아래는 우리말의 로마자 표기법에 따라 행정구역을 표현한 것이니 참조하자.

-do -도   -si -시   -gun -군   -gu -구   -eup -읍
-myeon -면   -ri -리   -dong -동   -ga -가

수출 지역별로 보면, 북미 60%, 유럽 30, 남미 10%입니다.
By export target region, North America accounts for 60%, and it is followed by Europe at 30% and South America at 10%.

⋯ by ~(기준으로)보면 account for ~을 차지하다

사업 제안 및 미팅

박람회나 웹사이트를 통해 알게 된 업체에 이메일을 통해 관심 있는 제품에 대한 관련 정보를 요청해 보자.

 **SAMPLE EMAIL**

Request for a catalog of your product

My name is David Park at Epublic. I talked with you about your product at the trade fair in Tokyo last week. Do you remember me? We are interested in your new product and would be pleased to receive a catalog and a price list. I'd like to ask you to send me the information as soon as possible. I look forward to your prompt reply.

······ 제품 정보를 요청할 때는 우선 be interested in(~에 관심이 있다) 구문을 써서 관심 제품을 언급한 후 상세 정보를 요청하면 된다.

귀사 제품의 카탈로그를 요청 드립니다

저는 이퍼블릭의 데이비드 박입니다. 지난 주 도쿄 박람회에서 귀사 제품에 대해 얘기를 나눴었는데, 기억나시는지요? 귀사의 신제품에 관심이 있어 제품 카탈로그와 가격 목록을 받아 보고 싶습니다. 가능한 한 빨리 관련 정보를 보내 주시기를 요청 드립니다. 빠른 답장 기다리겠습니다.

trade fair 무역박람회 **ask+사람+to** ~에게 ~해달라고 요청하다 **look forward to** ~을 고대하다

042 업무제휴 제안하기

귀사와 전면적인 사업제휴를 논의하고자 합니다.
We would like to discuss a full-scale business tie-up with your company.
⋯▸ full-scale 전면적인　business tie-up 사업제휴 (= business partnership)

귀사와 사업제휴를 맺기를 원합니다.
We sincerely hope to start a business partnership with your esteemed company.
⋯▸ sincerely hope to ~하는 것을 간절히 원하다　esteemed company 귀사

귀사가 중국에서 자동차 수입업체로 선두를 달리고 있으니, 귀사와 사업제휴를 맺고자 합니다.
As you are the leading importer of automobiles in China, we would like to make a business tie-up with your company.
⋯▸ make a business tie-up with ~와 사업제휴 관계를 맺다

시장확대를 위해 당사와 귀사 양사가 기술제휴 관계를 맺는 것을 제안 드립니다.
We suggest that both of us enter a technical partnership to expand our market.
⋯▸ enter a technical partnership 기술제휴 관계를 맺다

싱가포르에 기반을 둔 기업과 사업제휴를 맺고자 합니다.
We intend to create a business partnership with a Singapore-based entrepreneur.
⋯▸ intend to ~할 계획, 의향, 의도가 있다

환경 관련 기술개발을 위해 귀사와 전략적 제휴를 맺고자 합니다.
We would like to establish a strategic alliance with you for the development of environment-related technology.
⋯▸ strategic alliance 전략적 제휴

스페인의 최근 소비자 동향에 정통한 판매 에이전시를 찾고 있습니다.
I am looking for a sales agency that is the most familiar with the recent consumer trends in Spain.
⋯▸ be the most familiar with ~에 매우 정통하다

귀사와 기술제휴를 맺어 제품을 생산하고자 합니다. 이에 관한 거래조건이 있으시면 알려 주시기 바랍니다.

We would like to establish a technical partnership with your company to manufacture products. Please inform us of any terms of business.

⋯ technical partnership with ~와의 기술제휴   terms of business 거래조건

귀사가 제품 10만 대를 내년 말까지 단가 100달러로 제조해 주실 수 있다면, 사업제휴를 맺고 싶습니다.

We would like to start a business partnership with your esteemed company on the condition that you can manufacture 100,000 products by the end of next year at $100 per-unit cost.

⋯ on the condition that ~라는 조건하에   per-unit cost 단가

043 거래 제의

귀사가 입찰하기를 기대합니다.
We look forward to receiving your bids.

⋯ look forward to ~하는 것을 고대하다, 간절히 바라다

신제품의 사양을 문의드리려고 이메일을 드립니다.
I am emailing to inquire about the specifications of your new product.

⋯ inquire about ~에 대해 문의하다   specification (제품의) 사양

이전 제품과 비교할 수 있도록 귀사의 신제품 프린터의 사양을 문의 드립니다.
I would like to inquire about the specifications of the new printer so that I will be able to compare it with the previous one.

⋯ specifications (제품, 기계 등의) 사양

연구 프로젝트에 귀사가 사업제안서를 제출하시기를 제안 드립니다.
Your company is kindly invited to make a business proposal for the research project.

귀사의 신제품에 관심이 있사오니 제품 카탈로그와 가격목록을 받아 보고 싶습니다.
We are interested in your new product and would be pleased to receive a catalog and price list.

박람회에 전시된 귀사의 신제품 목록과 디지털 사진을 요청드리고자 메일을 드립니다.
This email serves as a request for lists and digital images of the new products displayed in the fair.

→ serve as ~의 역할을 하다, ~을 목적으로 하다

귀사의 홈페이지에서 HV-100이라는 모델을 봤습니다. 이 제품의 단가, 최저 발주량을 알려 주시기 바랍니다.
I saw the HV-100 model on your company webpage. I would like you to inform me about the per-unit price and MOQ.

→ inform A of B A에게 B를 알려 주다   MOQ (= minimum order quantity) 최저 발주량

당사의 최신제품이 판매되는 수퍼세일에 귀사를 초대하고자 합니다.
We are pleased to invite you to our supersale in which our company's latest products are being sold.

귀사 제품 중 저희가 찾는 사양과 가장 가까운 제품이 HA-300이라는 제품입니다. 언제 샘플을 받아 볼 수 있을까요?
We found that you produce the HA-300 model, which is the closest to what we are looking for. When can we obtain a sample of it?

첨부된 질문지에 답변을 적으신 후 귀사 제품의 브로셔와 함께 보내 주시기 바랍니다.
We kindly ask you to answer the attached questionnaire and to return it while also including some brochures about your product.

044 제안서 전달

귀사의 프로젝트에 우리 회사가 제안서를 제출할 수 있는 기회를 갖게 되어 대단히 감사드립니다.
Many thanks for the opportunity to submit our proposal for your project.

데스크탑 컴퓨터와 프린터에 대한 제안서를 제출하게 되어 기쁘게 생각합니다.
We are pleased to submit our proposal for desktop computers and printers.
⋯ be pleased to ~하게 되어 기쁘게 생각하다

IT혁신 프로젝트에 제안서를 제출합니다. 모든 게 잘되었으면 합니다.
We are submitting our proposal in association with the IT innovation project. Hope everything goes well.
⋯ in association with ~와 연관된, 관련한   go well 잘되다, 계획대로 진행되다

이로써 당사의 제안서를 제출합니다. 제안서에는 기술제안서와 재무제안서가 들어 있습니다.
We are hereby submitting our proposal, which includes a technical proposal and a financial proposal.
⋯ hereby (법률, 문서 등에서) 이로써, 이에 의거하여

이로써 제안서에 담긴 모든 정보와 진술내용은 사실임을 알려 드립니다.
We hereby declare that all the information and statements made in our proposal are true.

오늘 오전에 이메일로 제출한 사업제안서를 받으셨으면 확인 바랍니다.
Please confirm to us that you received our business proposal that was submitted electronically this morning.

045　시범사용 제안

구매에 앞서 귀사의 신제품을 일주일간 시범사용하고자 합니다.
I'd like to try your new product for a week before purchasing it.
⋯ try ~을 시범사용하다, 시도해 보다

귀사의 새로운 장비를 무료로 시범사용할 수 있는지 궁금합니다.
We wonder if your new equipment is available for a free trial use.
⋯ free trial use 무료시범사용

구매하기 전에 소프트웨어 시범사용 버전을 무료로 다운로드 받아 사용해 볼 수 있습니다.
You can freely download a trial version of the software before purchasing it.

공장을 방문하시는 고객분들은 신제품 사용을 무료체험 하실 수 있습니다.
We offer a free trial use of the new product to those who visit our factory.

최신 헤드폰을 5일간 무료체험하는 기회에 참여할 고객을 찾고 있습니다.
We are looking for customers for a 5-day free trial use of our brand-new headphones.
⋯ look for ~을 찾다   brand-new 최신의, 새것의

무료체험에 응모하세요. 하루 내로 무료체험용 번호를 이메일로 보내 드리겠습니다.
Please sign up for a free trial use. We will email you with a trial code within a day.
⋯ sign up for ~에 응모하다, 등록하다

저희 장비를 한 달 동안 시험사용해 보세요. 저희가 무료로 설치해 드리겠습니다.
You can test-use our product for a month. We will install it for you at no cost.
⋯ test-use 시험적으로 사용하다   install 설치하다

일단 시험사용 이후에 구입 결정을 하시면 됩니다.
You can make a decision on whether or not to purchase the product after trying it out.
⋯ try out ~을 시험적으로 사용하다

소비자 시범사용 평가를 위한 방침이 있는지 궁금합니다.
I'd like to know if you have a policy on consumer-using tests.
⋯ consumer-using test 소비자 시범사용 평가

귀사의 최신 디자인 소프트웨어 시범사용을 위한 제품키를 알려 주시기 바랍니다.
I'd like to have a trial product key for your latest design software.
⋯ trial product 시범사용용 제품

046   A/S 정책 설명

수리에 대해 12개월간 책임보증을 해드립니다.
We guarantee our repairs for a full 12 months.

귀하의 구매제품에 보증기간이 아직 남아 있다면, 82-4449-5599로 전화 주시기 바랍니다.
If your product is still under guarantee, call us at 82-4449-5599.
⋯▸ under guarantee 보증기간내에 있는

수리서비스를 신청하기 전에 '문제해결 가이드'와 '사용설명서'를 확인하시기 바랍니다.
Please check our problem-solving guide and instruction manual before you request repair service.
⋯▸ problem-solving guide 문제해결 가이드 (=trouble-shooting guide)

구매제품의 보증기간이 남아 있다면, 무상으로 애프터서비스를 받으실 수 있습니다.
You can get free after-sales repair service if your product is within its guarantee period.
⋯▸ after-sales (repair) service 애프터서비스 (우리가 흔히 사용하는 after service는 콩글리시이다.)

구매제품의 보증기간을 확인하시기 바랍니다.
Please find out whether or not your product is within its guarantee period.

귀하의 제품이 구매하신 지 5년에서 9년된 제품이라면, 수리 인건비로 100달러가 부과되며 모든 부품은 무료로 제공됩니다.
If your product is 5 to 9 years old, labor is charged at 100 dollars, and any parts are supplied free of charge.
⋯▸ labor 노동   free of charge 무료의, 무상의

수리요청 하루 이내로 귀하의 가전제품 수리를 위해 전문 수리기사를 보내 드립니다.
We will send our qualified engineer within a day following a repair request to repair your appliance.

귀하가 구매하신 제품의 보증기간이 남았더라도, 부품이 사용되는 경우 부품값은 별도로 청구됩니다.
Even if your product is under guarantee, parts will be charged separately if used.

사용자의 실수로 인한 고장발생은 보증수리에 해당하지 않습니다.
This warranty does not apply if the product has been damaged by abuse or misuse.
… abuse 오용, 남용 misuse 오용

제품의 일련번호 및 특허정보가 제거되었거나 훼손된 경우에는 보증수리를 받으실 수 없습니다.
The warranty repair service does not apply if the serial number and/or patent information has been removed or defaced.
… not apply 해당되지 않는다

047 견본제품 발송

귀하가 요청하신 견본제품은 오늘 오전에 발송하였습니다.
The requested samples were sent to you this morning.
… sample 견본, 견본제품

요청하신 견본을 귀하의 사무실로 보냈습니다.
The samples you requested were sent to your office.

견본제품을 어제 귀하에게 익일특급우편으로 보냈습니다.
We sent our samples to you by overnight courier yesterday.
… overnight courier 익일특급우편(= next-day express delivery)

특급우편서비스로 견본제품을 발송했습니다. 늦어서 죄송합니다.
We finally shipped our samples by express mail service. Sorry for the delay.
… express mail service 특급우편서비스

무료로 제공되는 모든 견본제품에는 "시범사용용 샘플"이라고 적혀 있으니 유념하시기 바랍니다.
Please be advised that all samples sent for free are labeled "samples for testing."
… be advised ~을 유의하다, 유념하다

견본제품을 3일 전에 보냈습니다. 시범사용기간이 끝나면 일주일 내로 보내 주시기 바랍니다.
The samples were shipped to you three days ago. Please return them within a week after the trial use period.

귀하에게 발송된 견본제품을 받으시면 이메일 회신을 주시기 바랍니다.
Please email us back when you receive the samples we sent to you.

견본제품에 하자가 있는 경우, 아래의 전화번호로 바로 연락 주시기 바랍니다.
If you find a defective sample, please contact us immediately at the phone number below.

⋯▸ defective 결함이 있는

요청하신 대로 견본제품을 1월 10일에 발송하였습니다. 빠른 시일 내에 귀사의 의견을 듣고 싶습니다.
We sent samples on January 10 as you requested and expect to have your feedback as soon as possible.

요청하신 견본제품을 특급우편으로 어제 보냈으니 2~3일 내로 받아 보실 수 있습니다.
Some free samples were shipped by express mail, so you will receive them within two to three days.

⋯▸ free sample 견본제품

하기의 송장번호로 물품 배송추적을 하시기 바랍니다.
Please keep track of the delivery progress with the invoice number below.

⋯▸ keep track of ~을 추적하다   invoice number 송장번호

운송비는 무료지만, 견본제품 개당 100달러가 부과됩니다.
Please note that shipping is free but samples are charged at $100 per item.

⋯▸ be charged ~가 부과되다

048 상담 및 회의 요청

빠른 시일 내에 회의를 가졌으면 합니다. 회의를 제안 드립니다.
We suggest having a meeting in the near future.
⋯▸ in the near future 가까운 미래에, 머지않아

가능한 한 빨리 귀하와 회의를 갖고자 합니다.
We would like to arrange a meeting with you as soon as possible.
⋯▸ arrange a meeting 회의를 준비하다, 회의를 주선하다

기술회의를 위한 구체적인 일시를 정해 주시기 바랍니다.
Please set a specific time and date for a technical meeting.
⋯▸ set ~을 정하다

최신 기술동향과 관련해서 우리에게 언제 자문을 해주실 수 있으신지요?
When do you think you can consult us about the latest technical trends?
⋯▸ consult ~에게 자문을 하다, 조언을 주다

10월 말이나 11월 초에 도쿄에서 귀하와 회의를 갖고자 합니다.
I would like to hold a meeting with you in late October or early November in Tokyo.
⋯▸ hold a meeting 회의를 갖다 (= have a meeting)

회의를 하시기에 언제가 가장 편하신지요?
When would it be most convenient for you to have a meeting with us?
⋯▸ convenient 편리한

디자인 문제를 논의하기 위해 귀사와의 회의를 요청하고자 메일을 드립니다.
I am emailing to request a meeting with you to discuss the design issues.
⋯▸ request ~을 요청하다

우리가 제작한 모든 장비들을 점검할 수 있는 회의에 귀하가 참석해 주셨으면 합니다.
We would like to invite you to a meeting to inspect all the equipment we have manufactured.
⋯ inspect 점검하다, 검사하다

귀사의 신제품에 관심이 있는데, 전시회 기간 동안 회의를 잡아 주실 수 있나요?
Can we arrange a meeting during the exhibition period as we are interested in your new product?
⋯ arrange a meeting 회의를 잡다, 일정을 정하다

저희는 6월 1일부터 4일까지 뉴욕을 방문할 예정입니다. 괜찮으시다면 저희와의 회의 일정을 잡아 주시겠습니까?
We are going to New York from June 1 to June 4. Will you be available for a meeting with us if it is okay with you?

편하신 시간에 저희 회사를 방문하시어 저희 공장 및 관련시설 점검도 하실 기회를 가졌으면 좋겠습니다.
I would like you to visit our company at a time convenient to you to take a look around our factory and other facilities.
⋯ at a time convenient to ~에게 편리한 시간에   take a look around ~을 둘러보다

049 약속 상기

다음 주 금요일 회의를 상기시켜 드리고자 합니다.
I'd like to remind you of the meeting next Friday.
⋯ remind A of B A에게 B를 상기시키다

월요일 2시 회의를 확인하고자 합니다.
I'd like to confirm the meeting on Monday at two o'clock.

다음 주 수요일에 귀하의 사무실에서 갖기로 한 회의를 확인해 주시기 바랍니다.
Please confirm the meeting scheduled for next Wednesday at your office.
⋯ scheduled for ~로 예정된

김 이사님과 내일 오전 회의하는 것을 확인해 주시겠습니까?
Will you confirm the meeting with Director Kim tomorrow morning, please?

우리 팀 주간회의는 금주 목요일 오전 10시입니다.
Our weekly team meeting is scheduled for this coming Thursday at 10 o'clock.
⋯▸ be scheduled for ~로 예정되다

이번 수요일에 월간 진척현황 회의가 있음을 다시 알려 드립니다.
Let me remind you of the monthly progress meeting Wednesday.
⋯▸ monthly progress meeting 월간 진척현황 회의

모레 있을 회의를 다시 알려 드리고자 메일을 드립니다.
This email is to remind you of the meeting the day after tomorrow.
⋯▸ the day after tomorrow 모레

W호텔로 예정된 회의에 대해 알려 드립니다.
I'd like to inform you about the meeting to be held at the W Hotel.
⋯▸ inform ~ about ~에게 ~을 통보하다, 알려 주다

우리의 세 번째 회의는 대회의실에서 10월 10일에 가질 예정입니다.
Our third meeting will be held on October 10 in the main conference room.
⋯▸ be held ~이 열리다, 개최되다

내일 있을 전화회의에 잊지 말고 참석 바라오며 아울러 접속번호도 꼭 챙겨 주십시오.
Please be sure to join the conference call tomorrow and not to forget the access number.
⋯▸ be sure to 반드시 ~하다   conference call 전화회의

050 방문 후 감사 인사

어제 만나 뵙게 되어 정말 즐거웠습니다.
I really enjoyed meeting with you yesterday.

지난 금요일에 만나서 감사했습니다.
It was nice meeting with you last Friday.
⋯ it is nice -ing ~하는 것이 즐겁다, 좋다

귀사의 멋진 제조 공장을 방문할 수 있어서 아주 즐거웠습니다.
We really enjoyed our visit to your awesome manufacturing plant.
⋯ awesome 근사한, 멋진

환대해 주셔서 다시 한 번 감사의 말씀을 드립니다.
I'd like to thank you again for your hospitality.
⋯ hospitality 환대

예상했던 것보다 매우 훌륭했고, 귀하의 친절과 환대는 결코 잊지 않겠습니다.
It was more than we had expected, and we will never forget your kindness and hospitality.

귀사의 훌륭한 시설들을 방문할 수 있어서 저희는 영광으로 생각하고 있습니다.
It was an honor for us to visit your wonderful facilities.
⋯ honor 영광, 영예, 명예

귀사의 연구시설을 둘러볼 수 있도록 해주셔서 감사드립니다.
Thank you for allowing us to visit your lab facilities.
⋯ lab facility 연구소 시설

바쁘신 중에도 시간을 내서 공장을 안내해 주셔서 감사드립니다.
I appreciate you taking the time to give us a tour around your plant.
⋯ take the time to ~하는 데 시간을 내다

다음에 또 뵙기를 기대합니다.
I look forward to seeing you again.
⋯ look forward to -ing ~하는 것을 고대하다

세세하게 관심 가져 주시고 저희측 제안을 적극 고려하고자 하신 점에 감동받았습니다.
We were impressed with your attention to detail and willingness to work with our suggestions.
⋯ be impressed with ~에 감동받다   attention to detail 세세한 부분에 대한 관심, 신경쓰기

바쁘신 와중에도 프랑스에서 여기까지 방문해 주셔서 감사드립니다. 이 프로젝트가 성공할 수 있도록 최선의 노력을 다하겠습니다.
We'd like to thank you for taking time out of your busy schedule to visit us all the way from France. We will do our utmost to ensure the sucess of the project.
⋯ take time out of one's busy schedule 바쁜 가운데 시간을 내다   do one's utmost 최선을 다하다

Winning Tip

드레스 코드

비즈니스에서 어떻게 옷을 입느냐는 만남의 결과를 좌우할 수도 있는 중요한 일이 될 수 있다. 흔히 business formal이라고 하는 경우, 가장 보편적인 직장인 차림인 양복에 넥타이, 와이셔츠, 그리고 가죽구두, 가죽벨트를 떠올리면 된다.
서양권에서는 업무시에 business casual이 허용되는 경우도 많다. business casual에 대한 정의는 사람마다 조금씩 다른데, 정장 차림에서 조금 편하게 옷을 입는다는 business casual의 애매한 개념 때문이다. 흔히 통용되는 business casual의 옷차림은 잘 다려진 바지에 긴팔 셔츠를 입는 것이다. 넥타이는 맬 수도 있고 안 맬 수도 있는데, 일단 매고 가서 분위기에 맞지 않으면 풀어 버리는 것이 좋다. casual이라고 해서 파티나 소풍에 가는 그런 차림은 곤란하다. 또한 직책이 높아질수록, 그리고 금융권일수록 business casual이 금기시되는 경우가 많다.

응답 및 상담 표현

제안서를 받았을 때는 내용의 좋고 나쁨을 떠나 먼저 고마움을 전하는 것이 좋다. 실제로 원어민들이 보내는 답변 이메일은 Thank you for ~로 시작되는 경우가 많다.

Thanks for your proposal

Thank you for submitting a proposal. We found it very appropriate and practical. We are going to review it positively. In relation to your proposal, I'd like to arrange a meeting with you as soon as possible. Any day except this Friday is okay with me. Please let me know the convenient time and date.

...... We found it ~는 어떤 것에 대한 말하는 이의 느낌이나 생각을 표현할 때 흔히 사용된다. '~을 발견했다'라고 해석하면 어색하고 '~임을 알게 되었다, ~라고 생각된다' 정도로 해석하는 것이 자연스럽다.

제출하신 제안서 잘 받았습니다

제안서를 제출해 주셔서 감사합니다. 귀사의 제안서가 매우 시의적절하고 실용적이라고 판단됩니다. 긍정적으로 검토하도록 하겠습니다. 제안서와 관련해서 조속한 시일 내에 함께 회의를 가졌으면 합니다. 저는 이번 금요일을 제외하면 언제든지 괜찮습니다. 언제가 편하신지 알려 주시기 바랍니다.

submit a proposal 제안서를 제출하다 **appropriate** 적절한 **practical** 실용적인, 실질적인 **in relation to** ~와 연관하여 **arrange a meeting** 회의 일정을 정하다

051　제안/제공에 대한 감사

사업제안서를 제출해 주셔서 감사드립니다.
Thank you for submitting your business proposal.

멋진 제안을 해주셔서 진심으로 감사드립니다.
We are grateful to you for making a great suggestion.
⋯ be grateful to ~에게 감사하다

귀하의 제안에 대단히 만족하고 있습니다.
We are very happy with your proposal.

귀하의 제안에 정말 감사드립니다.
Your suggestion is really appreciated.

어제 귀하의 건설적인 제안을 받았습니다.
I received your constructive suggestion yesterday.

귀하의 제안이 아주 시의적절하고 실용적이라고 생각합니다.
I found your suggestion very appropriate and practical.
⋯ appropriate 적절한, 알맞은

귀중한 제안을 해주셔서 감사합니다. 긍정적으로 검토해 보겠습니다.
Many thanks for your valuable suggestion. We will review it positively.
⋯ valuable 귀중한, 소중한　positively 긍정적으로

프로젝트에 대한 상세한 정보를 제공해 주셔서 감사합니다.
I appreciate you offering detailed information about the project.

귀하의 제안에 정말 감사드립니다. 덕분에 우리 문제는 해결되었습니다.
I really appreciate your suggestion as it solved our problem.

귀하의 제안 덕분에 프레젠테이션을 성공적으로 마쳤습니다.
Your suggestion helped us to make the presentation successful.

052 언제까지 보내겠다고 할 때

견본 제품은 다음 달 초까지 보내겠습니다.
I will send the samples by early next month.
→ sample 견본, 견본제품

제품을 신속하게 보낼 수 있도록 최선을 다하겠습니다.
We will try our best to deliver the products in a prompt manner.
→ in a prompt manner 신속하게, 빠르게

오늘 오후 5시까지 이메일에 있는 주소로 파일을 보내겠습니다.
I will send the file by five o'clock this afternoon at the address you provided in the email.

구매를 하시면, 24시간 내로 해당파일이 귀하에게 전송됩니다.
Once you make your purchase, the file will be sent to you within 24 hours.
→ make one's purchase 구매하다

작업이 완료되기 전에 귀하가 확인하실 수 있도록 파일을 보내겠습니다.
The file will be sent to you to check before the work is finished.

요청하신 정보는 회의가 끝난 후 바로 우편으로 보내겠습니다.
Your requested information will be mailed immediately after the meeting.
→ mail ~을 우편으로 보내다

데이터베이스에서 정보를 검색하는 방법에 대한 간략한 안내문을 내일까지 이메일로 보내겠습니다.
I will email you with simple instructions by tomorrow on how to retrieve information from the database.
→ retrieve information 정보를 검색하다

주문을 받은 후 2주 내에 제품을 배송하게 됩니다.
We will deliver the product within two weeks of receiving your order.
→ deliver (물건 등을) 배달하다

일요일 또는 공휴일에는 배달업무를 하지 않습니다만, 이 경우에는 이번 일요일에 제품을 배달하겠습니다.
We do not deliver on Sundays or holidays, but, in this case, we will deliver the product this Sunday.

053 검토해 보겠다고 할 때

귀하의 제안을 긍정적으로 검토해 보겠습니다.
I will give positive consideration to your suggestion.
⋯ give positive consideration to ~을 긍정적으로 검토하다

귀하의 제안은 신중하게 검토해 볼 만하다고 생각합니다.
I think your suggestion deserves careful study.
⋯ deserve ~할 만하다, ~할 자격이 있다

귀하가 제안한 아이디어를 사장님이 검토해 보시도록 하겠습니다.
I will ask my boss to review the idea you came up with.
⋯ come up with ~을 제안하다, 생각해 내다

지원서를 검토해 보고 내일까지 피드백을 이메일로 보내겠습니다.
I will look over your application and email you with my feedback by tomorrow.

금요일 전까지 계약서 초안을 검토해 보겠습니다.
We will review the draft of the contract before Friday.
⋯ draft 초안, 시안

회의에 앞서 주요 정책사안들을 점검해 봐야 합니다.
We should examine the key policy issues before the meeting.

디자인 시안 보내 주셔서 감사합니다. 가능한 한 빨리 시안을 검토하겠습니다.
Thank you for the draft of the design. We will review it as soon as possible.

저희가 보내 드린 불량 발생 보고서는 검토해 보셨는지요? 이에 대한 의견을 부탁드리겠습니다.
Have you checked the report on defect occurrence? We would like to have your opinion on it.
⋯ defect 불량

오늘 오전까지 출장 일정을 꼼꼼히 살펴봐야 합니다.
I need to double-check the itinerary for the business trip by this morning.
⋯ double-check 재차 확인하다, 꼼꼼히 살피다 itinerary 여행일정

054 요청 수락

귀하의 요청에 따르겠습니다.
We will comply with your request.
⋯ comply with ~에 따르다, 순응하다

한 가지 조건만 된다면 귀하의 제안서를 받아들이겠습니다.
I will accept your proposal on one condition.
⋯ on one condition 한 가지 조건을 걸고

심사숙고 끝에 귀하의 제안을 받아들이기로 결정했습니다.
We decided to accept your offer after careful consideration.
⋯ accept one's offer ~의 제안을 받아들이다

사장님이 제안하신 계약서의 수정사항에 동의하셨습니다.
My boss assented to the suggested change in the contract.
⋯ assent to ~에 동의하다, ~을 수락하다

귀사의 제안과 조건에 동의하기로 결정했습니다.
I decided to agree to your offer and terms.
⋯ terms (합의, 계약 등의) 조건, 지불조건

귀하의 요청사항을 기꺼이 받아들이겠습니다.
We are more than happy to grant your request.
⋯ be more than happy to ~하는 것을 기꺼이 하다

개당 100달러로 가격을 낮춰 주시면 귀하의 제안을 받아들이겠습니다.
We have decided to accept your offer if you can reduce the price per item to $100.

할부로 구매할 수 있다는 전제 하에서 귀하의 제안을 받아들이겠습니다.
We would like to take your offer on the condition that we can buy them on easy terms.
⋯ on easy terms 할부로, 분할로

055 요청 거절

다음 주 월요일까지는 귀하의 요청에 대해 도움을 드릴 수 없습니다.
We cannot help you with your request until next Monday.

죄송합니다만, 귀하의 제안을 받아들이지 않기로 결정했습니다.
I am sorry to tell you that we decided not to take your offer.
⋯ take one's offer ~제안을 받아들이다

결정하기가 무척 어려웠습니다만 귀하의 제안을 받아들이지 않기로 했습니다.
It was a very hard decision for us to make, but we decided to decline your suggestion.
⋯ decline 거절하다

실행 가능성을 생각해 볼 때, 귀하의 제안을 받아들일 수 없습니다.
Considering the feasibility of your suggestion, we cannot accept it.
⋯ feasibility 실행/수행 가능성

귀하의 제안이 우리에게는 맞지 않는다고 생각합니다.
I am afraid your suggestion doesn't work with us.

귀하의 요청에 감사드립니다만, 현재 우리 회사는 다른 주문들로 인해 너무 바쁩니다
Thank you for your request, but we are currently so busy with other orders.

유감스럽게도 원하시는 납기를 맞출 수 없을 것 같습니다.
We are sorry to tell you this, but we cannot finish your order by the time you want.
⋯ be sorry to tell you ~하게 되어 유감이다

귀하의 요청을 받았습니다만, 저희 담당이 아닙니다. 대신 담당자에게 요청사항을 전달하겠습니다.
We received your request, but we are not in charge of that. Instead, we will forward it to the person in charge.
⋯ in charge of ~을 담당하는, 책임지는   forward ~을 전달하다

다음 정보가 없어서, 귀하의 요청사항에 대해 지금 당장 도움을 드릴 수 없습니다.
Due to the lack of the following information, we cannot help you with your request right now.
⋯ lack 부족, 결핍

056   사용 허가

이제 우리 회사의 새로운 소프트웨어를 무료로 다운로드 하실 수 있습니다.
You are now allowed to download our new software for free.
⋯ for free 공짜로, 무료로

비즈니스 센터를 이제 사용하실 수 있습니다.
You are now allowed to use our business center.

알려 드린 번호로 웹사이트에서 제품정보를 다운로드 하실 수 있습니다.
You can download our product information from our website with the key provided.

귀하의 허가 요청이 승인되었으니 첨부문서를 자세히 읽어 보시기 바랍니다.
Your application for a license has been approved. Please read the attached document carefully.
⋯ license (사용 등의) 면허, 허가

이제 귀하는 저작권보호 자료들을 사용하실 수 있습니다.
You now have our permission to use the copyrighted materials.
⋯▶ permission 허가   copyrighted materials 저작권의 보호를 받는 자료

귀하는 이제 우리 회사의 개발 관련 문서를 읽어 볼 수 있는 허가를 받으셨습니다.
You are now cleared to access our development documents.
⋯▶ be cleared to ~하도록 허가받다

귀하의 요청이 마침내 처리되어 이번 주 금요일까지 귀하에게 인증코드를 보내 드리겠습니다.
Your request was finally accepted, so we will send you an authorization code by the end of the week.
⋯▶ authorization 공인, 인가, 재가, 허락   by the end of the week 금요일까지 (일을 하는 weekdays 중 마지막 날을 의미)

귀사는 이제 중국에서 우리 회사의 제품을 공식적으로 판매할 수 있습니다.
You are now officially licensed to sell our products in China.

이 면허로, 귀사는 이제 귀사의 시설에서 해당제품을 제조할 수 있는 허가를 받았습니다.
Under this license, you are now approved to manufacture the product at your facility.
⋯▶ manufacture 제조하다

057 상사와 논의해 보겠다고 할 때

상사와 논의해 봐야겠습니다.
I will need to consult with my boss.
⋯▶ consult with ~와 상의하다, ~의 조언을 구하다

그 문제에 대해 사장님과 얘기를 나눠 봐야 합니다.
I need to talk with my boss on the issue.

귀하의 비용제안서를 이번 주에 사장님과 검토해 보겠습니다.
I will go over your cost proposal with my boss this week.
⋯▶ go over ~을 검토하다

결정을 내리기 전에 사장님의 승인을 받아야 합니다.
I should get approval from my boss before I can make any decisions.
⋯▸ get approval from ~의 승인/허락/결재를 얻다

모든 구매요청은 제 상사의 결재를 거쳐야 합니다.
All purchase requests should be signed by my superior.
⋯▸ superior (직장 등의) 상사

비용품의서를 처리하는 데 일주일이 걸릴 겁니다.
It will take a week to process an expense report.
⋯▸ expense report 비용품의서

신규 프로젝트는 현재 사장님이 검토 중이십니다.
The new project is now under consideration by my boss.
⋯▸ be under consideration 검토 중이다

제가 결정권한이 없기 때문에, 사장님께 바로 보고하도록 하겠습니다.
As I have no authority to make a decision, I will report it to my boss right away.
⋯▸ have no authority to ~할 권한이 없다

Winning Tip

대화를 중단하는 좋은 방법

영어로 전화 혹은 채팅을 하다가 회의시간이 되었거나 다른 볼일 등으로 대화를 중단하고 싶을 때 유용한 표현이 바로 I must go and ~이다. 우리말로 치면 '~해서 그만 가 봐야겠다/끊어야겠다' 정도의 표현이다. 이 정도면 공손하게 대화를 마무리할 수 있는 표현이므로 잘 익혀 두도록 하자.

I must go and join a meeting with my clients.
고객들과 미팅이 있어서 그만 가 봐야겠습니다.

I must go and talk to my boss.
사장님이랑 얘기를 해야 해서 그만 가 봐야겠어요.

제품가격 조정 의사가 있는지 사장님께 여쭤 보겠습니다.
I will ask my boss to see if he is willing to adjust the prices of the products.
⋯▸ see if ~인지 아닌지 알아보다   adjust the price 가격을 조정하다

이번 사안은 저희 회사에 아주 중요하기 때문에 이사회 회의 후 알려 드리겠습니다.
We will get back to you after the board meeting as the present issue is vital to our company.
⋯▸ get back to ~에게 다시 가다, 다시 연락하다   board meeting 이사회 회의

대규모 프로젝트의 진행여부는 각 관련부서의 책임자 회의에서 결정해야 합니다.
The future of the huge project should be determined in a meeting with managers of each department concerned.
⋯▸ department concerned 관련부서

연락처 및 담당자

새로운 비즈니스 관계를 형성할 때는 담당자가 누구인지 모르거나 담당자의 연락처를 몰라 문의하는 메일을 보내게 된다. 이때 제3자의 연락처를 묻는 표현은 되도록 공손한 것이 좋다.

SAMPLE EMAIL

Interested in your network equipment

My name is Minho Kang. I have been working as a new manager in the IT Department since this month. Our company is currently planning to upgrade our network system. We are interested in your network equipment. **I would be grateful if you could give me the contact number of the Network Sales Department in your company.**

> '~해 주시면 감사하겠다'라는 표현으로 be grateful을 써도 되지만, would be grateful이라고 would를 넣어 표현하면 더욱 정중한 요청이 된다.

귀사의 네트워크 장비에 관심있습니다

이번 달부터 IT 부서의 신임 매니저로 근무하게 된 강민호라고 합니다. 저희 회사는 현재 네트워크 시스템을 업그레이드하려는 계획을 가지고 있습니다. 귀사의 네트워크 장비에 관심을 가지고 있습니다. 귀사의 네트워크 영업부서의 연락처를 알려 주시면 감사하겠습니다.

upgrade 업그레이드하다 **grateful** 감사하는 **equipment** 장비 **contact number** 연락처

058 담당부서 및 담당자 연락처 요청

귀사의 제품에 관심이 많습니다. 귀사의 영업부서 담당자 좀 알려 주십시오.
I'm very interested in your products. Please tell me the contact person in the Sales Department.

저희 회사 컴퓨터 시스템 업그레이드를 계획하고 있습니다. 귀사를 방문하여 시스템을 검토하고 싶은데 IT 부서 담당자 연락처 좀 주십시오.
Our company is planning to upgrade the computer system. Would you allow us to visit your company for a review? Please give us the contact person's number in the IT Department.

지난번 국제가구전에서 만난 이 부장님의 연락처를 잃어 버렸습니다. 죄송하지만 귀하께서 연락처를 주시면 감사하겠습니다.
I lost the contact number of General Manager Lee, whom I met at the International Furniture Fair. If it isn't too much trouble, I'd appreciate it if you could give me his contact number.
⋯▸ general manager 부장

지역 협력업체 활성화의 일환으로 협력업체 리스트 교환에 상호 동의한 바 귀사의 협력업체 리스트를 송부하여 주시길 바랍니다.
As we agreed to exchange the supplier lists as part of the effort to promote regional suppliers, please send us the list of your suppliers.
⋯▸ agree to ~하기로 동의하다　supplier list 협력업체 리스트　promote 활성화하다

귀사의 브로셔에 나온 홍보부서 연락처가 잘못되었는데 홍보부서 연락처 좀 가르쳐 주십시오.
The contact number for the PR Department on your company brochure is wrong. Please give me the telephone number for the PR Department.

귀사의 홈페이지가 공사 중이라 마케팅 담당자 연락처를 알 길이 없습니다. 연락처 좀 주십시오.
Your company homepage is under construction, so there is no way to find out the contact number for the marketing person. Pease tell me the contact number.
⋯▸ under construction 공사중인

이 이메일 내용이 본인과 관련이 없다면, 해당되는 부서의 담당자에게 보내 주십시오.
Please forward this email to the appropriate person if you are not the right person.

⋯ appropriate person 적임자, (관련하여) 적당한 인물

059 후임자의 소개

이번 프로젝트는 저희 팀장이신 박준호 과장이 담당하게 되었습니다.
The head of our team, Mr. Junho Park, will be in charge of the project.

⋯ be in charge of ~을 담당하다

제가 다음 달부터 출산휴가에 들어가게 되었습니다. 저희 팀의 조 대리가 저의 후임을 맡게 되었습니다.
I am going on maternity leave from next month, so Assistant Manager Ms. Cho will take over my work.

⋯ go on maternity leave 출산휴가를 가다   take over one's work ~의 일을 이어받다

제가 한 달간 병가를 내게 되었습니다. 그동안 제 업무는 피터스 씨가 맡게 될 것입니다.
I will be on sick leave for a month. Mr. Peters will take care of my work for the time being.

⋯ sick leave 병가

두 달 동안 미국 출장을 갑니다. 하지만 미국에서도 귀사의 업무를 처리해 드릴 겁니다.
I will stay in the U.S. on business for two months, but I can handle business with your company in the U.S.

⋯ on business 사업상, 사업관계로   handle ~을 다루다, 해결하다

다음 달부터 김성호 부장 대신에 박준호 과장이 신임 해외영업팀장으로 귀사와의 거래를 담당하게 됩니다.
Mr. Junho Park, a new manager in the Overseas Sales Department, will replace Senior Manager Sungho Kim next month.

060 후임을 맡았을 때

저는 박준호 대리의 후임입니다.
I am replacing Assistant Manager Junho Park.
⋯▸ replace ~을 대신하다   assistant manager 대리

저는 박준호입니다. 김성호 부장의 후임을 맡기로 결정이 되었습니다.
My name is Junho Park. It has been decided that I will succeed Senior Manager Kim Sungho.
⋯▸ succeed ~을 잇다, 후임으로 일하다

지난 주부터 해외영업팀에서 근무를 시작했습니다.
I started working in the Overseas Sales Department last week.
⋯▸ overseas sales 해외영업

북미 지역은 이제부터 제가 담당하게 되었습니다.
I am now responsible for the North American region.

오늘부로 제가 해외구매를 담당하게 되었습니다.
I am in charge of purchasing from overseas from today.
⋯▸ in charge of ~을 담당하는

신임 매니저로서 앞으로도 잘 부탁드립니다.
I, as a new manager, look forward to keeping a good business relationship with you.
⋯▸ look forward to -ing ~하는 것을 기대하다

올해 남은 기간 동안 박준호 대리를 대신해서 근무하게 되었습니다.
I am replacing Mr. Junho Park for the remainder of the year.
⋯▸ remainder 나머지, 남은 부분

이번 달부터 제가 새로운 판매과장으로 근무하게 되었습니다.
I have been a new manager in the Sales Department since this month.

전임자이셨던 김 과장님은 개인적인 사정으로 지난 달에 퇴사하셨습니다.
Manager Kim, my predecessor, retired last month for a personal reason.

⋯ retire 퇴사하다, 은퇴하다

김 과장님하고는 아주 가깝게 지내며 근무해 왔습니다.
I have worked very closely with Manager Kim.

061 전화번호 변경

제 사무실 전화번호가 바뀌었습니다.
My office phone number has changed.

사무실의 바뀐 번호를 알려 드리고자 합니다.
I'd like to let you know my new office phone number.

앞으로는 아래에 적은 새 전화번호로 연락 주시기 바랍니다.
Please contact me at the new phone number provided below from now on.

⋯ from now on 오늘부터 앞으로 계속, 앞으로는

다음 주 월요일부터는 원래 사무실 번호는 유효하지 않습니다.
My previous office phone number will not be valid from next Monday.

⋯ valid 유효한   previous 이전의, 전의

휴대전화 번호가 바뀌었습니다.
I have a new cell phone number.

⋯ cell phone 휴대전화(= cellular phone, mobile phone)

부산 출장중에 휴대전화를 분실해서 번호가 바뀌었습니다.
I got a new cell phone number as I lost my cell phone during my business trip to Busan.

⋯ business trip 출장

062 이메일 주소 변경

이메일 주소를 바꿨습니다.
I changed my email address.

이메일 주소를 지메일로 변경했습니다.
I changed my email provider to gmail.

이메일 주소를 myongsu@gmail.com으로 변경했습니다.
I changed my email address to myongsu@gmail.com.

이전에 사용하던 이메일은 더 이상 사용하지 않습니다.
My previous email is no longer active.
⋯ previous 이전의, 앞서의   active 유효한

이전 이메일 주소는 더 이상 사용하지 않습니다.
My previous email address is not valid anymore.
⋯ valid 유효한

이메일 주소를 변경했으니 앞으로 이 주소로 보내 주시기 바랍니다.
I've got a new email address, so please send any email to it.

이전 이메일 주소로 메일 보내지 마세요.
Please do not email me at my former email address.

7월부터 새로운 이메일 계정으로 연락 주시기 바랍니다.
Please email me at my new account from July.

7월부터 기존 이메일 주소는 더 이상 사용하지 않습니다.
My previous email address is no longer available from July.

063 사무실 주소 변경

새로운 사무실로 이전했습니다.
We moved to a new office.
⋯ move to ~로 이사하다

아래의 새 주소로 연락하실 수 있습니다.
You can reach us at our new address as follows.
⋯ as follows 다음의, 아래의   reach ~와 연락이 닿다

새로운 사무실 주소는 다음 이메일에 알려 드리도록 하겠습니다.
I will let you know my new office address in my next email to you.

8월 1일에 새로운 사무실로 이사했습니다.
We moved into our new office on August 1.
⋯ move into ~로 이사하다

저희 회사가 새로운 곳으로 이전했습니다. 아래의 새로운 사무실 주소를 참조해 주세요.
We moved to a new location. Please note our new address below.
⋯ new location 새로운 장소   note ~을 주목하다, 참고하다

사무실이 이전을 해서, 새로운 주소를 아래와 같이 알려 드립니다.
We are notifying you of our new address as we moved to a new location.
⋯ notify A of B A에게 B를 통지하다, 알려 주다

회사가 새로운 곳으로 이전했습니다. 새 주소는 아래와 같습니다.
Our office has moved to a new location. Its new address is provided below.

지난 주에 올림픽 공원 근처의 더 넓은 곳으로 사무실을 이전했습니다.
We moved to a bigger office near Olympic Park last week.

새로운 사무실 주소는 '연락처' 페이지에서 확인하실 수 있습니다.
You can find our new office address on the "contact us" page.

저희 회사가 서울로 이전해서 새 주소를 알려 드립니다. 첨부파일에 새로운 연락정보가 들어 있습니다.

Please update our address as we moved to Seoul. The attached document contains our new contact information.

⋯▶ attached document 첨부파일   update ~을 최신으로 만들다

지난 달에 사무실을 이전했지만 전화번호는 같습니다.

You can reach us at the same phone number even though we moved into a new office last month.

⋯▶ reach ~와 연락을 하다   even though 비록 ~이지만

주말에 사무실을 이전할 예정이라, 전화 연락이 안 될 겁니다.

Our phone service will be interrupted over the weekend as we will move then.

⋯▶ be interrupted (전화, 수도, 전기 등의 서비스 사용이) 중단되다

기존의 공장과 사무실에서는 업무 보기가 너무 협소해서 수원으로 확장 이전할 예정입니다. 아래는 7월 1일부터 사용할 새로운 사무실과 공장 주소입니다.

We plan to move over to Suwon as our existing factory and office are too small for us to do business. Please look below to find the addresses of our new office and factory, which are valid from July 1.

⋯▶ move over to ~로 이전하다   valid 유효한

Winning Tip

'회식'을 영어로?

우리의 직장 문화에서 '회식'은 매우 중요한 직장 생활의 일부분으로 여겨진다. 하지만 영어권에서는 '직장 동료들끼리 같이 모여서 무언가를 같이 먹는다'는 의미의 회식 문화가 일상적인 개념은 아니다. 이는 미국 대학생들이 과모임 중심의 파티가 거의 없는 것과 비슷한 맥락이다. 그냥 뜻이 맞는 사람끼리 저녁에 가볍게 맥주 한잔 정도는 가능하겠지만, 부서 차원의 회식이라든지 회사 차원의 회식은 우리에 비하면 극히 드물다.

We will dine together this Friday. 이번 금요일에 회식을 할 겁니다.
Let's dine and wine together this Thursday. 이번 목요일에 회식합시다.

홈페이지 / 웹하드 / 팩스

파일의 용량이 커서 이메일의 첨부파일로 보내기 어려울 수 있다. 이럴 때는 웹하드 등 별도의 저장공간을 사용해 파일을 공유하는 일이 많은데, 이를 영어로 표현하는 법을 익혀 보도록 하자.

 SAMPLE EMAIL

Please see the brochure of our products

Thank you for your inquiry about our products. Please find the attached brochure of the products. I have also uploaded the brochure on our web hard drive just in case you have a problem with downloading the attachment. The web hard drive is located at epublic.webhard.co.kr. The user id is "dilly" and the password is "dally."

······ 웹하드 주소를 말할 때는 'be located at 웹하드 주소'라는 표현이 매우 유용하다.

저희 회사 제품 브로셔입니다

저희 제품에 대해 문의해 주셔서 감사 드립니다. 제품 브로셔를 첨부합니다. 혹시 첨부파일을 다운로드하는 데 문제가 있을 수 있어 웹하드에도 브로셔를 올려 놓았습니다. 웹하드 주소는 epublic.webhard.co.kr이며, 아이디는 dilly, 패스워드는 dally입니다.

in case ~하는 경우를 대비하여, 혹시 몰라서 **have a problem with 동사-ing** ~하는 데 문제가 있다 **upload** 올리다, 업로드하다(↔ download) **be located at** ~에 위치해 있다

064 홈페이지 안내

보다 자세한 회사 정보가 필요하시면 저희 홈페이지(www.loginbook.com)를 방문해 주시기 바랍니다.

Please visit our webpage at www.loginbook.com for more information on the company.

⋯▸ webpage at ~주소의 웹페이지 (at은 위치를 나타내는 전치사로, 웹페이지의 인터넷 주소를 언급할 때 사용한다.)

보다 상세한 제품정보는 홈페이지를 참조 바랍니다.

Please refer to our webpage for more detailed information on the product.

⋯▸ refer to ~을 참고하다, 언급하다

오시는 길은 홈페이지 약도를 참조 바랍니다.

Please refer to the map on the homepage for directions.

⋯▸ map 지도, 약도 (= rough map)

저희 홈페이지에 있는 각 제품별 e-카탈로그를 다운로드 받으시기 바랍니다.

You can download an e-catalog of each product on our homepage.

자사의 모든 제품은 홈페이지를 통해 구매 가능합니다.

You can purchase all of our products on our company webpage.

저희 회사 홈페이지에 담당부서별 모든 연락처가 있으니 참고하시기 바랍니다.

Please look at all of the contact information for each department on the company homepage.

⋯▸ contact information 연락정보, 연락처 (= contact details, contact number)

담당자를 잘 모르실 경우, 저희 홈페이지 Contact Us 난에서 이메일을 작성해서 보내기를 누르시면 해당부서로 귀하의 이메일이 전달됩니다.

When you have no idea who is in charge, compose your email in the page of "Contact Us" and press the enter key. Your email will be forwarded to the related department.

⋯▸ be in charge ~을 담당하다 compose 쓰다, 작성하다

질문이 있으시면 저희 홈페이지 Q&A 코너에 질문을 올리십시오. 담당자가 24시간 이내로 답변을 드립니다.

Post your questions in the Q&A page on the homepage if you have any. We will answer them within 24 hours.

⋯▸ post ~을 게재/게시하다   field 입력하는 칸

저희 회사 홈페이지 중국어 버전이 7월 1일부터 공개됩니다. 많은 도움이 되시길 바랍니다.

The Chinese version of our company homepage will be released on July 1. We hope you will find it useful.

⋯▸ be released 공개되다   find ~ useful 도움이 되다, 유용하다

065 웹하드에 자료가 있다고 할 때

자세한 내용은 저희 웹하드에 올려 놓았습니다.

I uploaded some more detailed information to our web hard server.

⋯▸ upload (자료 등을) 업로드하다, 올려 놓다   web hard server 웹하드 (우리말로는 웹하드이지만, 영어로는 web hard server, web hard drive, web hard drive storage라고 해야 한다)

제품설명서는 웹하드에 있습니다.

You can find our product description on the web hard server.

⋯▸ product description 제품설명서

중요한 파일들은 보안 문제 때문에 웹하드에 저장해 두었습니다.

Valuable files are stored on the web hard drive because of security concerns.

⋯▸ valuable 귀중한, 중요한   web hard drive 웹하드   security concerns 보안 우려, 보안 문제

웹하드에서 자료를 다운로드하실 수 있습니다.

You can download the document from the web hard drive.

⋯▸ download ~을 내려받다, 다운로드하다

파일 용량이 커서 웹하드에 올려 놓겠습니다.

I will upload the file to the web hard drive as it is too big.

이메일로 보내 드린 아이디와 패스워드로 웹하드 서버에 접속하시면, 브로셔를 다운로드하실 수 있습니다.

You can access the web hard server with the ID and password we emailed to you and then download our brochure.

⋯▸ **access** 접속하다 (= log on)

웹하드 주소는 epublic.webhard.co.kr이며, 아이디는 dilly, 패스워드는 dally입니다.

The web hard drive is located at epublic.webhard.co.kr. The user id is "dilly" and the password is "dally."

웹하드에 회의록을 올려 놓았습니다.

I stored a copy of the minutes on the web hard drive.

⋯▸ **store** ~을 저장하다 **minutes** 회의록 (= a meeting minutes, proceedings)

웹하드에 있는 견적서를 보시고, 이메일 주시기 바랍니다.

Please email me after you review the estimate on the web hard drive.

⋯▸ **estimate** 견적서 (= estimate sheet, estimate letter)

웹하드 접속에 문제가 있으시면 바로 이메일로 연락 바랍니다.

Please email me immediately if you have any problems accessing the web hard drive.

⋯▸ **immediately** 즉시, 바로 **access** ~로 접속하다, 접근하다

회의록은 웹하드에 올려져 있다는 것을 알려 드리려고 이메일을 드립니다.

I am emailing you to let you know that the meeting minutes have been uploaded to the web hard drive.

⋯▸ **meeting minutes** 회의록

066　웹하드에 접속이 안 될 때

웹하드 비밀번호가 틀립니다.

I think I have the wrong password for the web hard drive.

웹하드에 접속이 안 됩니다.
I cannot access the web hard drive.

웹하드 폴더에 비밀번호가 설정되어 있습니다.
The folder on the web hard drive is locked.

웹하드 주소가 어떻게 되나요?
Where can I find the web hard drive?

게스트 폴더 안에 아무것도 없습니다.
I found nothing in the guest folder.

실수로 자료를 지웠습니다. 다시 한번 올려 주시기 바랍니다.
I deleted the file by mistake. Please upload it again.

아직 자료를 다운받지 못했는데 자료가 벌써 삭제된 것 같습니다.
I have yet to download the document, but it seems to have already been deleted.
⋯ have yet to 아직 ~하지 않다

용량이 꽉 차서 자료를 올릴 수가 없습니다.
As the drive reaches capacity, I cannot upload the document.
⋯ capacity 용량

웹하드를 비워 주시기 바랍니다.
Empty your web hard drive.
⋯ empty ~을 비우다

웹하드 용량이 부족해서 저희 웹하드에 올렸습니다.
Your web hard drive is short of space. I uploaded the document to our web hard drive.
⋯ be short of space (저장 공간이) 부족하다

실수로 다른 폴더에 업로드를 했습니다. 'Working in Japan' 폴더에서 확인 부탁드립니다.
I uploaded the document to another folder by mistake. Please check the folder of "working in Japan."

067 팩스 송수신

송장을 팩스로 보내 주시기 바랍니다.
Please send us an invoice.
→ invoice 송장

주문서를 팩스로 넣어 주세요.
Please fax the order sheet.
→ order sheet 주문서

단가표를 팩스로 보내 드리겠습니다. 팩스 번호를 알려 주세요.
I will fax you the unit price table. Let me know the fax number.
→ unit price 단가

팩스로 문서를 보냈습니다.
I faxed you the document.
→ fax 팩스를 보내다 (원래 명사이지만 동사로도 많이 쓴다)

팩스로 보낸 문서를 확인 바랍니다.
Please check the document I faxed you.

팩스로 요청하신 정보를 보냈습니다.
I faxed you the information you requested.

팩스 받으셨으면 이메일 보내 주세요.
Please email me if you have received the fax.

보내 드린 팩스 받으셨는지 궁금하네요.
I'd like to know whether you received the fax I sent to you.
→ receive a fax 팩스를 받다

제가 보낸 팩스 받으셨으면, 확인메일 부탁드립니다.
I'd like to have an email confirmation if you got my fax.
→ email conformation 이메일 확인

팩스로 보낸 브로셔 받으셨나 해서 메일을 드립니다.
I am just emailing you to check if you have received the brochure I faxed.

어제 팩스로 대금요청서 사본을 보냈으니 확인 바랍니다.
Please check the copy of the billing statement I faxed you yesterday.
⋯▸ billing statement 대금청구서

팩스로 서류 세 장을 보냈습니다.
I faxed you three sheets of paper.

겉표지를 포함해서 네 장을 팩스로 보냈습니다.
I faxed you four sheets of paper, including the cover sheet.
⋯▸ cover sheet 겉표지

팩스로 보낸 신청서를 작성해서 82-2-6477-5152로 팩스 넣어 주세요.
Please fill out the application form I faxed you and fax it to me at 82-2-6477-5152.
⋯▸ fill out (서류 등의 문서양식을) 기입해서 완성하다   application form 신청서

팩스 상단에 있는 제 전화번호로 연락 주시기 바랍니다.
Please call me at my phone number at the top of the fax.

068 팩스에 문제가 있을 때

팩스가 들어가지 않습니다.
The fax I am sending is not being delivered.

혹시 다른 팩스(번호)는 없나요?
Do you happen to have another fax number?
⋯▸ happen to 혹시 ~하다, 우연히 ~하다

팩스 번호가 틀린 것 같습니다. 다시 한번 알려 주시기 바랍니다.
It seems I have the wrong fax number. Please let me know the number again.
⋯▸ let+사람+know ~을 알려 주다

문서를 팩스로 보내셨나요? 아직 아무것도 안 들어와서 메일 드립니다.
Did you fax the document? I am emailing you because I've received nothing yet.

팩스의 글씨가 잘 보이지 않네요. 다시 한번 보내 주세요.
Please send me the fax again because I can hardly read it.

팩스가 오다가 잘렸습니다.
I received an incomplete fax.

저희 팩스가 고장 난 것 같습니다. 777-7777번으로 다시 부탁드립니다.
Our fax machine seems not to be working. Please fax it at 777-7777.

팩스를 몇 장 보내셨나요?
How many pages did you fax me?
⋯▸ fax 팩스를 보내다

Winning Tip

업무상 계속 연락하며 알고 지내고 싶을 때

업무를 하다 새로운 사람을 만났을 때 앞으로도 계속 연락하고 싶을 경우 흔히 "명함 한 장 주시겠어요?"라고 말을 한다. 이는 영어권에서도 마찬가지이므로 편하게 명함을 요청하도록 하자.

Can I take your business card? 명함 한 장 주시겠어요?
May I have your email address? 이메일 주소를 좀 알려 주시겠어요?
I will be in touch. 연락드리겠습니다.

제가 받은 팩스는 전부 5장입니다. 장수가 맞나요?
I received five pages in total. Is that right?
··· in total 전부, 모두 합쳐서

팩스를 10장 보내 주신다고 하셨는데, 9장밖에 못 받았습니다. 마지막 장이 안 온 것 같습니다.
I thought you faxed me a total of ten pages, but I received only nine pages. It seems that the last page is missing.

보내 주신 팩스는 잘 받았는데, 군데군데 내용이 잘 안 보입니다. 혹시 이것을 스캔해서 이메일로 보내 주실 수 있나요?
We received your fax but found some illegible parts. Could you scan the document and email it to us?
··· illegible 읽을 수 없는, 알아볼 수 없는

CHAPTER 09 제품 소개

회사의 신제품이 출시되는 경우, 거래처 등에 그 소식을 전할 때 사용할 수 있는 이메일이다. 역시 이메일 본문에서는 최대한 간단 명료한 정보만을 제시하도록 하고, 보다 자세한 내용은 첨부파일이나 웹하드, 회사 홈페이지 등을 통해 얻을 수 있도록 하는 것이 좋다.

 **SAMPLE EMAIL**

Release of the new product

The new product will be released next month at the same time all over the world. **Some of the best features of the • new product are** its light weight and compact size. It is also competitive in quality and price. To learn more about the new product, please visit our website at www.eqdata.com.

······· '신제품의 가장 큰 특징으로는' 하고 소개할 때 사용하는 표현으로 best features 대신에 greatest advantages도 많이 사용된다.

신제품이 출시됩니다

신제품이 다음 달 전 세계에서 동시에 출시됩니다. 무게가 가볍고 크기가 소형이라는 것이 신제품의 가장 큰 특징입니다. 또한 품질과 가격 면에서도 경쟁력이 있습니다. 신제품에 관한 더 자세한 사항을 알고 싶으시면 저희 웹사이트 www.eqdata.com를 방문해 주시기 바랍니다.

release 출시하다 **compact** 소형의 **competitive in** ~에 있어서 경쟁력 있는 (competitiveness: 경쟁력)

069 신제품 출시

다음 달 초에 우리 회사에서 신제품을 출시하는 것을 알려 드리고자 합니다.
I'd like to announce that we will release our new product early next month.

⋯▸ release 출시하다, 내보내다

신제품은 다음 주부터 슈퍼마켓 가판대에 진열될 예정입니다.
The new product will be placed on the supermarket shelves from next week.

신제품은 2014년 봄에 출시될 예정입니다.
The new product will be launched in spring of 2014.

자사의 신제품은 한국, 일본, 중국 등 아시아 국가에서만 출시될 예정입니다.
Our new product will be released exclusively in Asian countries such as Korea, Japan, and China.

⋯▸ exclusively 전적으로, 독점적으로

우리의 신제품은 오늘부터 60일 내에 출시될 예정입니다.
Our new product will be available within 60 days from today.

⋯▸ be available (사용, 판매 등이) 가능하다

소프트웨어 업데이트 버전은 2015년 3분기에 출시될 예정입니다.
An updated version of the software will be available in quarter 3 of 2015.

⋯▸ quarter 분기 (quarter 3는 세 번째 분기, 즉 3/4분기를 의미한다. 참고로 half는 반기)

스마트폰용 신제품을 출시하게 되어 대단히 영광스럽게 생각합니다.
We are so proud to release our new product for smartphones.

저희 신제품이 이번 주말 국내에 첫 시판됩니다. 독일에서는 언제 출시하기로 결정됐나요?
Our new product will be released on the domestic market this weekend. When is it going to be released in Germany?

⋯▸ be released 출시되다   domestic 국내의

이번 신제품은 전 세계 동시발매입니다. 일정에 차질이 없도록 철저한 준비 부탁드립니다.
The new product will be released at the same time all over the world. Please make thorough preparations for sticking to the schedule.

⋯ make thorough preparations for ~에 대해 철저한 준비를 하다   stick to the schedule 일정을 지키다

070 제품의 장단점 소개

이 제품의 최대 장점은 사용이 아주 편리하다는 것입니다.
The greatest advantage of the product is that it is very convenient to use.

⋯ greatest advantage 최대 장점   convenient 편리한

우리 회사의 내비게이션 시스템은 한국에서 가장 인기 있는 차량용 제품입니다.
Our navigation system is one of the most popular ones for cars in Korea.

우리 제품의 최대 장점 중 하나는 모든 종류의 컴퓨터와 인터페이스된다는 것입니다.
One of the best features of our product is that it can interface with any computer.

⋯ feature 장점, 특장점

우리 신제품의 최대 장점 중 두 가지는 무게와 크기입니다.
Two of the best features of the newly released product are its weight and size.

우리 제품은 품질과 가격면에서 현재 시장에 출시된 제품들 중 최고라고 생각합니다.
We believe our product is one of the best on the market today when considering both its quality and price.

현재 시장에 출시된 제품들 중에서 자사 제품이 가장 안전하고 순도가 높습니다.
Our product is one of the safest and purest ones on the market today.

우리 제품의 유일한 단점은 크기와 무게입니다.
The only downsides to this product are its size and weight.

우리 제품의 주요 단점 중 하나는 한국 이외의 국가에서 잘 알려져 있지 않다는 점입니다.
One of the main weaknesses of the product is that it is less popular in countries other than Korea.

우리 제품의 주요 단점이라면 브랜드 파워가 약하다는 점입니다.
The main weakness that can be identified is the weak brand name.
⋯→ identify 확인하다, 찾다

이 제품의 장점은 불량발생률이 0%에 가까울 정도로 품질이 훌륭하다는 것이지만, 단점은 단가가 중국제품보다 10% 더 비싸다는 것입니다.
The strength of the product is its excellent quality with a defective rate close to 0% while its weakness is a unit price 10% more expensive than that of a similar Chinese product.
⋯→ defective rate 불량율   unit price 단가

071 경쟁제품과 비교하기

우리 제품은 가격과 품질 면에서 경쟁력이 우수합니다.
Our products are very competitive in price and quality.
⋯→ competitive 경쟁력 있는

제품 공급과 배송면에서 우리 회사는 타사보다 훨씬 융통성이 있습니다.
We are more flexible than our competitors when it comes to product supply and delivery.
⋯→ competitor 경쟁자, 경쟁업체   when it comes to ~에 관한 한, ~면에서

우리가 확신할 수 있는 것은 인터넷상에서 찾을 수 있는 대부분의 유사 서비스보다 우리의 서비스가 월등하다는 점입니다.
What we are sure about is that our service is better than 99.99% of the other similar services you can find on the Internet.

최고의 품질, 합리적인 가격 덕분에, 저희 제품은 시장에서 높은 경쟁력을 가지고 있습니다.
Because of the best quality and reasonable prices, our products are very competitive in their related markets.

⋯→ reasonable price 적정한 가격, 합리적인 가격

경쟁제품과 비교해 볼 때, 우리 제품은 가격면에서 더 매력적이고, 성능면에서는 안정성과 내구성이 더 좋습니다.
Compared with our competitors, our products are more attractive in price and more stable and durable in performance.

⋯→ stable 안정적인   durable 견딜 수 있는, 내구성 있는

우리 제품은 디자인과 품질면에서 타경쟁사 제품보다 좋습니다.
Our products are better than other competing goods in design and quality.

우리 제품은 최고의 품질, 정교한 기술로 동종업계의 경쟁사보다 뛰어납니다.
Our products are better than others in the same industry because of their superior quality and exquisite workmanship.

⋯→ exquisite 정교한, 매우 아름다운   workmanship 솜씨, 기술, 기량

우리 제품은 고품질 재료로 만들었기 때문에 내구성이 뛰어나고, 오랫동안 사용할 수 있습니다.
Our items are made from high-quality material that ensures durability and longevity in use.

⋯→ longevity 장수, 오래 지속됨

072 임상실험 단계의 제품 설명

제품은 현재 임상실험중입니다.
The product is undergoing clinical trials.

⋯→ clinical trial 임상실험(=clinical test(ing), clinical experiment)

제품의 임상시험은 3개월 소요될 예정입니다.
The clinical testing of the product is expected to take three months.

⋯→ be expected to ~할 것으로 예상되다

귀하가 문의하신 제품은 현재 임상실험단계에 있습니다.
The item you inquired about is now under clinical experimentation.

··· inquire about ~에 대해 알아보다, 문의하다   be under clinical experimentation ~이 임상실험단계에 있다

실험단계에 있기 때문에, 죄송합니다만 귀하에게 아무런 정보도 제공해 드릴 수 없습니다.
Since we are in the experimental stage, we are sorry, but we cannot give you any information.

··· be in the experimental stage ~이 시험단계에 있다

해당기술은 상용화되기에는 아직 이릅니다.
The technology is too early to be deployed on a commercial scale.

··· be deployed on a commercial scale 상용화되다

해당제품은 현재 임상시험 단계에 있으며, 내년 초에 시장에 출시될 예정입니다.
The product is currently undergoing clinical testing and will be released on the market early next year.

··· release (제품 등을) 출시하다

Winning Tip

상대방의 의견에 동의하지 않을 때

상대방의 의견에 동의하지 않을 때 반박하는 말을 하는 것은 모국어라도 참 조심스럽다. 그런데 의외로 한국인들 중 영어로 대화할 때 급한 마음에 No, no, no...처럼 덜컥 반대하는 말로 대화를 시작하는 분들이 종종 있다. 하지만 상대방과 생각이 다를 때는 자신의 주장부터 쏟아내기보다 일단 서두를 잘 시작해야 한다. 동의하지 않는 이유는 여러 가지가 있겠지만, 일단 아래와 같이만 해도 말의 뉘앙스도 달라지고 상대방도 자신과 다른 의견을 귀담아 듣게 된다.

Well, I'm not so sure about that...
글쎄요, ~인지는 확신할 수 없는데요

I see your point but I actually think...
무슨 말씀인지는 아는데 제 생각에는~

시험단계를 거친 후, 내년부터 첫 상용 서비스를 시작할 예정입니다.
Following the experimental stage, we will launch our first commercial service next year.

해당제품이 아직 임상관찰 시험중이라, 지금 당장 구입하실 수 없습니다.
As the product is still going through clinical observation, it isn't available right now.

··→ go through ~을 겪다, 통과하다, 거치다

CHAPTER 10 제품 문의 및 시제품 요청

관심 있는 제품에 대한 자료를 요청하는 내용의 이메일이다. 이러한 이메일을 보낼 때는 해당 제품에 대해 어떤 경로를 통해 알게 되었는지를 간단하게 설명하면 좋다.

SAMPLE EMAIL

Regarding your product

I came across your company while searching for a supplier of audio systems on the Internet. Our company is interested in purchasing your products. **Please send me brochures and price information on your products.** I will then call you to discuss an order. I look forward to doing business with you.

> 무언가를 보내 달라고 할 때는 Please send me ~ 정도면 무난하다. 더욱 정중한 표현을 써야 할 상황이라면 I would appreciate if you could send ~로 바꿔 쓰면 된다.

귀사 제품에 관하여 문의 드립니다

인터넷에서 오디오 시스템 공급업체를 검색하다가 우연히 귀사를 접했습니다. 당사는 귀사 제품의 구매에 관심이 있습니다. 귀사의 제품에 관한 책자와 가격 정보를 보내 주십시오. 전화 드려서 주문에 관해 협의하겠습니다. 귀사와 비즈니스를 할 수 있기를 고대합니다.

come across 우연히 알게 되다 **purchase** 구매하다 **call+사람+to** ~하기 위해 ~에게 전화하다 **do business with** ~와 거래하다

073 제품 문의

이 제품의 전력공급은 어떻게 합니까, 어댑터를 사용하나요, 아니면 배터리로 작동합니까?
How is the power supplied to the product? Do I need to use an adaptor or battery?

미국 수출에 필요한 인증은 받으신 게 있나요?
Have you obtained any certification from the U.S. needed to export the items?
⋯ obtain certification 인증을 받다

이 제품의 부품은 주로 어느 나라에서 제조합니까?
Which country is a major manufacturer of parts of the product?
⋯ part(s) 부품

이 제품의 현재 수입관세는 얼마입니까?
How much is the current import tariff on the product?
⋯ import tariff 수입관세

이 제품은 수출시, FTA용 원산지 증명서가 필요합니다.
A certificate of origin for the FTA should be ready when exporting the items.
⋯ certificate of origin 원산지

이 제품은 원산지 증명서가 필요하므로, 각 부품별로 원산지 인증을 모두 받으시고 관련 서류를 제출해 주시기 바랍니다.
As the product requires a certificate of origin, please submit the related documents after you obtain all of the certificates of origin for each part.

미국은 한국과 전압이 다른데, 이 제품은 미국 전압에서도 사용가능한가요?
The U.S. and Korea use different voltages. Is this product okay for the U.S. voltage?
⋯ voltage 전압

이 제품은 100V~230V까지 사용할 수 있습니다.
This appliance is okay for a voltage from 100V to 230V.

이 제품의 원재료인 철강은 한국산입니까, 중국산입니까?
Is the steel, a raw material used for the product, made in Korea or China?

이 옷의 디자인, 원단제작, 원단가공, 재봉은 각각 어디서 합니까?
Where are the design, fabric manufacturing, facbric processing, and sewing done?
⋯▸ fabric 원단   sewing 재봉

이 육류제품은 검역기간이 보통 얼마나 걸립니까?
How long is a regular quarantine period for the meat products?
⋯▸ quarantine 검역

이 제품 수입시 전수검사합니까, 랜덤검사합니까?
When the product is imported, does it go through a whole or random inspection?

074 카탈로그 요청

귀사의 제품 카탈로그를 송부 바랍니다.
Please send me a catalogue of your company's products.
⋯▸ product catalogue 제품 카탈로그

귀사의 브로셔를 보내 주시면 감사하겠습니다.
I would be grateful if you sent us a brochure.
⋯▸ be grateful 고맙게 여기다, 감사하다

귀사의 시설에 관심이 있습니다. 귀사의 서비스 안내책자를 보내 주십시오.
We are interested in your company's facilities. Please send us a brochure on your services.

귀사의 제품에 관심이 많습니다. 실례가 되지 않는다면 제품에 대한 보다 자세한 정보를 보내 주시겠습니까?
We are very interested in your products. Would you mind sending us some more detailed information about them?

호텔 소개 책자 한 권 보내 주세요.
Please send me a brochure of your hotel.

제품 관련 책자와 정보를 더 많이 보내 주세요.
Please send me more brochures and information regarding the product.

귀사 제품의 전자 카탈로그와 단가표를 보내 주시기 바랍니다.
I'd like to ask you to send an e-catalogue and price list of your products.

⋯▸ e-catalogue 전자 카탈로그   price list 가격표

귀사의 전자 카탈로그를 보내 주시면 감사하겠습니다.
We would be pleased if you could send us an online catalogue of your company.

⋯▸ online catalogue 전자 카탈로그 (e-catalogue와 마찬가지로 온라인 상에서 볼 수 있는 카탈로그를 말함)

귀사의 방대한 제품과 서비스에 관한 도해 카탈로그를 보내 주시면 감사하겠습니다.
We would appreciate it if you could send an illustrated catalogue of a wide range of your products and services.

⋯▸ illustrated catalogue 도해 카탈로그 (그림이나 사진이 나와 있는 카탈로그)   a wide range of 다양한

이번 여름에 귀사를 방문하고 싶은데 브로셔를 보내 주세요.
I am interested in visiting your company in the summer and would like to request a brochure.

인터넷에서 귀사에 대해 접했습니다. 카탈로그나 책자 같은 귀사의 제품에 관한 더 많은 정보를 보내 주실 수 있나요?
I came across your company on the Internet. Could you send me a catalogue or a brochure with some more information on your products?

⋯▸ come across 접하다   on the Internet 인터넷에서

본사는 내년에 사용할 사무용품을 구매할 예정입니다. 최신 사무용품 카탈로그를 보내 주세요.
Our office is planning to purchase office supplies for the upcoming year. Please be kind enough to send us the latest catalogue of your office supplies.

⋯▸ office supplies 사무용품

제품의 상세기능이 담긴 브로셔를 받아 봤으면 합니다.
We would very much like to receive a brochure explaining the detailed functions of the product.

⋯ detailed 상세한, 세부적인　function (제품의) 기능

075　재고 확인 / 신제품 추천

APA-100제품을 1,500대 구매하고 싶은데, 재고가 있으신가요?
We'd like to purchase 1,500 units of APA-100. Do you have them in stock?

⋯ have ~ in stock 재고가 있다

이번에 출시하는 제품의 샘플을 구매하고자 하는데, 재고가 있으신가요?
We'd like to purchase some samples of the newly released product. Do you have the item in stock?

아쉽게도 생산에 필요한 부품 한 가지가 재고에 없어서, 3주를 기다려야 합니다.
Unfortunately, we do not have one part used for manufacturing items, and thus we have to wait for three weeks.

APA-100제품은 작년 말로 단종됐습니다. 대신 APA-200을 사용하실 수 있는데, 성능이 더 좋습니다.
The APA-100 model was discontinued as of the end of last year. Instead, you can use APA-200, which has a better performance.

⋯ as of ~ 현재, ~을 기준으로　performance 성능

그 제품은 조만간 단종될 예정이라고 들었는데, 언제까지 생산하실 계획입니까?
We heard that the product is going to be discontinued in the near future. When do you plan to stop manufacturing the item?

⋯ in the near future 머지않아, 조만간

만일 단종제품이라 구매가 불가능하다면 유사제품인 Power2가 홈페이지상에 있는데 호환이 가능한지요?
If we cannot purchase the item as it is discontinued, we wonder if Power 2, a similar product on your homepage, is compatible.

⋯ be discontinued 단종되다

신규 판매정책으로 인해 기존 제품모델은 다음 달부터 구매할 수 없습니다.
The previous models of the products won't be available next month due to our new sales policy.

076 기술수준 문의

귀사의 신제품에 사용된 기술에 대해 더 자세히 알고 싶습니다.
We'd like to know more about the technology used for your new product.

귀사의 현 기술력에 대해 어떻게 판단하고 계신지요?
What can you say about the current technical situation of your company?

귀사가 우리 회사의 프로젝트에 적합한 앱 개발기술력을 보유하고 있는지 확인하고 싶습니다.
I would like to make sure that your company has enough of an app development technology to be considered for our project.

⋯ make sure ~을 확실히 해두다   app (= application software) 앱 응용 프로그램 (스마트 폰 응용프로그램일 때는 약어로 app을 쓰지만, 이외의 경우에는 application software라고 다 풀어서 사용하는 것이 좋다)

해당 제품에 대한 기술개발 계획이 현재 어떻게 진행되고 있는지 알려 주시겠어요?
Will you send us an update about the current technical development plan for the product?

⋯ send+사람+an update about ~에 대해 최근소식을 전하다

신제품에 대해서 어떤 기술개발 계획을 갖고 계신지 알려 주시겠습니까?
Will you kindly let us know your current technical development plan for the new product?

시장의 현재 기술동향에 대해 알려 주시기 바랍니다.
Please keep us informed of present technical trends in the marketplace.

⋯ keep+사람+informed of ~에 대해 ~에게 알려 주다, 고지하다   technical trend 기술동향

제품제작에 활용된 기술에 대해 더 자세한 정보를 알려 주시기 바랍니다.
Please provide us with more detailed information about the technology applied in manufacturing the products.
⋯ provide A with B A에게 B를 제공하다

경쟁사와 차별화를 위해 귀사의 제품을 어떻게 포지셔닝하실 계획인가요?
How do you plan to position your product so as to differentiate your business from your competitors?
⋯ differentiate 차별화하다

077 견본 요청

귀하의 제품 견본을 보내 주시겠습니까?
Would you kindly send me a sample of your product?
⋯ sample 표본, 견본

귀사의 제품 샘플을 사용해 보고 싶습니다. 하나 보내 주세요.
We want to try a sample of your product. Please send one.

귀사가 설계한 주택들의 견본을 어디서 볼 수 있나요?
Where can I find a sample of your housing designs?
⋯ 주택과 같이 건축물 샘플인 경우는 웹사이트나 주택이 있는 위치를 알려 줄 수 있다.

귀사 디자인에 대한 견본책을 보내 주세요.
Please send me a sample book of your designs.
⋯ sample book 견본책

지난 주 무역 박람회에서 본 귀사 섬유 제품의 견본을 보내 주세요.
Please send me some samples of the fabrics that I saw at the trade exposition last week.
⋯ fabric product 섬유제품 exposition 박람회, 전시회 (줄여서 expo라고 한다)

당사는 귀사의 스킨케어 제품의 수입을 검토하고 있는데 샘플 제품을 보내 주시면 감사하겠습니다.
We are interested in importing your skincare products and would appreciate it if you sent some samples of your products.

→ skincare product 피부미용 제품   import 수입하다, 수입

귀사의 망치에 관심이 있습니다. 견본을 좀 보내 주시기 바랍니다.
We are interested in your company's hammers. Please send us a set of samples.

당신의 작업 샘플을 보고 싶습니다. 저희 사무실로 샘플 포트폴리오를 보내 주시겠습니까?
I'd like to see a sample of your work. Could you send a sample portfolio to our office?

→ work 작품, 작업   portfolio 작품집

제품 견본을 보내 주시면 평가 후 연락 드리겠습니다.
Send us a sample of your product, and we'll contact you after evaluating it.

→ evaluate 평가하다

제품 견본을 검토하신 후 다시 얘기하시죠.
Please review the product sample, and then we'll talk again.

견본을 보내 주시면 사내 회의를 통해 구매 결정하겠습니다.
Send me a sample, and we'll decide on purchasing it at an internal meeting.

→ internal meeting 사내 회의

귀사의 신제품 샘플을 30대 정도 보내 주십시오. 저희 엔지니어들이 제품테스트를 할 것입니다.
Send around 30 sample units of the new products. Our engineers will test them.

078 시제품 사용 요청

구매결정을 하기 전에 시제품을 사용해 보고 싶습니다.
Before making a decision on the purchase of the goods, we'd like to use a trial product.
→ make a decision on ~에 대해 결정을 하다 trial product 시제품

시제품을 사용해 본 후 가격에 대해 논의해 봅시다.
Let's discuss the prices after using the trial products.

소프트웨어가 고가이므로 시험 버전을 써 보고 결정하겠습니다.
Since the software is costly, we will make up our mind after using the trial version.
→ costly 값비싼 make up one's mind 결정을 하다

귀사의 제품을 경험하기 위해 먼저 시제품을 사용해 보는 것이 좋겠습니다.
We think it is a good idea to use your trial product first in order to experience it for ourselves.

저희 부서에서 먼저 이 프로그램을 써 보고 다른 부서와 논의해 보겠습니다.
Our department will use the program first, and then we will talk to the other departments about it.

일단 사용해 봐야 제품의 품질에 대한 확신이 생길 테니 시제품을 보내 주세요.
Please send the trial products as we will be certain of the quality of the product after using it.
→ be certain 확신이 서다 (= be convinced, be sure)

시제품이 없으시다면 정품이라도 구매 전 일정기간 써 보고 싶습니다.
If you don't have a trial product available, we'd like to use your regular product for a certain period of time.
→ regular product 정품 for a certain period of time 일정기간 동안

저희 회사와 거래를 하고 싶으시다면 시제품을 하나 보내 주세요.
If you want to start doing business with us, send us a trial product.
→ start doing business with ~와 거래를 시작하다

거래에 앞서 시제품을 반드시 사용해 봐야 합니다.
One of the requirements prior to a business transaction is the use of a trial product.

⋯ requirement 의무사항   business transaction 사업 거래

시제품 사용에 합의했으니 다음 주 초까지 보내 주세요.
Since we agreed on the use of the trial product, please send it by early next week.

079 시제품 사용후 반환 및 문의

귀사의 피부관리 레이저 기계를 시험 사용해 볼 기회를 주셔서 감사합니다. 기계가 만족스러워서 구매하기로 결정했습니다.
We appreciate the opportunity to sample your skincare laser machine. I found it to be satisfactory, so we decided to buy it.

⋯ satisfactory 만족스러운

사용해 본 시제품을 다시 보내 드립니다. 선적료는 말씀 드린 것처럼 귀사 부담입니다.
I'm sending back the trial product after using it. The shipping charge, as I mentioned, should be borne by your company.

⋯ charge should be borne by 비용은 ~가 부담하다

요청하신 것처럼 귀사의 제품을 받았던 포장박스에 다시 넣어 반송해 드립니다.
I'm returning the product to you in its original carton per your request.

⋯ per one's request ~의 요청에 따라서

귀사의 소프트웨어 패키지를 사용할 수 있는 기회를 주셔서 감사합니다만 저의 업종과는 맞지 않은 것 같습니다.
Thank you for granting us the chance to try your software package, but we have decided that the software is not suitable for our type of business.

⋯ grant the chance to ~할 기회를 주다 (= give an opportunity to)   be suitable for ~에 적합하다, 적당하다

귀사의 샘플 제품이 저희 기준에 미치지 못하여 부득이하게 반송합니다.
I regret that we must return your sample product because it falls short of our standard.

⋯ fall short of ~에 미치지 못하다

080 A/S 문의

시제품을 사용해 본 결과 몇 가지 질문이 있습니다. 만일 고객이 A/S를 원할 경우 몇 년 무상 A/S인가요?
After using the trial product, we have a couple of questions. How many years of A/S are provided free of charge?

⋯ A/S (= after-sales service) 애프터서비스   free of charge 무상으로, 무료로

A/S 관련 문의를 드립니다. 제품의 품질보증기간을 1년에서 2년으로 늘릴 수 있습니까?
I am writing to ask you an A/S question. Can the warranty of the product be extended from 1 year to 2?

⋯ warranty 품질보증   extend from A to B A에서 B로 늘리다, 연장하다

귀사의 세탁기를 사용해 볼 수 있어 좋았습니다만, 무상수리에 대해 질문이 있습니다.
It was a great pleasure to experience your washing machine, but we have some questions about the free repairs.

⋯ free repair 무상수리

081 추가 정보 요청

제품 사양에 관하여 더 많은 정보를 요청합니다.
I'd like to request some more information on the product's specifications.

⋯ specification (치수, 무게 등) 사양

귀사의 가격정책에 대하여 좀 더 자세하게 설명해 주십시오.
Could you be more specific on your pricing policies?

⋯ pricing 가격 책정

귀사 제품라인에 대해 더 많은 정보를 이메일로 주셨으면 합니다.
I'd be grateful if you email me a little more information about your product lines.

⋯▸ product line 제품군

이 기계에 관한 동영상 자료가 있습니까?
Do you have any video material related to the machine?

홈페이지에 나와 있는 가격보다 저렴하게 구매가 가능한지 궁금합니다.
We wonder if we can buy your product at a price lower than that specified on your homepage.

할인된 가격으로 구매하려면 얼마나 구매해야 합니까?
How many items should we purchase to get a discounted price?

⋯▸ discounted price 할인된 가격

귀사의 수량 할인에 관하여 더 구체적으로 설명해 주세요.
Could you elaborate on your volume discounts?

⋯▸ elaborate 자세히 설명하다   volume discount 수량 할인(일정한 수량이 넘으면 해주는 할인)

제 상사가 귀사의 판매조건에 대해 좀 더 많은 정보를 원합니다.
My boss wants to learn more about your sales terms.

⋯▸ sales term 판매조건

일정과 비용에 대해 이메일로 더 자세히 알려 주세요.
Please let us know about the schedule and cost by email.

⋯▸ schedule 일정   cost 비용

귀사 서비스에 대한 구체적인 자료를 보내 주시면 감사하겠습니다.
We'd appreciate it if you could send some more materials about your service.

⋯▸ material 자료 (document라고 해도 된다)

정보가 충분치 않군요. 안전시험에 관한 공식적인 자료를 더 보내 주세요.
The information is not enough. Please give us some more official data on the safety tests.

⋯▸ official data 공식적인 자료   safety test 안전시험

결제조건은 어떻게 되는지 알고 싶습니다.
We'd like to know what your payment terms are.
⋯▸ payment term 결제조건

이메일로 귀사의 지급조건에 대하여 더 자세하게 설명해 주시면 전화 드려서 주문에 관하여 논의하겠습니다.
Please explain about your terms of payment in greater detail in your email. I will then call you to discuss an order.
⋯▸ in greater detail 더 자세하게   terms of payment 지급조건(= credit terms)

귀사에서 제공하는 무료 서비스에 대해 자세히 말씀해 주세요.
Tell us more about the complimentary services provided by your company.
⋯▸ complimentary service 무료 서비스   provide a service 서비스를 제공하다

한국에 대리점이 있나요?
Do you have a distributor in Korea?
⋯▸ distributor 대리점(= local distributor)

한국에 에이전시가 있는지 알고 싶습니다.
We wonder if you have any agencies working in Korea.

워싱턴에는 자사의 대리점이 없습니다.
We do not have a local distributor in Washington.
⋯▸ local distributor 대리점

가장 가까운 대리점은 뉴욕에 있습니다.
You can find the nearest distributor in New York.

물건은 저희 홈페이지를 통해 구매하실 수 있습니다.
You can purchase the product on our company homepage.

082 프로그램 업데이트 문의

저희가 작년에 구매한 기계의 프로그램 업데이트에 대해서 문의 드리고 싶어서 이메일 드립니다.
I'm writing this email to inquire about the program update on the machine we bought last year.
··→ inquire about ~에 대해 문의하다   update 갱신하다, 업데이트하다

귀사에서 구매한 소프트웨어의 업데이트 버전에 관한 정보를 요청합니다.
I'd like to request some information on an updated version of the software we purchased from your company.
··→ updated version 버전 업데이트

프로그램 업데이트 절차에 대해 문의하고 싶습니다. 해당 정보를 이메일로 보내 주실 수 있습니까?
I would like to inquire about the steps we have to take to update our program. Could you please email me the information?
··→ steps 절차(= procedures)

귀사 소프트웨어의 3.2 버전이 출시되었다는 정보를 입수했습니다. 새로운 버전에 대한 정보 좀 보내 주십시오.
I was informed of the recent release of version 3.2 of your software. Could you send me some information about it?
··→ release 출시

5년 전 귀사에서 구입한 시스템을 최신 버전으로 업데이트하고 싶습니다. 업데이트 절차에 대해 알려 주십시오.
We would like to update the system we bought 5 years ago from you with the latest version. Please tell us what to do.
··→ update the system 시스템을 업데이트하다

몇 년 전에 저희에게 임대해 준 프로그램의 업데이트와 관련된 세부사항을 알고 싶습니다.
We're curious to find out the details involved in updating the program you lent us a few years ago.
··→ involved in ~와 관련된

이번에 소프트웨어 업데이트를 안하고 사용하면 어떤 결과를 가져올 수 있나요?
What would be the consequences of using the software without updating it this time?
⋯▸ consequence 결과

업데이트 프로그램을 다운로드해서 설치하면 프로그램을 업데이트할 수 있나요?
Can we just update the program by downloading and installing the update patch?
⋯▸ download and install 다운로드해서 설치하다   patch (프로그램 수정 및 업데이트를 위한) 작은 프로그램

이번에 본 제품의 OS가 업그레이드 됐습니다. 첨부된 업데이트 패치를 다운로드 하셔서 사용해 보시기 바랍니다.
The OS of the product was recently upgraded. Please download and test the attached updated patch.
⋯▸ OS (= operating system) 운영체제

이번 OS 업그레이드에 맞춰 저희 단말기용 응용프로그램을 최적화시키시기 바랍니다.
Please optimize the application software of our terminal for the newly upgraded OS.
⋯▸ optimize 최적화하다

본 제품의 소프트웨어를 업그레이드 시키시려면, 저희 홈페이지에 들어오셔서 'SW Upgrade' 버튼을 누르시면 자동 실행됩니다.
To upgrade the software of the product, click on the "SW Upgrade" button on the homepage. Then, it will automatically run.
⋯▸ run (프로그램 등을) 실행하다, 실행되다

083 기술 지원 관련 요청

기계 구매시 합의된 신규 기계를 작동시켜 줄 기술자를 한 명 보내 주세요.
Please send us an operator who can run the new machine as agreed when we purchased the machine.
⋯▸ operator 장비/기계를 조작하는 사람   as agreed 합의된 바와 같이

귀사에서 새로운 기계 사용을 도와줄 기술자를 파견해 주시면 감사하겠습니다.
We'd very much appreciate it if you could dispatch an operator from your company to help us with the new machine.
⋯• dispatch 파견하다

우리 회사에서 최근에 귀사의 장비를 구매한 바, 장비 사용자들에게 교육을 해야 하니 엔지니어를 한 명 보내 주십시오.
Our company recently purchased your equipment, and we need to train the users of the equipment. Please send an engineer for a training session.
⋯• training session 교육 과정

신규 시스템을 사용하는 방법을 알려 줄 기술자 한 명을 포함해 사람들을 몇 명 고용해야 할 것 같습니다. 전문가 팀을 보내 주세요.
It seems we need to hire a set of people, including an operator who will tell us how to use the new system. Please send us a team of experts.
⋯• a set of people 사람 몇 명   expert 전문가

귀사의 소프트웨어는 많은 기능을 제공하여 우리 회사에 도움이 많이 되고 있습니다. 사용자를 지원할 수 있는 소프트웨어 전문가가 필요합니다.
Your company's software offers many functions that serve our company well. We are in need of an expert of the software to support the users.
⋯• offer many functions 많은 기능을 제공하다   serve well 많은 도움이 되다

귀사에서 구매한 새로운 레이저장비에 치명적인 오류가 발견되었으니 즉시 기사를 파견해서 해결해 주시기 바랍니다
Some critical errors have been found in the new laser equipment we bought from you. Please dispatch an engineer to fix them right away.
⋯• critical error 치명적 오류

신규 시스템은 만족스럽지만 몇몇 사소한 문제가 있습니다. 해당 문제를 점검할 수 있는 엔지니어를 한 사람 보내 주시면 감사하겠습니다.
The new system seems to be satisfactory, but some minor difficulties exist. We'd be grateful if you could send an engineer to look into the problems.
⋯• look into ~을 자세히 조사하다

저희 장비에 대한 하드웨어와 소프트웨어의 기술교육을 실시할 예정입니다.
We plan to offer a technical training program on the hardware and software of the product.

귀사의 유지보수 인력을 대상으로 교육을 실시할 예정이오니, 일정을 잡아 주시기 바랍니다.
We'd like to offer a training program for your maintenance employees. Please schedule a time for the training.
⋯ maintenance 보수, 보전   schedule a time 일정을 잡다

당사에서는 장비의 분해 및 조립에 대한 기술교육을 한 달에 두 번씩 제공합니다.
Our company offers a technical training program twice a month on how to disassemble and assemble the equipment.
⋯ disassemble 분해하다

Winning Tip

와이셔츠는 영어로 뭐라고 할까?

비즈니스 정장의 필수품 중 하나인 '와이셔츠'는 white shirt의 일본식 영어표현에서 온 것이라고 한다. 하지만 정작 white shirt는 '흰색 셔츠'라는 뜻일 뿐 '와이셔츠'를 의미하지는 않는다. '와이셔츠'에 해당하는 올바른 영어표현은 dress shirt이다.

short-sleeved dress shirt 반팔 와이셔츠
long-sleeved dress shirt 긴팔 와이셔츠
white dress shirt 흰색 와이셔츠

CHAPTER 11 사용 허가 요청

특히나 저작권 등의 지적재산권으로 인한 분쟁이 많아지고 있는 상황에서 무단 사용은 향후 엄청난 재정 피해로 이어질 수 있으니 미리미리 사용 허가를 받아 놓도록 하자.

SAMPLE EMAIL

Request for permission to use your company logo

We are planning a marketing event for our new service product next month. **I would like to ask your permission to use your company logo at the event.** Your company has been a valued client for over ten years and is well respected in the industry. For this reason, I am sure your company logo is going to help us promote our new products. Thank you very much.

'~할 허가를 요청하다'라는 뜻의 ask one's permission to ~ 구문을 잘 기억해 두자.

귀사 로고 사용 허가 요청

다음 달에 새로운 서비스 제품에 대한 마케팅 행사를 계획하고 있습니다. 그 행사에 귀사의 회사 로고를 사용할 수 있도록 허락해 주십시오. 귀사는 10년 넘게 당사의 소중한 고객이었고 업계에서 존경을 받고 있습니다. 이런 이유로 귀사의 회사 로고를 사용하면 신제품 홍보에 많은 도움이 되리라 확신합니다. 감사합니다.

marketing event 마케팅 행사 **valued client** 소중한 고객 **be respected** 존경 받다

084 사용 허가 요청

귀사 웹사이트에 있는 컨텐츠 사용 허가를 받고 싶습니다.
I'd like to obtain your permission to use your website's contents.
⋯ obtain/get permission 허락 받다

제품 마케팅을 위해 귀사의 상표를 사용할 수 있도록 승인해 주십시오.
I need your approval to use your trademark to market our products.
⋯ need one's approval 승인이 필요하다   trademark 상표

품질테스트를 위해 귀사의 실험실을 사용할 수 있도록 허가해 주십시오.
I'd like to ask your permission to use your lab facilities for some quality tests.
⋯ lab facility (= laboratory facility) 실험실, 실험시설

허락하신다면 행사에 귀사의 로고를 사용하고 싶습니다.
With your permission, we'd like to use your company logo at the event.
⋯ with one's permission 허락하신다면

당사 공장에서 시범 프로젝트를 위해 귀사의 프로그램을 사용해도 되겠습니까?
Would it be all right to use your software for the pilot project in our plant?
⋯ pilot project 시범 프로젝트

귀하의 디자인 이미지 파일 일부를 꼭 사용하고 싶은데요. 괜찮을까요?
We would really like to use a part of your design image files. Would that be okay?
⋯ Would that be okay? 괜찮습니까? (= Would that be all right?, Will you allow that?, Will you give us permission?)

귀사 신제품의 임상데이터를 출판하려고 하는데 허락해 주시겠습니까?
Would you give us permission to publish the clinical data of your brand-new product?
⋯ publish 출간하다   clinical data 임상데이터   brand-new product 신제품

X50모델 개발을 위한 공동 프로젝트를 진행하는 동안에 귀사의 네트워크와 서버를 사용해도 될까요?

Could we use your server and network during the joint project to develop the X50 model?

⋯→ joint project 공동 프로젝트

귀사의 부품을 당사 제품에 조립하기 위해 귀사의 물류센터를 사용할 수 있도록 공식승인을 요청 드립니다.

I am requesting official approval to use your logistics center to assemble your parts into our products.

⋯→ official approval 공식 승인 assemble 조립하다

이번에 새로 개발한 S-1000 제품의 샘플을 1,000대 정도 생산해야 하는데, 귀사의 생산라인 1개를 3일 동안 사용할 수 있도록 요청 드립니다.

We are requesting approval to use one of your production lines for three days as we need to manufacture 1,000 samples of our newly developed S-1000 model.

⋯→ production line 생산라인

저희가 이번에 개발하려는 제품 모델에 귀사의 설계기술을 적용하고자 합니다. 이에 대한 라이센스 조건을 말씀해 주시면 감사하겠습니다.

We woud like to apply your design technology into a new model of the product. We would appreciate it if you would tell us the licensing conditions.

귀사로 파견근무 나가는 2명에 대해, 귀사의 장비 및 설비의 출입과 이용에 문제가 없도록 조치 부탁 드립니다.

Please make sure that two of the dispatched employees are permitted to access your equipment and facilities.

⋯→ dispatched employee 파견근로자

본 사진에 대한 저작권을 선생님께서 가지고 계시더군요. 상업용이 아닌 사내용으로 발간하는 책자에 사용해도 될까요?

We found that you hold the copyright of the picture. Would it be okay with you for us to use it for an in-house booklet, not for a commercial purpose?

⋯→ hold a copyright of ~에 대한 저작권을 갖다 in-house 내부의, 사내의

귀사의 특허기술을 사용하고 싶은데, 기술사용료가 어떻게 되는지 문의드립니다.
We would like to use your patented technology, so we are inquiring about the technical licensing fees.
⋯ inquire about ~에 대해 문의하다   technical licensing fee 기술사용료

생산 제품에 저희 상표를 사용해도 괜찮습니다만, 크기는 가로×세로가 3cm×5cm 이하여야 합니다.
You may use our company logo on the manufactured products, but its size should not exceed 3cm x 5cm.
⋯ exceed ~을 초과하다

저희 회사로부터 라이센스 받아서 생산한 제품이라는 문구를 넣어 주셔야 합니다.
You should use a phrase indicating that the product is licensed by our company.
⋯ be licensed by ~의 라이센스를 받다, 사용허가를 받다

주문량이 10만 대 이하일 경우, 제품에 저희 상표를 부착해야 합니다.
You must put our company logo on the products for an order that is less than 100,000.
⋯ put a logo on ~에 로고(상표)를 붙이다

085 저작권 침해시

해당 온라인 문서는 국제저작권법에 의해 보호받고 있습니다.
The online document is protected by international copyright laws.
⋯ copyright laws 저작권법

귀사가 당사의 소프트웨어를 회사 내에서 불법으로 유통시켜 국제 저작권법을 위반하였다는 사실을 알게 되었습니다.
We found that you have violated international copyright laws by illegally distributing our software within your company.
⋯ illegally distribute 불법으로 유통시키다

귀사의 웹사이트(www.worldphoto.com)에 당사의 허락 없이 저희 사진 일부가 게재되어 있습니다.

You are posting some of our photographs at your website (www.worldphoto.com) without our permission.

⋯▶ post 게재하다

당사의 컨텐츠가 귀사의 웹사이트에 저희 허락 없이 불법으로 게재되어 있다는 것을 발견했습니다.

We have discovered that our content has been illegally published on your website without our permission.

문제가 되고 있는 동영상을 귀사의 웹사이트에서 48시간 이내에 삭제하기를 요구합니다.

We demand that you delete the video in question from your website within 48 hours.

⋯▶ in question 문제가 되고 있는

그렇지 않으면 당사의 저작권을 침해한 데 대하여 귀사를 상대로 법적 조치를 취할 것입니다.

Otherwise, we will take legal action against your company for violating our copyright.

⋯▶ take legal action for ~에 대하여 법적 조치를 취하다

당장 해당 파일을 귀사의 웹서버에서 삭제하십시오.

Please remove the file from your web server right away.

⋯▶ remove 제거하다, 없애다

귀사의 이미지를 무단 복제한 점 진심으로 사과 드립니다. 이미 당사의 웹사이트에서 해당 이미지를 삭제하였습니다.

We sincerely apologize for making unauthorized copies of your image. We have already removed them from our website.

⋯▶ sincerely 진심으로

당신의 책 내용 중 일부를 인용하는 것이 당신의 저작권을 침해한다고 생각하지 않습니다. 추가적인 질문이나 말씀하실 내용이 있으시면 언제든지 연락 주시기 바랍니다.

We believe that a quotation from your book does not infringe your copyright. If you have further questions or comments, please feel free to contact me.

⋯▶ feel free to 언제든지 ~하다 부담 없이 ~하다

086 상표권 침해시

귀사가 제품 마케팅에 당사의 상표인 Globaltech를 사용해 온 것을 최근 알게 되었습니다.

Recently, we have found that you have been using our trademark, Globaltech, in the marketing of your products.

Globaltech는 당사의 등록 상표이며 당사의 허락 없이는 사용할 수 없습니다.

Globaltech is a registered trademark of our company, and you are not allowed to use it without our permission.

⋯ without one's permission ~의 허락 없이

당사의 상표를 무단으로 사용하는 것은 당사의 상표권 권리를 침해하는 것입니다.

The unauthorized use of our trademark amounts to an infringement of our trademark rights.

⋯ amount to ~에 해당하다   infringement 침해

귀사가 사용하고 있는 상표는 당사의 상표와 유사하여 소비자들이 혼동할 수 있습니다.

The trademark that you are using is likely to confuse consumers as it is similar to our trademark.

⋯ be likely to ~할 가능성이 있다   be similar to ~와 비슷하다

해당 상표는 당사의 중요한 자산이며 당사의 사전 승인 없이는 사용할 수 없습니다.

The trademark is one of our valuable assets and cannot be used without prior approval from us.

시장에서 혼란을 일으키지 않도록 우리 상표인 Globaltech의 사용을 즉시 중단하기를 강력하게 요구합니다.

We strongly demand that you immediately stop using our trademark, Globaltech, to avoid confusion in the market.

본 메일을 받은 지 영업일 기준 7일 이내에 당사의 상표 사용을 자발적으로 중단해 주시기 바랍니다.

We demand that you voluntarily cease using our trademark within 7 business days after receipt of this email.

⋯ business days 영업일

이 문제가 빠른 시일 내에 원만하게 해결되기를 바랍니다.
We hope that this matter will be resolved in an amicable way soon.

⋯ in an amicable way 원만한 방법으로, 우호적인 방법으로   resolve 해결하다

5일 이내에 본 메일에 응답하지 않으시면 부득이 법적 조치를 강구할 수밖에 없습니다.
If you do not respond to this email within 5 days, you will leave us no choice but to seek legal action.

⋯ leave+사람+no choice but to ~할 수밖에 없다   seek legal action 법적 조치를 강구하다

087 특허권 침해시

귀사의 제품(모델번호 123)이 당사의 특허권(특허번호 12345)을 침해하고 있음을 본 이메일로 통보합니다.
I am sending this email to notify you that one of your products (model no. 123) is infringing on our patent (patent no. 12345) rights.

⋯ infringe on(upon) ~을 침해하다

귀사가 당사의 특허권을 위반하여 제품을 제조하고 유통시키고 있다는 사실을 알게 되었습니다.
We have learned that you are manufacturing and distributing products in violation of our patent rights.

⋯ in violation of ~을 위반하여

6월 3일까지 자발적으로 특허 사용을 중단해 주시길 강력하게 요구합니다.
We strongly demand that you voluntarily cease using our patent by June 3.

⋯ cease 중단하다

본 통지를 수령한 지 10일 이내에 답변을 주시기 바랍니다.
Please respond to this email within 10 days after receipt of this notice.

⋯ receipt 수령 (receive의 명사형)

귀사의 당사 특허 침해 문제를 논의하기 위한 회의를 제안합니다.
I suggest that we arrange a meeting to discuss your infringement upon our patent.

당사의 특허권 사용을 당장 중지하지 않으면 법적 소송을 제기할 수밖에 없습니다.
If you do not stop using our patent, we will have no choice but to file a lawsuit.
···→ file a lawsuit 소송을 제기하다

당사가 귀사의 특허권을 침해하고 있다는 증거를 제시해 주실 수 있습니까?
Could you please provide the evidence that we are infringing your patent?
···→ provide/show an evidence 증거를 제시하다

당사는 본 소프트웨어에 대하여 등록된 특허를 가지고 있습니다. 귀사의 특허에 관련한 문서를 보내 주시기 바랍니다.
Our company has its own registered patent for this software. Please send us the related documents on your patent.

저희 제품의 부품에 대하여 기존 특허가 존재하는지 몰랐습니다. 본 문제를 현재 조사 중이며 곧 연락 드리겠습니다.
We were unaware that there is an existing patent for a component in our product. We are looking into this matter and will contact you soon.

Winning Tip

송별회

직장 생활을 하다 보면, 동료나 상사가 다른 곳으로 떠나는 경우가 종종 있다. '송별회'는 영어로 farewell party 또는 going away party라고 하며, '송별회를 열어 주다'는 '던지다'란 뜻의 동사 throw를 써서 'throw a party for+사람'으로 표현한다. 어떤 단어를 외울 때는 꼭 함께 쓰이는 동사와 같이 익혀 두도록 하자.

Let's throw a farewell party for Jack!
잭을 위해 송별회를 열어 줍시다!

CHAPTER 12 가격 문의/가격 정책 설명

견적서 제출시 먼저 견적을 제출할 기회를 준 것에 대한 고마움을 표현하고, 공식적인 견적서에는 기재할 수 없는 '~할 경우에는 할인을 해주겠다'는 설명을 이메일 본문 내용에 덧붙이면 좋다.

SAMPLE EMAIL

The Quotation on our machine

Thank you for giving us the opportunity to quote on A-19 milling machine. Our prices are given in euros excluding taxes but including shipping charges. We will give a 5% volume discount for an order of 10 machines or more. Please find the attachment on the quotation. If you need additional information, please feel free to call me.

give a ~ discount는 '~ 정도를 깎아 주다, 할인해 주다'라는 표현이다.

제품견적서를 읽어 보시기 바랍니다

A-19 밀링 기계에 대해 견적을 제출할 수 있는 기회를 주셔서 감사 드립니다. 가격은 유로화 기준으로 세금은 불포함이며 선적비용은 포함되어 있습니다. 10개 이상을 주문하시면 5%의 수량할인을 제공해 드리겠습니다. 견적서를 첨부합니다. 추가 정보가 필요하시면 언제든지 전화주십시오.

give+사람+the opportunity to ~에게 ~할 기회를 주다 **shipping charges** 선적료 **exclude** ~을 제외하다 (↔ **include** 포함하다) **give a volume discount** 수량 할인(일정한 수량을 구매할 시 제공되는 할인)을 제공하다

088 가격 조건

가격은 유로화 기준으로 세금은 불포함이며 선적비용은 포함되어 있습니다.
Our prices are given in euros, excluding taxes but including shipping charges.
⋯ in euros 유로화로   in U.S. dollars 미 달러화로

가격은 FOB가 아니라 CIF 인천 기준입니다.
The price is based on CIF Incheon instead of FOB.
⋯ be based on ~을 기준으로 하다

가격에는 제품의 운반비와 포장비는 포함되어 있지 않습니다.
Prices do not include the transport and packaging costs of the product.

국제거래에는 L/C와 은행이체만 받고 있습니다.
For international transactions, we accept only L/C's and bank transfers.
⋯ L/C (= letter of credit) 신용장

송장일로부터 15일 이내에 현금으로 지급 만기가 도래하는 것으로 간주합니다.
Payment will be considered due in cash within 15 days from the invoice date.
⋯ due 만기가 도래하는   due date 만기일

 **Winning Tip**

- **CIF (cost, insurance and freight)** : 운임 및 보험료 포함 인도 (수출업자가 화물을 선적하고 운임료와 보험료도 부담하는 무역거래조건)
- **FOB (free on board)** : 본선인도가격 (매도인이 약속한 화물을 매수인이 지정한 선박에 적재할 때까지의 비용과 위험을 부담)

지급방법은 현금이나 은행이체로 한정합니다.
Payment methods are limited to cash or bank transfers.
⋯ be limited to ~로 제한하다, 한정하다

미화 백만 달러 이상의 주문에 대해서는 분할 지급도 가능합니다.
Installment payments are possible for an order over 1 million U.S. dollars.
⋯ installment payment 분할 지급, 할부 지급

당사가 제공한 용역에 대해 매월 말일에 대금을 청구하고자 합니다.
We would like to bill for the services provided for the month concerned on the last day of each month.
⋯ bill 대금을 청구하다

089 가격 할인

5천 킬로그램 이상 주문시 수량할인을 적용해 드리겠습니다.
We will give you a volume discount for an order of 5,000kg or more.
⋯ give a volume discount 수량할인을 제공하다

조기 지급시에는 송장에 나와 있는 조기 지급일정에 따라 할인이 제공됩니다.
A discount may be granted for early payments according to the early payment discount schedule listed on the invoice.

정가에서 5%의 할인을 해드리겠습니다.
We would like to offer a 5% discount from the list price.
⋯ list price 정가, 표시가격

1천 박스 이상의 구매에 대하여 수량할인이 가능합니다.
A quantity discount is available for purchases of 1,000 or more boxes.
⋯ quantity discount 수량할인(=volume discount)

할인율은 귀사의 주문 수량과 지리적인 위치에 따라 달라집니다.
The discount rates depend on your order quantity and the geographic area.
⋯ depend on ~에 달려 있다, ~에 따라 달라지다

현금 결제의 경우 10%의 할인이 제공됩니다.
A 10% discount is granted for cash payments.
⋯ cash payment 현금 결제

모델번호 334에 대한 할인율 표를 첨부하니 확인바랍니다.
Please find the attached discount rate table for model no. 334.
⋯ discount rate 할인율

죄송하지만 그렇게 적은 수량의 주문에 대해서는 할인을 해드릴 수 없습니다.
I sincerely apologize, but we can't give you a discount for such a small order.
⋯ a small order 적은 수량의 주문

090 가격 할인 요청

귀사 제품 가격이 너무 높습니다. 할인 좀 해주십시오.
Your price is too high, so I'd like a discount.

저희 회사에서 필요한 제품 수량이 많은데 수량할인을 해주시나요?
Our company requires a great number of products. Do you give volume discounts?
⋯ volume discount 수량할인 give a discount 할인해 주다

대량으로 구입하면 할인해 주실 수 있나요?
Can you give me a discount on a volume purchase?
⋯ volume purchase 대량 구매

저번 회의에서 약속한 추가 5% 할인을 부탁드립니다.
Please give me an additional 5% discount as you promised in our last meeting.

이런 유형의 주문에 대해 어떤 할인을 해주실 용의가 있는지 알고 싶습니다.
We need to know what discount you are prepared to offer for this type of order.
⋯ be prepared to ~할 준비가 되어 있다. ~할 용의가 있다

저희는 귀사와 오랫동안 거래를 하고 있습니다. 단골고객에게 특별히 할인해 주는 제도는 없나요?
We have been doing business with your company for a long time. Do you give any special discounts to regular customers?
⋯ do business with ~와 거래를 하다. ~와 사업을 하다   regular customer/client 단골고객

대금을 선불로 지불할 경우 얼마나 할인을 해주시나요?
If we make the payment in advance, how much of a discount will you give us?
⋯ pay in advance 선불로 지급하다

제품을 받았을 때 포장에 손상이 가서 안에 있는 제품이 다 보였습니다. 교환이나 가격할인을 해 주세요.
When I received the product, the packaging was damaged with the product inside showing. Please exchange the product or give us a discount.
⋯ packaging 포장

귀 상점에 전시된 전자제품에 관심이 있습니다. 전시품에 대한 할인이 몇 퍼센트 적용됩니까?
I'm interested in the floor model of the electronic good in your store. How much of a discount is given on floor models?
⋯ floor model 전시품   electronic goods 전자제품

특별 계절할인 혜택을 적용한 청구서를 보내 주세요.
Please send us an invoice showing the special seasonal discount offered by your company.
⋯ special seasonal discount 특별계절할인

귀사 제품을 구매할 때 현금으로 지불하면 얼마나 할인이 됩니까?
How much of a discount do we get for paying cash when we purchase your company's products?
⋯ pay cash 현금으로 지불하다

091 견적 요청

품목번호 124번에 대하여 최선의 견적을 요청 드립니다.
I am requesting that you offer the best quote on item number 124.

→ quote 견적(=quotation), 견적을 내다 RFQ (= request for quotation) 견적 요청

CIF 홍콩 기준으로 제일 낮은 가격으로 견적을 내 주시기를 바랍니다.
I am asking you to quote us the lowest possible prices CIF Hong Kong.

지난번 보내 드린 메일에서 문의드렸던 품목들에 대하여 인천 본선인도조건으로 가장 낮은 가격으로 견적을 주십시오.
Please quote us your lowest prices FOB Incheon for the items that I inquired about in my previous email.

→ inquire 문의하다 (= make an inquiry)

당사가 관심을 가지고 있는 품목들에 대한 최신 견적을 계속해서 알려 주시면 감사하겠습니다.
We would appreciate it if you would keep us updated with the latest quotations for the items we are interested in.

→ keep+사람+updated with ~에게 ~에 대한 내용을 알려주다 latest 최신의

현재 시장 상황을 고려할 때 이것이 저희가 드릴 수 있는 가장 경쟁력 있는 견적임을 알려 드립니다.
We would like to inform you that this is the most competitive quotation we can offer considering the current market situation.

→ competitive 경쟁력 있는 competitiveness 경쟁력 market situation 시장상황

3월 10일자 메일로 드린 견적보다 더 낮은 가격으로 견적을 드릴 수 있어서 기쁘게 생각합니다.
We are pleased to propose a lower quotation than the one we offered in the email dated March 10.

→ be pleased to ~하게 되어 기쁘다 dated ~일자의

092 신규 정책 공지

지불방안에 대한 새로운 정책을 알려 드리고자 합니다.
I would like to notify you of a new policy on payment options.
⋯ notify A of B A에게 B를 통지하다

신규 가격정책에 대해 알려 드리고자 이메일을 보냅니다.
I am emailing you to inform you of a new pricing policy.
⋯ pricing policy 가격정책   inform A of B A에게 B를 알려 주다

웹사이트에 공지된 신규정책 안내서를 반드시 읽으시기 바랍니다.
Make sure to read the new policy statement available on the website.
⋯ make sure to 반드시 ~하다

사업등록에 대한 신규정책이 6월 1일부터 적용됩니다.
The new policy on business registration will be effective from June 1.
⋯ be effective from ~부터 유효하게 되다

새로운 가격정책은 온라인과 오프라인 구매 모두에 적용됩니다.
The new pricing policy will apply to both online and offline purchases.
⋯ apply to ~에 적용되다

다양한 결제방법

외국의 웹사이트에서 물건을 구매하는 경우(B to C) 거의 신용카드 결제이고, 무역할 때는 현금송금 T/T, L/C, DA와 같은 방법으로 결제한다. 처음 거래하는 회사의 경우 회사의 신용도나 결제능력 등을 잘 모르기 때문에 제품 선적 전 송금(T/T in advance) 또는 L/C at sight로 거래를 시작하며, 어느 정도 서로 간의 신용을 쌓은 후에는 선적 후 송금, L/C USANCE 30~90 days, 또는 DA 조건으로 거래를 한다. L/C로 거래를 하는 경우에는 결제조건을 맞추기가 까다롭고 은행 수수료가 많기 때문에 가급적이면 현금송금을 선호한다.

신규 판매정책으로 인해 기존 제품모델은 다음 달부터 구매할 수 없습니다.
The previous models of the products won't be available next month due to the new sales policy.

새로운 비즈니스 방침에 따라 귀하의 이메일 계정을 업데이트해 주시기 바랍니다.
You are kindly reminded to update your email account due to the new business policy.
⋯▶ be reminded of ~하는 것을 상기시켜 주다

신규정책이 2014년 10월 9일부터 적용될 예정인 점 주지하시기 바랍니다.
Please be informed that the new policy will take effect from October 9, 2014.
⋯▶ be informed 통보받다, ~을 주지하다

093 배송료 문의

운송료를 저희 회사가 지불해야 하나요?
Do we have to pay for delivery?
⋯▶ pay for ~에 대해 대금을 지불하다   delivery 배송, 배달

운송료는 얼마인가요?
How much do you charge for shipping?
⋯▶ charge for shipping 운송료 (= shipping charge)

이 제품을 모두 시카고까지 운송하는 데 얼마나 듭니까?
How much is it going to cost to ship all these goods to Chicago?
⋯▶ ship 운송하다 (= deliver)

운송료를 어떻게 계산합니까?
How do you calculate your shipping costs?
⋯▶ shipping cost 운송료, 배송료 (= shipping charge)

운송료에 세금과 보험이 포함되어 있나요?
Are tax and insurance included in the shipping charge?
⋯▶ be included in ~에 포함되다 (↔ be excluded from ~에서 제외되다)

운송료에 취급수수료가 추가되나요?
Is a handling fee added to the shipping charge?

⋯→ handling fee 취급수수료   shipping and handling fee 발송 제경비

런던까지의 운송료 견적은 얼마입니까?
What is your estimate of the shipping cost to London?

⋯→ estimate 견적, 추정치

파손되기 쉬운 물품에 추가 운송료가 붙나요?
Do you charge extra for fragile items?

⋯→ charge extra 추가로 청구하다   fragile item 파손되기 쉬운 물품

견본에 대한 운송료는 무료인가요?
Are the samples shipped free of charge?

⋯→ free of charge 무료로

견본에 대한 운송료를 청구하시나요?
Do you charge for shipping samples?

당사가 주문한 물건을 항공으로 수송하는 비용에 대한 견적을 받을 수 있을까요?
Can you give me an estimated air freight cost for our order?

⋯→ air freight cost 항공화물운임

항공으로 받는 경우와 배로 받는 경우의 운송료를 알고 싶습니다.
I would like to know how much you charge for shipping by air and by sea.

⋯→ by air 항공으로   by sea 배로

094　구매유도

지금 시즌 오프 세일 중입니다.
We are having a sale on off-season items.

지금 저희 제품을 구입하시면 최대 40%까지 할인 가능합니다.
If you purchase our product right now, you can get a 40% discount.
⋯▸ get a discount 할인받다

지금 사면 1+1이 가능합니다.
You can get another free if you buy one now.

추가로 1대 더 구매하시면 관련된 부속품을 무료로 드립니다.
We will give you some related accessories for free if you buy one more product.

500대만 더 구매하시면 단가를 2달러씩 할인해 드리겠습니다.
You can get a two-dollar discount on the unit price if you purchase another 500 units of the product.
⋯▸ unit price 단가

이번 달 내로 구매하시면 20% 할인 가격에 드리겠습니다.
We can give you a 20% discount for a purchase made by the end of this month.
⋯▸ give a ~% discount ~% 할인을 해주다

이번 주까지 신제품 홍보기간입니다. 이 기간 내에 신제품을 구매하시면 고급 디스플레이 키트 10개를 드리겠습니다.
We are promoting our brand-new product this week. We will give you ten luxurious display kits for free when you purchase the new product this week.

저희 장비를 구매하시면 저희가 현장에 무료로 설치해 드리겠습니다.
If you purchase our equipment, we will install it at your site for free.
⋯▸ install ~을 설치하다 for free 무료로, 공짜로

이 제품은 다음 주에 발주를 내시면 납기가 한 달 지연됩니다.
Delivery will be delayed by a month if you place an order next week.
⋯▸ place an order 주문을 하다, 발주하다

095 가격 변동에 대한 고지

신규 가격정책에 대해 알려 드리고자 이메일을 보냅니다.
I am emailing you to inform you of a new pricing policy.
⋯ pricing policy 가격정책   inform A of B A에게 B를 알려 주다

새로운 가격정책은 온라인과 오프라인 구매 모두에 적용됩니다.
The new pricing policy will apply to both online and offline purchases.
⋯ apply to ~에 적용되다

신규 가격정책이 2014년 10월 9일부터 적용될 예정인 점 주지하시기 바랍니다.
Please be informed that the new pricing policy will take effect on October 9, 2014.

미 달러화 대비 원화환율이 많이 하락하여 부득이 단가를 5% 인상하게 되었습니다.
We cannot help but increase the unit price by 5% due to a big decrease in the exchange rate between the Korean won and U.S. dollar.
⋯ cannot help but 어쩔 수 없이 ~하다, 부득이 ~할 수밖에 없다   exchange rate 환율

엔화 대비 원화 환율이 상승하여 단가의 3%를 인하할 여력이 있습니다.
The rise in the exchange rate between the Korean won and Japanese yen allows us to reduce our unit price by 3%.
⋯ reduce a unit price 단가를 내리다

미 달러화 대비 원화가 상승하여 저희의 수입원자재 값이 많이 올라 제품가격이 상승했습니다.
Due to a rise in the exchange rate between the Korean won and U.S. dollar, our product prices increased along with the prices of imported raw materials.
⋯ imported raw materials 수입원자재

귀사의 단가인하 요청을 받아들여, 단가의 7%를 인하해 드리겠습니다. 앞으로도 많은 구매 부탁드리겠습니다.
Our company decided to lower the unit price by 7% at your request. We hope that we will have good business relationship.

중국산 철강 원자재의 값이 폭등하여 비용 인상분을 단가에 반영할 수밖에 없습니다.

It is unavoidable for us to reflect the increased cost into a unit price due to a steep rise in Chinese raw steel materials.

⋯▸ it is unavoidable 불가피하다   steep rise 폭등, 급등

4월 1일부터 출고되는 제품에는 5% 인상된 단가가 적용되오니 참고하시기 바랍니다.

Please be advised that a 5% increase in the unit price will be applied to products released from April 1.

⋯▸ be applied to ~에 적용되다

 **Winning Tip**

폭탄주

외국인들과 술을 마실 때 외국인들도 재미있어 하는 주제 중 하나가 바로 '폭탄주'이다. 폭탄주는 영어로 뭐라고 부를까? 혹시 bomb drink? 물론 아니다! '폭탄주'는 영어로 depth charge라고 한다. 원래 depth charge는 잠수함을 공격하기 위한 '수중 어뢰'를 가리키는 말인데, 양주잔이 맥주잔 안으로 들어가는 모습을 어뢰에 비유한 것이 재미있다.

boilermaker도 '폭탄주'를 의미한다. boilermaker는 맥주에 위스키 등을 섞어 마시는 일종의 beer cocktail인데, 미리 섞어 마시는 것 외에 영화의 술집 장면에서 자주 등장하는 것처럼 독한 술을 먼저 들이키고 나중에 맥주를 따로 마시는 경우도 포함된다.

Chapter 12.
가격문의/가격정책 설명

PART 3
계약 / 주문 / 결제

Chapter 13. 계약 관련
Chapter 14. 주문 / 배송 / 선적 / 입금
Chapter 15. 결제 및 지불 관련
Chapter 16. 클레임 및 클레임 처리

CHAPTER 13 계약 관련

요즘은 계약서를 서명한 후 스캔하여 이메일로 많이 보내는데, 이런 상황에 요긴하게 사용할 수 있는 표현들이다.

SAMPLE EMAIL

Meeting follow-up — Contract drawing-up

I drew up a contract based on what we agreed at the last meeting. I am sending the contract via certified mail as you have requested. If you agree with terms and conditions of the contract, please sign it, scan the signature page, and email it to us. If you would like to make any changes to the contract, please do not hesitate to email the revision.

.... 우리말에서 '사인'은 외래어 명사가 되어 버려 영어의 sign과 혼동되기 쉬운데, 영어로 sign은 '~에 서명하다'라는 뜻의 동사이니 주의하자. '서명'은 영어로 signature라고 해야 한다.

회의 후속조치 – 계약서 작성

지난 번 회의에서 상호 합의한 바에 의해 계약서를 작성하였습니다. 요청하신 대로 계약서를 배달증명우편으로 보냅니다. 계약 조건에 동의하시면 서명하셔서 서명란이 있는 페이지를 스캔하여 이메일로 보내 주시기 바랍니다. 계약 내용을 변경하고 싶으시면 부담없이 수정 사항을 이메일로 보내 주시기 바랍니다.

draw up a contract 계약서를 작성하다 **certified mail** 배달증명우편(일종의 등기우편) **terms and conditions of a contract** 계약 조건 **signature page** 서명란이 있는 페이지 **make a change to** ~을 변경하다

096 계약서 송부 및 수령

계약서를 배달증명우편으로 보내니 서명하여 한 부를 반송해 주시기 바랍니다.
I am sending the contract via certified mail, so please sign it and send back one copy of it to us.

⋯ via ~을 통해서 send back ~ to ~에게 ~을 반송하다

지난 주 금요일에 등기로 계약서를 보내 드렸습니다. 받으시면 알려 주시기 바랍니다
I sent the contract via registered mail last Friday. Please tell us when you get it.

⋯ registered mail 등기우편

5월 20일자로 보내 주신 계약서 감사합니다. 가능한 한 빨리 검토하여 연락 드리겠습니다
I appreciate the contract you sent me dated May 20. I will contact you as soon as I finish reviewing it.

용역 계약서 2부를 첨부합니다. 서명해서 한 부를 저에게 보내 주시기 바랍니다. 다른 한 부는 보관하시면 됩니다.
I have enclosed two copies of the service contract. Please sign them and return one copy to me. The other copy is for your records.

⋯ one copy of ~의 한 부

프로젝트에 대한 합의를 상세하게 기술한 계약서를 보내 드립니다. 검토한 후 답을 주세요.
I am sending the contract detailing our agreement on the project. Please review it and respond.

⋯ detail 상세하게 적다, 설명하다

계약서 잘 받았습니다. 저희 직원들이 내용을 신중히 검토한 후 연락 드리겠습니다.
Thank you for the contract. I will have my staff review it carefully, and then I will get back to you.

⋯ have+사람+동사원형 ~로 하여금 …하게 하다

어제 보내 주신 계약서를 받았음을 알려 드립니다.
I would like to inform you that I received the contract from you yesterday.

⋯ receive A from B B에게서 A를 받다

함께 보내 드린 비밀유지 계약서도 같이 서명 부탁드립니다.
I would like you to sign the attached confidentiality agreement, too.
⋯▸ confidentiality agreement 비밀유지 계약서

계약조건에 동의하시면 서명하셔서 서명란이 있는 페이지를 스캔하여 이메일로 보내 주세요.
If you agree with the terms of the contract, please sign it, scan the signature page, and email it to me.
⋯▸ signature page 서명이 있는 페이지

097 계약서 및 문서 전달 방식

이제부터는 모든 청구서를 우선취급우편으로 보내 주시면 감사하겠습니다.
It would be appreciated if you could send all invoices via priority mail from now on.
⋯▸ priority mail 우선취급우편

중요한 문서는 모두 배달증명우편으로 보내 주시면 감사 때 도움이 됩니다.
We'd like to ask you to send all important documents by certified mail as they will help us during our auditing period.
⋯▸ auditing period 감사기간

해외 선적을 추적하기 위해서는 배달증명우편보다는 글로벌 우선취급우편이 더 낫습니다.
It would be better to use global priority mail instead of certified mail if you want to track the delivery overseas.

귀하가 날인한 계약서 원본을 우리에게 배달증명우편으로 보내 주시면 감사하겠습니다.
I would like you to send the original copy of the contract with your signature to us via certified mail.
⋯▸ original copy 원본   signature 서명날인

우리에게 구매의향서를 우선취급우편으로 보내 주시기 바랍니다.
It would be appreciated if you could send me the letter of intent via priority mail.
⋯▸ letter of intent (LOI) 구매의향서 (매수인이 발행하는 것으로 어떤 품목을 특정 조건 및 가격으로 구매할 의사가 있음을 매도인에게 보내는 서류)

우리 회사에서는 사업거래 내역을 파악하기 위해 배달증명우편 서비스 사용을 의무화하고 있습니다. 고객님께서 회사 방침을 이해해 주시길 바랍니다.

It is mandatory at our company to ask our employees to use certified mail to keep track of business transactions. I hope you understand this company policy.

⋯➔ keep track of ~을 파악하다, 추적하다   business transaction 사업거래

계약문서 교환시 우편보다 전자식으로 합니다. 여기에 동의하십니까?

We can exchange contracts by using an electronic medium rather than the postal service. Do you agree with this contract exchange method?

⋯➔ postal service 우편서비스

098　계약서 관련 세부사항

저희가 초안을 준비해서 검토하실 수 있도록 한 부 송부하겠습니다.

We will prepare a draft, and a copy of it will be sent to you for review.

양사가 계약서 내용에 동의한 바 이제 계약서를 마무리해야 합니다.

Now we need to finalize the agreement since we have agreed on its contents.

⋯➔ finalize 마무리하다, 완성하다, 결말을 짓다   agree on ~에 관해 동의하다

지난 번 회의에서 합의한 내용을 토대로 초안을 작성해 주시면 감사하겠습니다.

I would appreciate it if you drew up a draft based on what we agreed to at the last meeting.

⋯➔ draw up a draft 초안을 작성하다

계약 효력 발생일 전에 계약서 원본 한 부에 서명하여 보내 주시기 바랍니다.

Please make sure you sign the contract and send us back one copy of it before its execution date.

⋯➔ execution date (계약 등의) 효력 발생일

경영진이 가능한 한 빨리 계약서를 검토하여 승인할 수 있도록 최선을 다하겠습니다.
I will try my best to have the agreement reviewed and approved by management as soon as possible.

⋯ try one's best 최선을 다하다   management 경영진

저희가 초안을 작성한 다음 변호사가 검토하게 하는 걸 제안합니다.
I suggest we draw up a draft and then have the lawyers review it.

이번 주까지 계약서를 마무리해야 합니다. 내일까지 답을 주실 수 있습니까?
The contract needs to be concluded by the end of this week, so could you respond by tomorrow?

⋯ conclude a contract 계약을 맺다, 체결하다, 마무리하다   by ~까지

본사에서 이번 프로젝트 품의 후 구체적인 계약서가 나올 예정입니다. 품의 확정이 되자마자 바로 알려 드리겠습니다.
The detailed contract will be issued after the request for the project is approved from headquarters. I will let you know as soon as the request is approved.

⋯ request for ~에 대한 품의 요청

099 계약서 수정요청

제3항의 A조항을 다음과 같이 바꾸고 싶습니다.
We would like to replace Article A in the third paragraph with the following.

⋯ replace A with B A를 B로 바꾸다, 대체하다   paragraph (계약서의) 조   article (계약서의 조 밑에 나오는) 항

제2조의 표현을 좀 변경해 주시면 감사하겠습니다.
We would appreciate it if you could make some changes in the wording of the second paragraph.

⋯ wording 표현, 용어

다음 두 조항을 초안에 추가하기를 제안합니다.
I would like to suggest that the following two paragraphs be added to the draft.

⋯ add to ~에 추가하다, 더하다

2조의 A조항에 나오는 "추가 통보"라는 표현을 "사전통지"로 변경하고 싶습니다.
I would like to change the expression "further notice" in Article A of the second paragraph to "prior notice."

⋯ change A into B A를 B로 바꾸다   prior notice 사전 통지

계약서를 더 변경하고 싶으시면 수정내용을 언제든지 이메일로 보내 주시기 바랍니다.
If you would like to make further changes to the contract, please do not hesitate to email the revision.

⋯ do not hesitate to 언제든지(얼마든지, 서슴치말고) ~하세요

귀사가 제안하신 모든 수정 사항이 제대로 반영되었는지 확인해 주시기 바랍니다.
Please make sure that all the revisions proposed by you have been made the right way.

⋯ revision 수정안, 수정본

요청하신 수정사항은 저희가 받아들일 수 없어 유감으로 생각합니다.
I am sorry to tell you that the changes you requested are not acceptable to us.

⋯ acceptable 받아들일 수 있는, 수락할 수 있는

수정 요청하신 조항은 저희 회사 계약의 기본사항입니다. 변경은 불가합니다.
I am sorry to inform you that the changes you requested to make to the provision are not allowed because it is a mandatory provision in our contract.

⋯ provision 조항

100 계약 방식에 대한 협의

귀사의 일정과 예산을 고려해 보았을 때, 턴키 방식의 계약이 양사 모두에게 이익이 될 것입니다.
Considering your schedule and budget, a turnkey contract would be beneficial to both parties.

⋯ turnkey contract 턴키 계약 (주로 공사나 프로젝트 계약에 많이 사용되는데 단계별로 다른 업체와 계약하는 것이 아니라 한 업체와 모든 과정을 계약하는 형태)

장기 계약에 대해서 더 많은 할인을 제공해 드립니다.
We can offer more discounts for a long-term contract.

확정가 계약을 하면 귀사가 비용을 통제할 수 있는 최대한의 여지를 가질 수 있음을 고려하시기 바랍니다.
Please consider the fact that a fixed-price contract can provide maximum incentives for you to control costs.

⋯ fixed-price contract 확정가 계약 (총금액 계약 때 확정하는 방식의 계약)

건물 수리계약은 단가 기준으로 체결하기를 제안합니다.
I suggest the repair contract for the building be on a time and material basis.

⋯ time and material basis 단가계약기준 (사전에 단가만 결정하고 후에 작업시간이나 투입량에 따라 대가를 지급하는 방식)

 **Winning Tip**

술 받을 때 "그만 됐어요!"는 뭐라고 할까?

외국인과 술을 마실 때 우리나라의 음주 문화에 대해 설명해 주면 매우 흥미로워한다. 우리나라에서는 술을 마실 때 스스로 따라 마시는 것을 금기시하고, 상대방에게 술을 따라 주는 것이 일종의 예의처럼 여겨진다고 설명해 주자.
설명을 했으면 이번엔 따라 줄 차례! 일단 "Let me pour you a drink.(제가 따라 드리죠)"라고 한 뒤 술을 따라 주면 된다. 그리고 따라 줄 때는 "Say when." 하고 한마디 덧붙여 주면 좋다. 뜻은 '(원하는 만큼 찼으면) 됐다고 말하세요.'란 뜻이다. 반대로 술을 받는 사람은 적당히 술잔이 차면 "When!"이라고 외치는데, 이는 "그만 됐어요"란 뜻이다.

양 당사자가 합의하는 경우에만 계약을 매년 갱신하기를 제안합니다.
I would like to propose that the contract be renewed every year only if the mutual parties agree.

⋯ renew a contract 계약을 갱신하다   mutual party 양당사자

좋은 가격을 제시하시면 귀사와 수의계약을 체결할 수도 있습니다.
If you offer good prices, we can make a noncompetitive contract with you.

⋯ noncompetitive contract 수의계약

만일 양사가 독점계약을 체결한다면 귀사는 다른 대행업체와 거래할 수 없습니다.
If we enter into an exclusive agreement, it prohibits you from dealing with other agents.

⋯ prohibit ~ from ~가 ~하지 못하게 하다   exclusive agreement 독점계약

계약서 내용이 모두 합의됐으므로, 서명식을 갖고자 합니다. 저희 사장님과 관리이사님이 참석하실 겁니다.
Now that the contract has been agreed, I would like to suggest that we have a signing ceremony. The CEO and the managing director of our company will attend it.

⋯ now that ~하므로   signing ceremony 서명식

본 계약서를 근거로 하여 각 세부 공사에 대한 도급계약을 맺을 예정입니다.
We are going to enter into subcontract agreements for detailed work based on this contract.

⋯ subcontract agreement 도급계약

CHAPTER 14 주문/배송/선적/입금

제품 주문과 관련된 이메일로 상대방에게 견적서(quotation)를 요청해 보자.

SAMPLE EMAIL

Request for a quotation on your products

I am please to let you know that we finally decided to purchase your products. **We are going to place an initial order of 5,000 toolboxes as you recommended.** Please send us a quotation for this. I also would like you to include the possible shipping date, payment terms, and freight cost in the proforma invoice. Your prompt reply will be very much appreciated.

place an order는 '주문을 내다' 또는 '주문을 하다'라는 뜻으로, 주로 문서(written) 형태의 글에서 흔히 사용되는 표현이다.

제품 견적서 요청

드디어 귀사의 제품을 구매하는 걸로 결정했음을 알려 드리게 되어 기쁩니다. 지난 번에 소개해 주신 공구함 5,000개를 1차로 주문하고자 합니다. 이에 대한 견적서를 보내 주시기 바랍니다. 견적송장을 보내 주실 때, 선적 가능일자, 결제조건, 운송비 등도 같이 보내 주시기 바랍니다. 조속한 회신 주시면 감사하겠습니다.

a quotation for ~에 대한 견적　**place an initial order of** ~에 대한 1차 주문을 하다　**proforma invoice** 견적송장
payment term 대금지불조건

101 견적서 보내기/받기

지난 번에 소개해 주신 공구함 5,000개를 1차로 주문하고자 합니다. 이에 대한 견적서를 보내 주세요.

We are going to place an initial order of 5,000 toolboxes as you recommended. Please send us a quotation for this.

⋯ a quotation for ~에 대한 견적   place an initial order of ~에 대한 1차 주문을 하다

견적서를 보내 주실 때, 100개, 1,000개, 5,000개, 10,000개 수량 단위로 가격을 명시해 주시기 바랍니다.

Please specify the prices in units of 100, 1,000, 5,000, and 10,000 pieces in the quote.

귀사의 제품을 구매하기로 확정했으니 정식 견적송장을 보내 주시기 바랍니다.

Our company has decided to purchase your products. So please send us a proforma invoice.

⋯ proforma invoice 견적송장 (수입상이 수입국에서 수입허가 등을 위해 수출상에 요구하는 서류로 해당 상품의 가격을 견적해 주는 송장. 일반 송장과 달리 법적 구속력은 없다.)

견적송장을 보내 주실 때, 선적 가능일자, 결제조건, 운송비 등도 같이 적어 주시기 바랍니다.

I would like you to include the possible shipping date, payment terms, and freight cost in the proforma invoice.

⋯ payment term 대금 지불조건

보내 주신 견적을 살펴보니 단가가 협의한 액수와 맞지 않습니다. 견적서를 고쳐서 다시 보내 주세요.

The price in the quotation you sent is different from the one we agreed to. Please change it and send it again.

⋯ be different from ~와 다르다

견적서에 모든 세부 거래조건을 명시해 두었습니다. 이외에 더 추가하고 싶은 부분이 있으시면 언제든지 연락주시기 바랍니다.

I specified all the detailed terms and conditions in the quotation. If you would like to add more, please do not hesitate to contact me.

⋯ terms and conditions 조건

102 주문하기

다음 물품에 대해 주문을 하고 싶습니다.
We would like to order the following items.

귀사의 노트북 컴퓨터 200대를 주문하게 되어 기쁘게 생각합니다.
We are pleased to place an order for 200 laptop computers with your company.
⇢ place an order 주문하다

당사의 구매 주문서(주문번호 20110301)를 첨부합니다.
I am attaching our purchase order (PO# 20110301).
⇢ purchase order 구매주문

드릴기계 20개에 대한 견적 감사합니다. 귀사가 주신 견적내용(견적서 번호 423) 대로 주문하고 싶습니다.
Thank you for your quotation on 20 drilling machines. We would like to place an order from your quotation (#423).
⇢ place an order from a quotation 견적대로 주문하다

지금 바로 구매 주문서를 팩스로 보내 드리겠습니다. 가능한 납품일자를 최대한 빨리 알려 주시기 바랍니다.
I am faxing our purchase order right now; please let us know the possible delivery date as soon as possible.
⇢ let+사람+know ~에게 알려 주다   delivery date 납품일자

견적에 대해 답이 늦어서 죄송합니다. 해당 물품에 대한 구매주문서를 첨부합니다.
I am sorry for my late reply to your quotation. Please find the attached purchase order for the item.
⇢ late reply to ~에 대한 늦은 회신

귀사의 견적을 수용하며 1차로 100개를 주문합니다.
We accept your quote and are placing an initial order of 100 units.
⇢ place an initial order of 1차로 ~을 주문하다

다음 물품에 대하여 정식으로 주문하고 싶습니다.
We would like to place a formal order for the following items.
⋯ formal 공식적인, 정식의

작년에 했던 주문과 동일하게 주문하고 싶습니다.
I want to place the same order as I placed last year.
⋯ the same as ~와 같은, 동일한

모델 번호 BT-234 1,000개를 주문하고 싶은데 최소한 크리스마스 한 달 전에는 배송이 이루어져야 합니다.
We would like to place an order for 1,000 units of model No. BT-234, but they've got to arrive at least a month before Christmas.

103 주문 변경하기

선적하기 전에 주문(주문번호 323)에 대한 변경을 하고 싶습니다.
I would like to make some changes to order #323 before it is shipped.
⋯ make a change 변경하다, 수정하다

주문번호 27456의 RAD-113 Black GTX 4220을 RAD-123 Black GTX 4230으로 변경하고 싶습니다.
I would like to change RAD-113 Black GTX 4220 for RAD-123 Black GTX 4230 in order #27456.
⋯ change A for B A를 B로 바꾸다

주문 수량을 100대 이상으로 늘리고 싶습니다.
I would like to increase the quantity of my order to over 100 sets.
⋯ increase 늘리다, 증가시키다 (↔ decrease 줄이다)

당사 주문의 요청 납기일을 1월 25일에서 1월 15일로 변경했으면 합니다.
I hope it is possible to change the requested delivery date for my order from Jan. 25 to Jan. 15.
⋯ change from A to B A를 B로 바꾸다

저의 주문(주문번호 3398)에 대한 배송방법을 해상에서 항공으로 변경하고 싶습니다
I would like to change the shipping option on order #3398 from by ocean to by air.

⇢ option 선택안, 선택 가능한 방법 by ocean 해상으로 by air 항공으로 by ground 육로로

지난 8월 5일에 주문했는데(주문번호 12421) 배송주소를 다음과 같이 변경하고 싶습니다.
I placed an order dated August 5 (order #12421), and I would like to change the shipping address for the order as follows.

⇢ shipping address 배송주소 as follows 다음과 같이

당사의 주문에 대한 지급 조건을 변경할 수 있는지 문의 드립니다.
This is to inquire if it is possible to change the payment terms on our order.

⇢ payment terms 지급조건 (지급기한, 지급수단 등에 대한 조건)

주문내용에 대한 변경은 언제까지 가능합니까?
Until when can I change my order?

죄송합니다만, 제품이 이미 출하되어 주문 변경을 하실 수 없습니다.
I am sorry to inform you that you can't revise the order because it has already shipped out.

⇢ ship out 출하하다, 배송하다

선적 3일 전까지는 주문 수량을 변경할 수 있습니다.
You can change the order quantity 3 days prior to the shipping date.

⇢ prior to ~전에

아래와 같이 당사의 주문에 대한 제품 사양을 변경하기를 요청 드립니다.
This is to request a change in product specifications for our order as follows.

⇢ product specifications 제품 사양

104 주문 확인

모델번호 BT-234에 대한 4월 10일자 주문에 감사드립니다.
Thank you for your order of model #BT-234 dated April 10.

9월 8일자 귀사의 주문이 접수되었음을 확인드립니다.
This is to confirm receipt of your order placed on September 8.
→ confirm an order 주문을 확인하다

귀사의 주문번호 123이 접수되었음을 알려 드립니다.
We are pleased to acknowledge receipt of your order #123.
→ acknowledge receipt (편지, 주문 등의) 수령을 알리다

귀사의 주문이 접수되었고 최대한 빨리 처리하겠습니다.
Your order has been received and will be processed as quickly as possible.
→ process 처리하다

글로벌테크와의 첫 주문에 감사드리며 요구하신 납기일에 맞추기 위해 최선을 다하겠습니다.
We appreciate your first order with GlobalTech and will try our best to meet your required delivery date.
→ meet the delivery date 납기일을 준수하다

1월 5일자로 이메일을 통해 주문했습니다. 주문 접수를 확인해 주시기 바랍니다.
I placed an order via email on Jan. 5. Please confirm your receipt of the order.
→ receipt of an order 주문 접수, 주문 수령

주문이 잘 접수되었으며 예상 납기일이 나오면 곧 다시 연락드리겠습니다.
Your order has been received, and we will get back to you with the estimated delivery date soon.
→ estimated 예상된 get back to ~에게 다시 연락하다

주문번호 3456인 귀사의 주문이 접수되지 않았습니다. 다시 보내 주시기 바랍니다.
We have not received your order #3456. Please send it again.

귀사의 주문이 확인되었으며 주문일로부터 7일 이내에 배송될 것입니다.
Your order has been confirmed and will be delivered within 7 days from the day you placed an order.

⋯ within ~이내에

귀사의 발주서 감사드립니다. 발주진행 상황을 수시로 알려 드리겠습니다.
Thank you for your order. I will keep you informed about the status of your order.

⋯ keep+사람+informed ~에게 계속 알려 주다

귀사의 주문은 현재 재고가 없는 관계로 처리할 수 없게 되어 죄송합니다. 재고가 다시 들어오는 대로 알려 드리겠습니다.
We're sorry we can't process your order because it is out of stock now. We will notify you as soon as it becomes available again.

⋯ out of stock 재고가 없는

105 주문 취소

모델번호 1211 블랙에 대한 주문(주문번호 2332)을 취소하고자 합니다. 불편을 끼쳐 드려서 죄송합니다.
We would like to cancel the order (#2332) that we placed for the model (#1211 black). We apologize for the inconvenience.

⋯ cancel an order 주문을 취소하다

8월 20일까지 물품을 수령하지 못하면 주문을 취소할 수밖에 없습니다.
If we can't receive the items by August 20, we'll have to cancel the order.

⋯ by 시간/날짜 ~까지

귀사의 납기 지연으로 인하여 주문을 취소할 수밖에 없습니다.
We are compelled to cancel our order due to late delivery.

⋯ be compelled to ~할 수밖에 없다   late delivery 납기 지연

매우 죄송하지만 더 좋은 조건으로 거래를 하게 되어, 10월 5일자 주문을 취소하고자 합니다.
We are very sorry to cancel the order we placed on Oct. 5 because we found a better deal.

⋯ deal 거래

주문을 취소하고자 하시면 요청양식을 기입하셔서 보내 주시기 바랍니다.
If you wish to cancel your order, please complete the request form and send it to us.

⋯ form 양식, 서식

선적 처리 전까지는 주문을 취소할 수 있습니다.
You may cancel your order before it has been processed for shipping.

⋯ process 처리하다

선적 전에는 주문을 취소할 수 있고 모든 비용은 환불됩니다.
You may cancel an order before the item has been shipped, and all charges will be reversed.

⋯ reverse ~을 역으로 하다, 취소하다

주문이 처리 중이라면 주문 취소에 대한 수수료는 없습니다.
If the order is still pending, there is no fee to cancel it.

⋯ pending 임박한, 계류 중인   fee 수수료, 요금

주문이 처리되어 배송을 위해 포장이 되었다면 주문 취소가 불가능할 수 있습니다.
If an order has been processed and packed to ship, it may not be possible to cancel that order.

⋯ pack 포장하다

주문한 날부터 일주일 이내에는 취소가 가능하고, 15일 이내에는 취소수수료 30%, 20일 이내에는 50%가 부과됩니다.
You can cancel your order within a week of the date of your order placement, but you will be charged a 30% cancellation fee within 15 days and 50% within 20 days.

⋯ cancellation fee 취소 수수료

106 주문 오류

제가 한 주문을 확인해 보니 수량이 틀립니다. 50개를 주문했는데 500개로 되어 있습니다. 정정해 주시기 바랍니다.

I checked the order I entered, and the quantity is wrong. I ordered 50, but it is 500. Please correct the quantity accordingly.

⋯▸ enter 기입하다 accordingly 그에 맞춰

귀사가 주문한 물품에 실수로 3년 전 가격이 적용되었습니다. 가격을 정정해서 보내 드립니다.

We regret to inform you that, by mistake, the price from three years ago was applied to the item you ordered. We are sending you the correct price.

⋯▸ by mistake 실수로 apply 적용하다

주문하신 제품은 기본 주문 수량이 100개인데 40개만 주문하셨기 때문에 주문을 처리할 수 없습니다.

We cannot process your order because you ordered only 40 while the minimum order quantity for the product is 100.

⋯▸ minimum order quantity 기본 주문 수량

M430은 현재 생산 중단되었습니다. 주문하신 제품과 비슷한 제품을 동봉한 책자에 표시해 놓았으니 검토해 주십시오.

The production of M430 is currently discontinued. Please check the brochure I enclosed as I marked some similar models that are available.

⋯▸ be currently discontinued 현재 생산이 중단되다 mark 표시하다

저희 직원 실수로 주문 가격이 잘못 입력된 점 사과 드립니다. 가격을 정정하여 주문처리 진행시켰습니다.

Our sincere apologies for the faulty entry of the order price by the company clerk. We have processed the order with the correct price.

⋯▸ faulty entry 잘못된 입력사항

영업사원의 실수로 귀사의 주문에 오류가 발생하였습니다. 정정하여 최대한 빨리 처리될 수 있도록 하겠습니다.

There was an error on your order due to a salesperson's mistake. We'll correct the error so that your order can be processed ASAP.

⋯ salesperson 영업사원 ASAP (= as soon as possible) 가능한 한 빨리

주문서에 입력하신 제품 모델번호는 존재하지 않는 것입니다. 확인하셔서 다시 입력해 주시기 바랍니다.

The product model number you entered on the order does not exist. Please check your order and enter the correct model number.

온라인으로 입력하신 주문서에 할인율이 잘못 적용되었습니다. 첫 거래에는 10% 대신에 5%가 적용되니 주지하시기 바랍니다.

The discount rate applied on your online order was wrong. Please note that a discount rate of 5% instead of 10% is being applied for the first order.

⋯ discount rate 할인율 first order 첫 거래, 첫 주문

주문서에 모델명을 잘못 기재하였습니다. K797-LB이 아니라 K797-LA로 수정되어야 합니다.

I entered the wrong model number on the order. The model number should be changed from K797-LB to K797-LA.

⋯ change from A to B A에서 B로 변경하다

107 주문 처리 지연

고객님의 주문(주문번호 487)이 명절기간이라 처리가 늦어진 점 사과 드립니다.

We apologize for the late processing of your order (order #487) caused by the holiday season.

⋯ holiday season 명절 기간

가능한 한 빨리 주문을 이행하도록 최선을 다하겠습니다.

We will make every effort to expedite your order ASAP.

⋯ expedite an order 주문을 신속히 처리하다

주문하신 자동차 모델이 주문 폭주로 배송까지는 세 달이 예상됩니다. 주문은 접수되었으며 수시로 진행상황을 확인하실 수 있습니다.

The car model you ordered is expected to arrive three months from now due to a flood of orders. We'd like to inform you that your order was received and that you can check the order status frequently.

⋯▸ flood of orders 폭주하는 주문량   order status 주문진행상황   frequently 수시로

회사 내부 시스템 과부하로 인해 주문처리가 지연되고 있습니다. 가능한 한 빨리 문제를 해결할 것을 약속드리며 처리 상황을 알려 드리겠습니다.

Order processing has been delayed as a result of an internal system overload. We promise to resolve the problem at the earliest time and will let you know the status.

⋯▸ as a result of ~의 결과로   system overload 시스템 과부하   at the earliest time 가능한 한 빨리

귀하가 주문한 냉동고 모델은 생산 중단된 모델입니다. 환불을 원하시면 신청해 주시고 다른 모델을 원하시면 연락 바랍니다.

Production of the freezer model you ordered was discontinued. Please ask for a refund. If you want another model, please call us.

⋯▸ production for ~ was discontinued ~의 생산이 중단되었다

고객님의 주문처리가 지연된 점 죄송하게 생각하며 이에 따른 손해배상을 청구할 권리가 있다는 사실을 알려 드립니다.

We offer our sincere apologies for the late processing of your order. We are also informing you that you have the right to demand compensation.

귀사의 주문이 생산차질로 인해 지연되고 있음을 알려 드립니다. 주문을 취소하시려면 연락 주십시오.

Please be informed that your order is delayed due to a manufacturing delay. If you wish to cancel the order, please contact us.

⋯▸ manufacturing delay 생산지연

자동주문시스템의 기능장애로 인해 귀하의 주문이 처리되지 못했습니다.

Due to the malfunction of the automatic ordering system, your order could not be processed.

⋯▸ malfunction of the system 시스템의 기능장애

108 판매 조건

주문은 원하시는 배송일 8주 전에는 해주셔야 합니다.
An order must be placed within a period of 8 weeks before the desired delivery date.

⋯ place an order 주문을 하다

주문 확인을 접수한 후 8일 이내에 주문을 취소할 수 있습니다.
Upon receipt of the order confirmation, you may cancel the order within a period of eight days.

⋯ upon+명사/-ing ~하자마자

제품을 운송선에 전달한 후에는 운송 중 분실이나 파손에 대한 위험은 귀사에 귀속됩니다.
Risk of loss or damage during shipment shall pass from us to you upon delivery to the carrier.

⋯ pass from A to B A에게서 B로 넘어가다, 전가되다

분실된 제품이 없는지 그리고 수령한 제품의 상태에 문제가 없는지 확인해 주셔야 합니다.
You are required to confirm that there are no missing products and that the products received are in good condition.

⋯ be in good condition 양호한 상태이다

제품은 판매가 종결된 날로부터 효력을 발생하여 1년간 보증을 받습니다.
The products are protected by a one-year warranty that takes effect on the day on which the sale is concluded.

⋯ take effect 효력을 발생하다

주문하신 제품에 명백한 불량이 발견되었다면 주문한 제품의 인수를 거부할 수 있습니다.
You may refuse to accept any product ordered if an obvious defect is found in the product.

⋯ defect 불량 refuse to ~하기를 거부하다

10만 유로가 넘는 주문에 대해서는 주문 금액의 30%를 선수금으로 받습니다.
We require a 30% down payment for any order of over ten thousand Euros.

⋯ down payment 선수금

L/C로 거래시 은행에서 발생되는 수수료는 각자가 부담하는 것으로 하겠습니다.
In case of L/C, each party will pay the respective bank charges.

⋯▸ bank charge 은행 수수료

109 납기 및 배송 일정 안내

주문시 요청하신 납기일에 주문품이 도착할 수 있도록 하겠습니다.
We will make sure your order arrives by the delivery date you requested on your order.

⋯▸ make sure 확실히 하다

오늘 주문을 하시면 귀사의 주문품이 배송되는 데 약 3주가 소요됩니다.
It will take about 3 weeks to deliver your order if you place an order today.

귀사의 구매 주문(주문번호 34765)이 금요일 항공편으로 출하되었습니다. 런던 도착 예정일은 10월 2일입니다.
Your purchase order #34765 was shipped by air on Friday. The estimated arrival time in London is October 2.

⋯▸ estimated time of arrival (ETA) 도착 예정일

저희가 약속 드릴 수 있는 가장 빠른 납기일은 내년 3월이기 때문에 귀사의 주문을 처리할 수 없습니다.
We cannot process your order because the earliest time of delivery we can promise is next March.

현재 해당 물품의 재고가 없는 관계로 5월 1일 전에 납기를 보장할 수 없습니다.
Unfortunately, we cannot guarantee delivery before May 1 because the item is currently out of stock.

⋯▸ be out of stock 재고가 없다

당사 주문(주문번호 12312)의 배송상태를 알려 주시면 감사하겠습니다.
We would appreciate it if you let us know the delivery status of our order (#12312).

⋯▸ status 상태

귀사의 주문을 최우선으로 처리하여 제 날짜에 인도할 수 있도록 최선을 다하겠습니다.
We will give your order top priority and will do our best to make the delivery on time.
⋯→ give ~ top priority ~을 최우선으로 하다

안타깝게도 밀린 주문이 많아서 귀사의 납기 조건을 충족시킬 수 없을 것 같습니다.
I am afraid that we are not able to meet your delivery requirements due to a substantial backlog of orders.
⋯→ delivery requirement 납기조건   backlog of orders 밀린 주문

납기요구조건 조정이 가능하시다면 저희는 귀사의 주문을 가능한 한 빨리 인도하기 위해 모든 노력을 다할 것입니다.
If you can adjust your delivery requirements, we will make every effort to deliver your order as quickly as possible.

저희 제품의 부품 몇 가지의 납기가 무려 8주 걸린다는 통보를 받았습니다. 납기일을 당기기 위해 최대한 노력하겠습니다.
We were informed that the delivery of several parts for our products will take up to 8 weeks. We will make every effort to shorten the period.

110 선적 지연

우선 선적이 늦어진 점 죄송합니다. 갑자기 주문이 많이 밀려서 생산 차질을 빚게 되었습니다.
First of all, we'd like to express our sincere apologies for the delayed shipment. The sudden surge in the number of orders led to the production schedule being delayed.
⋯→ the sudden surge in the number of orders 갑작스런 주문 폭주

저희 회사의 트럭 중 한 대가 고장나 출하가 지연되고 있어 사과드리며 다른 트럭을 배정하여 배송 중입니다.
We apologize that one of our trucks broke down, causing a delay in the delivery of your shipment. We have allocated another truck, and your order is being shipped.
⋯→ allocate a truck 트럭을 배정하다

생산이 완료되는 대로 지연된 선적을 처리하겠습니다.
We'll send the delayed shipment once the production is completed.
⋯ production schedule is delayed 생산 차질을 빚다

선적이 지연되어 사과의 말씀 드립니다. 한국에서 출항부두인 부산 부두의 파업으로 선적이 지연되고 있습니다.
We apologize for the delay of your shipment. The delay is caused by a strike at the port of Busan, the port of departure from Korea.
⋯ strike 파업 port of Busan 부산 부두 port of departure 출항 부두

예측 불가능한 기상 재해로 선적이 지연될 경우 선적 지연에 대한 책임을 지지 않는다는 점 알려 드립니다.
I'd like to inform you that we are not held responsible for a shipment delay should one occur due to unforeseen weather disasters.
⋯ unforeseen/unpredictable weather disaster 예측 불가능한 기상 재해

주소변경으로 인하여 주문 선적이 지연되는 경우 선적비용을 환불해 드릴 수 없다는 점을 유의하시기 바랍니다.
Please note that if the order is delayed due to a change in address, we will not be able to refund shipping charges.
⋯ note 주의하다, 유의하다 shipping charges 선적비용

당사 물류센터 지역의 자연재해로 인해 선적이 일시 중단되었음을 알려 드립니다.
I regret to inform you that all shipping transactions have been temporarily suspended as a result of a natural disaster in the area of our logistics center.
⋯ shipping transactions 선적작업 be temporarily suspended 일시적으로 중단되다

저희 공장에서는 선적준비를 완료했으나, 운송업체에서 비행기 스케줄을 잡지 못해 선적을 못하고 있습니다.
We are ready to ship your order at our factory, but the cargo company is having some problems scheduling a flight for your shipment.
⋯ schedule a flight 항공 일정을 잡다

상황이 호전되면 선적 가능 일자를 알려 드리겠습니다.
We will keep you posted on the possible shipping dates when the situation improves.

주문한 가구가 약속된 날짜보다 2주나 늦게 도착하는 바람에 저희 회사로 들어온 주문이 취소되었으며 고객을 잃을 뻔했습니다.
The furniture I ordered from your company arrived two weeks later than promised, which led to the cancellation of an order and almost made us lose an account.
⋯ cancellation 취소   lose an account 고객을 잃다 (고객을 account라고도 한다)

선적이 지연되는 이유가 무엇인지 알려 주시기 바랍니다.
Please let us know the reason why the shipment is being delayed.
⋯ let+사람+know 알려 주다

111 납품 지연

프린터 3박스가 늦게 도착하여 귀사에 불편을 끼치게 된 점 죄송합니다.
I apologize for the inconvenience the late arrival of the 3 printer boxes caused your company.
⋯ late arrival 늦게 도착함

죄송합니다만, 요청하신 납기일까지는 주문품을 납품할 수 없습니다.
We're sorry that we are not able to fulfill your order by the delivery date you requested.
⋯ unable to fulfill an order 주문을 충족하지 못하는, 주문을 납품하지 못하는

납품이 지연되어 죄송합니다. 현재 재고물량이 없으니 재고가 들어오는 즉시 보내 드리겠습니다.
We apologize for the delay in delivery. The item you ordered is currently out of stock, so we will ship it to you as soon as our supply is replenished.
⋯ out of stock 재고가 없는   replenish (재고를) 보충하다

납품 출하가 준비되면 즉시 출하일을 알려 드리겠습니다.
We will let you know the shipment date as soon as the shipment is ready.

예상보다 제품검사가 늦어져서 납품 일정이 연기됩니다.
The delivery will be delayed due to a product inspection process that has not finished as scheduled.
⋯ inspection process 검사절차   quality inspection 품질검사

세관절차로 인해 납품이 지연될 수도 있음을 알려 드립니다.
I am sorry to inform you that the delivery of your order could be delayed due to customs processing.
⋯ customs processing 세관절차   customs clearance 통관

미국의 폭설로 인해 귀사가 주문한 물품(물품번호 12345) 배송이 지연됨을 알려 드리게 되어 유감스럽게 생각합니다.
We regret to inform you that the delivery of your item (item number 12345) may be delayed due to the heavy snow conditions in the U.S.
⋯ heavy snow 폭설, 대설

납기지연에 대해 죄송하며 이해해 주셔서 감사드립니다. 귀사의 주문 배송에 대해 계속 알려 드리겠습니다.
We are sorry for the delay and appreciate your understanding and patience. We will keep you updated on the status of your order.
⋯ keep+사람+updated on ~에 관해 ~에게 최신 소식을 알려 주다

납기지연에 대해 사과드리며 향후 주문에 대해서는 적시에 이행할 수 있도록 하겠습니다.
We apologize for the delay in delivery and look forward to filling your future orders in a timely manner.
⋯ fill an order 주문을 이행하다   in a timely manner 적시에

현재 상황으로 보건데 납기가 3일 지연될 것으로 예상됩니다
Considering the current situation, we expect the delivery will be delayed by 3 days.
⋯ considering ~을 고려해 볼 때

귀사가 당초 약속한 납기일이 한 달씩이나 늦춰진다니 당황스럽습니다. 100개는 생산되자마자 바로 항공편으로 보내 주세요. 항공운송비는 귀사가 부담하셔야 합니다.

It is perplexing to find out that the promised delivery is delayed by a month. I am asking you to send the first 100 pieces by air as soon as they are produced. The cost for air freight has to be borne by your company.

⋯▸ air freight 항공 화물 by air 항공편으로

112 신용장

신용장으로 지급해 주시기 바랍니다.
We would like to be paid by a letter of credit.

⋯▸ by ~로 (급수단에는 전치사 by가 사용됨)

귀사의 구매 주문(주문번호 1245)에 대한 신용장 개설을 요청합니다.
We would like to request that you establish a letter of credit for your purchase order (order #1245).

⋯▸ establish a letter of credit 신용장을 개설하다

귀사를 수익자로 하여 계약 금액에 대한 상업신용장을 뱅크 오브 아메리카를 통해서 개설하였음을 알려 드립니다.
This is to notify you that we have opened a commercial letter of credit for the contracted amount in your favor through the Bank of America.

⋯▸ in one's favor ~을 수익자로 하여 (한 단어로는 beneficiary라고 함)

당사의 은행에 귀사를 수익자로 하는 신용장을 신청했습니다. 다음 주 정도에 은행이 승인하여 신용장을 발행할 것으로 예상됩니다.
We have applied to our bank for a letter of credit in your favor, and we expect the bank will approve and issue a letter of credit sometime next week.

⋯▸ apply 신청하다

당사 통지은행이 귀사의 주문에 대한 신용장을 아직 받지 못했습니다. 귀사의 개설은행에 연락해 보시기 바랍니다.

The advising bank has not received the letter of credit covering your order yet. Please contact your issuing bank.

→ issuing bank 개설은행(수입업자의 신용장을 발행해 주는 은행)   advising bank 통지은행(수출업자에게 신용장이 개설된 것을 통지해 주는 은행)

신용장의 조건을 저희가 확인할 수 있도록 신용장 신청서 사본을 팩스로 보내 주십시오.

Please fax a copy of your application for the LC to us so that we can check the terms and conditions of the LC.

→ terms and conditions 조건(영어에는 비슷한 의미의 단어를 나란히 사용하는 경향이 있는데 두 단어 모두 해석할 필요는 없다.)

신용장을 받았으나 송장의 금액과 신용장에 명시되어 있는 금액이 같지 않습니다.

We have received the letter of credit but found that the invoice amount is not equal to the amount specified in the LC.

→ be equal to ~와 동일하다

통지은행이 일부 관련 서류가 신용장의 조건과 일치하지 않음을 알려왔습니다.

The advising bank has informed us that some of the related documents are not in compliance with the terms and conditions of the LC.

→ related document 관련 서류   be in compliance with 일치하다, ~와 맞다

113 통관

통관하는 데 이틀 걸릴 것으로 예상됩니다. 제품 예상 도착일은 25일입니다.

Customs clearance is expected to take two days. The estimated arrival time of your products is the 25th.

→ estimated arrival time (= ETA) 예상도착시간

저번 회의 때 약속 드린 대로 통관절차를 지원할 수입업체 주소와 연락처는 다음과 같습니다.

Here is the address and contact point of the importer who will assist the customs clearance procedure as promised at the last meeting.

→ importer 수입업체   customs clearance procedure 통관절차

더 빠른 통관을 위해 제품 도착 전에 수입신고서를 제출할 수 있습니다.

You can file the bill of entry prior to the arrival of the goods for faster clearance of the goods.

⇢ bill of entry (= B/E) 수입신고서

귀하의 박스가 막 한국 세관을 통과했습니다. 구체적인 출하정보는 선적대행사에 문의 바랍니다.

Please be informed that your box has just been released from Korean Customs. Please contact your shipping agent for detailed delivery information.

⇢ release from Customs 세관을 통과하다   shipping agent 선적대행사

누락된 출하문서가 있어서 귀하의 선적품이 세관에 묶여 있습니다. 정확한 문서를 보내 주시기 바랍니다.

We're sorry to inform you that your shipment is detained at the Customs Office due to some missing shipping documents. Please send the correct document.

⇢ be detained at ~에 묶여 있다

유감스럽게도 선적품의 내용과 문서가 일치하지 않습니다. 세관에 연락하셔서 해명해 주시기 바랍니다.

I regret to inform you that the contents of the shipment don't match the documents. Please contact the Customs Office for clarification.

⇢ clarification 설명, 해명

미국 세관은 원산지 규정에 따라 모든 제품에 원산지가 표시되어 있지 않으면 통관절차를 지연시킬 수 있습니다.

The U.S. Customs Service (USCS) may delay the clearance process until all of the products are marked in compliance with the country of origin regulations.

⇢ clearance 통관   in compliance with ~에 따라, ~에 응하여   country of origin 원산지

효율적으로 적시에 통관이 성공적으로 이루어지기 위해서는 모든 필요한 정보를 선적품 도착 전에 갖추고 있는 것이 매우 중요합니다.

It is critical to have all of the required information before a shipment arrives to ensure a successful, efficient, and timely customs clearance.

⇢ be critical to ~에 대단히 중요하다   timely 적시의, 시기 적절한

인가 받은 통관 대행사가 제품을 숙지하여 제품을 적절하게 분류하고 정확한 관세를 납부하도록 하십시오.

Please make sure a licensed customs brokerage firm understands the product so that it can properly classify the commodities and pay accurate duties.

⋯▸ licensed customs brokerage firm 허가받은 통관 대행업체

운송업체에 따르면, 저희가 선적한 제품이 수입검사 대상이 되서 2~3일 정도 세관에 머무를 예정입니다.

According to the shipping company, the shipped products are subject to import inspection and will remain at the Customs Office for a couple of days.

⋯▸ be subject to ~대상이다

안타깝게도 저희 제품이 세관에서 전수검사 대상이 되었다고 운송업체로부터 통보받았습니다. 보다 자세한 일정은 아래에 적어 드린 대로 운송업체의 현지 파트너 업체에 문의하시기 바랍니다.

Unfortunately, the cargo company informed us that our product is subject to a total inspection at the Customs Office. For detailed schedule, please contact the local partner of the cargo company at the information listed below.

⋯▸ total inspection 전수검사

114 출하 통지

요청하신 대로 C-250 제품을 항공 선적하기 위해 인천공항으로 보냈습니다. 선적품은 5일 후 귀하의 공장에 도착할 것입니다.

We'd like to inform you that we have sent C-250 to Incheon Airport for air shipment as requested. The shipment will arrive at your plant in 5 days.

귀사에서 주문한 제품을 출하하였음을 알려 드립니다. 귀국에서 검역을 거쳐야 하므로 며칠 지연될 수 있습니다.

Please be informed that the products you ordered have been shipped. The products, however, need to go through quarantine in your country, so they will be delayed by a couple of days.

⋯▸ Please be informed that ~을 알려 드립니다 quarantine 검역

지연되었던 주문이 오늘 출하되었음을 알려 드립니다. 인내심을 가지고 기다려 주셔서 감사드립니다.

I'm happy to inform you that your delayed order was shipped today. Thank you for your patience.

주문하신 세탁기 모델 M855를 UPS로 선적했으며 보험에 가입했습니다. 5월 18일쯤 받으실 수 있습니다.

The washing machine model M855 you ordered has been shipped by UPS and is insured. You will be able to receive it around May 18.

→ insured 보험에 든

합의한 대로 부품 10박스를 보냈습니다. 말레이시아 예상 도착일자는 9월 25일입니다.

We shipped 10 boxes of parts as agreed. The estimated arrival time in Malaysia is September 25.

→ as agreed 합의한 대로   estimated arrival time 예상 도착 일자(시간)

주문번호 2158에 대한 두 번째 선적이 오늘 오전에 출하되었으며 일주일 후면 귀사에 도착 예정입니다. 혼동과 선적지연에 대해 사과 드립니다.

The second shipment for your order #2158 was shipped this morning, and it is expected to arrive at your office in a week's time. We apologize for the mix-up and delay in shipping.

→ in a week's time 일주일 만에   mix-up 혼동

선박업체의 파업으로 인해 귀하의 선적이 지연되어 죄송하게 생각합니다. 불가항력 조항이 적용되어 선적비용을 면제해 드림을 말씀드립니다.

Due to a strike at the shipping company, there was a delay, and the force majeure clause applies in this case. We're pleased to inform you that you are exempt from paying any shipping charges.

→ force majeure clause 불가항력 조항   exempted from ~에서 면제된

귀하가 주문하신 제품이 귀하의 공장에 예상보다 며칠 일찍 도착할 것 같습니다. 저희 수출업체의 신속한 업무처리 덕분입니다.

We are pleased to let you know that your order will arrive at your plant a few days earlier than expected thanks to the expedited work of our exporter.

→ earlier than expected 예상보다 더 일찍   expedited work 신속한 업무 처리

귀사에서 주문한 제품(PO#12041)이 오늘 출하되어, 선적준비가 완료됐습니다. 귀사의 운송업체에 연락하셔서 픽업스케줄을 잡아 주시기 바랍니다.

Your order (PO#12041) has been shipped today and is ready to be loaded on the ship. Please contact your cargo company to schedule the pickup.

⋯▸ be ready to ~할 준비가 되다

귀사가 주문한 제품(PO#76-2410)이 방금 출하되어 귀 업체로 오늘 업무마감시간까지 배송될 것입니다.

Your order (PO#76-2410) has just been shipped and will be delivered to you by the end of business hours today.

⋯▸ business hours 업무시간

Winning Tip

외국에서 차량 렌트시 보험

미국 등 해외를 여행하다 보면 자동차를 렌트해야 하는 일도 종종 있는데, 이때 가장 복잡한 것이 바로 '보험'이다. 일단 I'd like full coverage.(종합보험으로 하겠습니다)라고 말하면 보통 자차, 대인, 대물 등이 포함되는 조건이므로 수월하다. 하지만 자신이 드는 보험의 보장 범위는 꼼꼼히 따져 보는 것이 중요하겠다. 다음은 렌터카의 보험 선택시 알아 두면 좋을 가장 기본적인 차량 보험 용어들과 보장 범위에 관한 것이다. 특히 아래 옵션 중에서 LDW와 SLI는 가급적 차를 렌트할 때 꼭 들어 둘 것을 추천한다.

LDW(Loss Damage Waiver):
렌트카의 손상 또는 도난을 커버해 주는 일종의 자차로, 필수적으로 들게 되는 보험옵션

SLI(Supplemental Liability Insurance):
빌린 사람과 운전자가 제3자로 인해 당하는 소송을 처리해 주는 보험 옵션

PAI(Personal Accident Insurance):
빌린 사람과 동승자의 신체적 부상을 처리해 주는 자손보험 성격의 옵션

UMP(Uninsured and Underinsured Motorist Protection):
무보험차 또는 보험금 액수가 부족한 상대방에 의한 사고에 대해 처리해 주는 보험 옵션

CHAPTER 15 결제 및 지불 관련

주문한 물품이나 서비스에 대한 대금 청구서(invoice)를 받지 못한 경우, 상대방에게 해당 자료를 요청하는 내용의 이메일을 보내 보자.

SAMPLE EMAIL

We have not received the invoice

- **We have yet to receive an invoice from you.** We wonder if you have sent it. I double-checked my emails but I couldn't find it. We are going on a holiday next week, so please send us an invoice for the service before next week. We will pay immediately after we receive your invoice. Please send the invoice attached to an email in a PDF file format.

    have yet to는 '아직 ~하지 않았다, 앞으로 ~해야 한다'라는 의미이다. not 등의 부정어가 없지만 아직 행동이 발생하지 않았다는 뜻이 되는 것에 주의해야 한다.

대금청구서를 못 받았습니다

귀사의 대금 청구서를 아직 받지 못했습니다. 보내셨는지 궁금합니다. 이메일을 재차 확인해 봤지만 찾을 수 없었습니다. 저희가 다음 주에 휴가를 가기 때문에 서비스에 대한 청구서를 그 전에 보내 주시기 바랍니다. 받는 대로 즉시 대금을 지불하겠습니다. 대금 청구서는 PDF 파일 형식으로 이메일에 첨부해서 보내 주시기 바랍니다.

have yet to 아직 ~하지 않다 **invoice** 청구서 **go on a holiday** 휴가를 가다

115 청구서 요청

청구서를 보내 주시면 가급적 빠른 시일 안에 대금을 결제하겠습니다.
If you send me a bill, I will pay as soon as possible.

물품이 모두 도착했으니 청구서를 보내 주세요.
Now that the shipment has arrived in full, please send us an invoice.
⋯ in full 모두

회계부서에 청구서를 송부해 달라고 말씀해 주세요.
Tell accounting to send the invoice.

이번 지급일에 지급받으시려면 내일까지 대금청구서를 보내 주십시오.
If you want to get paid on this payment day, please send the invoice by tomorrow.
⋯ payment day (회사에서 대금을 처리하는) 지급일 (보통 1달에 1, 2번 아니면 주 1회 지급한다)

다음 주에 휴가를 갑니다. 서비스에 대한 청구서를 그 전에 보내 주세요.
We are going on a holiday next week, so please send us an invoice for the service before next week.
⋯ go on a holiday 휴가를 가다

아직 청구서를 못 받았는데 보내셨나요?
We have yet to receive an invoice from you. Have you sent it?
⋯ have yet to receive ~를 못 받았다

4월 11일자 선적분에 대해 청구서를 보내셨나요?
Have you sent me a bill for the shipment dated April 11?
⋯ shipment 선적분 dated April 11 4월 11일자

전자세금계산서로 처리하시면 지급절차가 빨라집니다.
An electronic tax invoice will speed up the payment process.
⋯ electronic tax invoice 전자세금계산서

청구서 작성에 안내가 필요하면 저희 웹사이트에서 샘플 청구서 양식을 다운 받으세요.
Please download the sample invoice from at our website if you would like guidance on how to complete the invoice.

대금청구서를 PDF형식의 파일로 이메일에 첨부하여 보내 주세요.
Please send the invoice attached to an email in a PDF file format.
⋯ file format 파일형식

청구서의 금액이 3월 5일자 견적 가격과 다릅니다. 수정된 청구서를 보내 주세요.
The invoiced amount differs from the price quoted in your estimate of March 5. Please send a corrected invoice.
⋯ differ from ~와 다르다

저희의 지급조건은 청구서 접수일로부터 60일 후에 계좌이체하는 것입니다.
Our payment term is 60 days from the date of invoice receipt by bank transfer.
⋯ invoice receipt 청구서 접수

청구서 접수날짜는 저희 한국 선적일 기준입니까, 미국 도착일 기준입니까?
Is the date of invoice receipt based on the shipping date in Korea or the arrival date in the U.S.?
⋯ be based on ~을 기준으로 하다

116 지불방식 문의

귀사는 주로 어떤 지급방법을 사용하십니까?
What are the acceptable payment methods?
⋯ acceptable 허용되는, 용인되는   payment method 지불방식

인터넷 뱅킹으로 대금을 지불해도 됩니까?
Is e-banking a possible method to pay for the goods?
⋯ e-banking 인터넷 뱅킹

현금으로 지불할 경우 할인율은 얼마인가요?
How much of a discount do you give for paying cash?

우리의 주거래 은행을 통해 대금을 지불할 수 있나요?
Can we make a payment through our main bank?
⋯ make a payment 지불하다   main bank 주거래은행

지불방법에 대한 정보를 이메일로 송부하여 주세요.
Please send us an email about the payment methods.

귀사에 편리한 지불방법은 무엇입니까?
What are the convenient payment methods for you?
⋯ convenient payment method 편리한 지불방식

허용되지 않는 지불방식이 있다면 사전에 말씀해 주세요.
Please tell us any payment method that is not acceptable in advance.
⋯ in advance 사전에

국외 고객의 지불방식은 다른지요?
Do you have different payment methods for overseas customers?
⋯ overseas/domestic customer 국외/국내 고객

해외에서 은행이체로 지급할 수 있나요?
Is it possible to make a payment from abroad via bank transfer?
⋯ bank transfer 은행이체

해외 이체에 관한 은행수수료는 누가 부담하나요?
Who is going to bear the bank charges for an international bank transfer?
⋯ bear a charge 비용을 부담하다

지급 직전에 지불방식을 은행이체에서 수표로 바꿀 수 있나요?
Can we change the payment method from bank transfer to check right before the payment is due?
⋯ check 수표

단일 청구서에 대해 할부로 지급이 가능한가요?
Can we pay a single invoice in multiple installments?
⋯ installment 할부, 분할

샘플이나 소량주문에 대해 신용카드 결제가 가능한가요?
Do you accept credit cards for samples or small orders?
⋯ accept credit cards 신용카드를 받다

저희는 L/C를 발행하지 않고, 오로지 물품 수령 후 60일 이내에 은행송금으로 결제합니다. 불편을 드렸다면 죄송합니다.
We do not use L/C but make payments only by bank transfer within 60 days from the date of goods receipt. I am sorry for the inconvenience.
⋯ goods receipt 물품 수령

117 지불방식 변경

지불방식에 대한 새로운 정책을 알려 드리고자 합니다.
I would like to notify you of our new policy on payment options.
⋯ notify A of B A에게 B를 통지하다

웹사이트에 공지된 지급방법에 관한 신규정책을 반드시 읽으시기 바랍니다.
Make sure to read the new policy on payment methods available on the website.

지불방식에 대한 신규정책이 6월 1일부터 적용됩니다.
A new policy on payment options will be effective from June 1.
⋯ be effective from ~부터 유효하게 되다

귀사와 신뢰관계가 구축됐으므로 다음 주문부터는 결제방식을 L/C에서 T/T로 전환하도록 하겠습니다.
Starting from the next order, the payment method will be changed from L/C to T/T since we have built a trustworthy relationship with your company.
⋯ build a trustworthy relationship 신뢰관계를 구축하다

L/C의 경우는 발주내용에 변경이 생기면 대처하기가 어렵고, 각종 수수료가 많이 들어가므로, 계좌이체가 좋을 것 같습니다.

We prefer bank transfers to L/C. The reason is that in L/C transactions, more charges are incurred, and it is not easy to deal with order changes.

⋯ prefer A to B B보다 A를 선호하다

현재의 일람불 신용장에서 USANCE 90 신용장으로 지불조건을 전환하기를 희망합니다.

We would like to change the payment terms from the current L/C at sight to USANCE 90.

⋯ L/C at sight 일람불 신용장   USANCE 지급기한이 정해진 어음

분할지급 조건이 아래와 같이 첫 달 50%, 4개월 뒤 30%, 7개월 뒤 20%를 지급하는 것으로 변경되었으니 참고하세요.

Please note that the installment payment terms have changed as follows 50% in the first month, 30% in 4 months, and 20% in 7 months.

⋯ installment payment 분할 지급

118　대금 결제

주문에 대한 정확한 지급기일이 언제인지 알려 주시기 바랍니다.

Please let us know the exact due date for the payment on our order.

⋯ due date 만기일

2월 3일자 송장의 지급 기한은 2월 28일입니다.

The invoice dated on Feb. 3 is due on Feb. 28.

⋯ due 기한이 된

완납 마감일이 2월 10일이오니 잊지 마시기 바랍니다.

Please do not miss the deadline for full payment, which falls on Feb. 10.

지급만기일이 다음 주 수요일 10월 9일입니다.
The deadline ends on Oct. 9, which is next Wednesday.

당사의 송장(송장번호 20110511)에 대한 귀사의 지급 기일이 6월 1일에 도래함을 상기시켜 드리기 위해 본 메일을 보냅니다.
This is just to remind you that your payment on the invoice (#20110511) is due on June 1.

⋯ remind 상기시키다

귀사의 은행 계좌번호와 예금주명 등 지급정보를 보내 주시기 바랍니다.
Please send the payment information, including your bank account number and the name of the account holder.

⋯ bank account number 은행 계좌번호 account holder 예금주

귀사의 은행계좌(웨스트 뱅크 계좌번호 11211211)로 1월 5일에 은행이체를 통해 지급될 것입니다.
Payment will be made to your bank account (account number 11211211 West Bank) by bank transfer on Jan. 5.

⋯ bank transfer 은행이체

지불수단을 유로화에서 달러로 바꿀 수 있는지 문의 드립니다.
We're writing to inquire if it is possible to change the means of payment from Euros to U.S. dollars.

⋯ means of payment 지불수단

당사를 수익자로 한 신용장에 의거하여 서울 소재 웨스트 뱅크를 통하여 선적서류가 제시될 때에 대금을 지급해 주셨으면 합니다.
We suggest payment should be made on presentation of shipping documents against the LC in our favor through West Bank in Seoul.

⋯ make payment 지급하다 on presentation 제시할 때 (여기서 on은 '~하자마자'의 의미)

귀사의 주문 접수를 확인한 지 10일 이내에 판매가의 10퍼센트에 해당하는 선수금의 지급기한이 도래합니다.
A down payment of 10 percent of the sale price is due within 10 days after the confirmation of your order receipt.

⋯ down payment 선수금

각 회차별 지급은 계약서에 명시한 만기일까지 이뤄져야 합니다.
Each installment payment should be made by the due dates as specified in the contract.

⋯▸ installment payment 할부 지급

저희 은행에서 귀사의 L/C를 추심할 수 있다고 연락이 왔습니다. 내일 입금 받을 예정입니다. 귀사의 결제에 감사드립니다.
Our bank informed us that we could request the collection of your L/C. The payment is expected to be made tomorrow. Thank you for the payment.

⋯▸ collection 추심

119 입금 확인

적시 입금 감사드립니다. 송장발송 후 7일 이내에 입금할 경우 선적비용을 면제해 드립니다.
Thank you for your prompt payment. We'd like to inform you that if you pay within 7 days of the invoice date, shipping charges are exempted.

⋯▸ prompt payment 적시 입금   be exempted 면제되다

귀사의 수표가 금일 오전 도착되었음을 알려 드립니다. 대금 지급을 신속히 해주셔서 감사드립니다.
I'd like to confirm that your check has arrived this morning. Thank you for expediting the payment process.

⋯▸ expedite 더 신속히 처리하다

약속한 입금일보다 더 빨리 입금해 주셔서 감사드립니다. 감사의 보답으로 다음 달 입금액의 4%를 할인해 드리겠습니다.
We appreciate your payment, which was made earlier than the promised payment date. As a token of our appreciation, we'd like to offer you a 4% discount on your next month's payment.

⋯▸ payment date 입금일   as a token of appreciation 감사의 보답으로, 감사의 마음을 표현하기 위하여

반환 제품에 대한 환불 입금을 확인했습니다. 고맙습니다.
We have received the payment you sent for the refund of the returned product. Thank you.

보내 주신 수표가 귀하의 계좌잔액 부족으로 은행에서 다시 반환되었습니다. 어떻게 처리해야 할지 연락해서 알려 주시기 바랍니다.

The check you sent me was returned by the bank due to insufficient funds in your bank account. Please contact me and tell me how to proceed.

⋯▸ insufficient funds 잔액 부족

12월 31일자로 확인한 바 귀사의 11월 입금액이 입금되지 않았습니다. 입금여부 확인 바랍니다.

As of December 31, we have not received your November payment. Please check your payment records.

⋯▸ payment records 입금 기록

저희가 보내 드린 1월 1일까지 지급되어야 할 송장에 대해 6개월이 지난 현재 미입금 상태입니다. 8천 달러의 연체료를 포함하여 7월 15일까지 입금하셔야 합니다.

We sent an invoice for your order to be paid by January 1, but it is now 6 months overdue. Please pay the invoice by July 15 and include a late payment fee of $8,000.

⋯▸ late payment fee 연체료

오늘 입금 확인했으나 지급기한을 30일 넘겨서 입금하셨습니다. 입금 기한은 송장일자로부터 10일 이내임을 기억해 주시기 바랍니다.

We received your payment, but it is 30 days overdue. Please remember that payment is due within 10 days of the invoice date.

⋯▸ invoice date 송장일자

저희 회사 선적 정책상 입금 확인 후 물건을 발송할 예정이오니 합의한 입금일자를 지켜 주시기 바랍니다.

According to our shipping policy, we will deliver the goods after the payment is confirmed. So please make sure you make the payment by the date we agreed to.

⋯▸ make a payment 지급하다

120 송금 확인

송장번호 1109에 대한 대금 미화 15,000달러를 결제했습니다.
We settled USD15,000 for invoice #1109.
⋯ settle 결제하다

송장번호 3558에 대한 대금을 송금했습니다. 확인 바랍니다.
I sent the payment for invoice #3558. Please check it.
⋯ send payment 송금하다

방금 결제대금을 온라인으로 송금했습니다. 확인 바랍니다.
We just sent an online payment. Please check if the payment went through.
⋯ make/send an online payment 온라인으로 송금하다

어제 이번 달 결제 금액 5,000달러를 수표로 보냈습니다. 확인하시고 연락 바랍니다.
We sent a check for $5,000 for this month's payment yesterday. Please check and get back to us.

저희 회사의 송장번호 5598과 송장번호 5599을 합하여 송금하였습니다. 확인 부탁드립니다.
We sent a single payment for both invoices #5598 and #5599. Please check it.
⋯ single payment 단일 송금

오늘 이번 달 결제대금을 송금했습니다. 은행에서 처리시간이 이틀 걸린다고 하니 이틀 후 확인 바랍니다.
I sent the monthly payment today. The bank said that it takes about 2 business days to process it, so please check it after 2 days.
⋯ process the check (payment) 수표(결제)를 처리하다

어제 통화한 바와 같이 송장번호 2446에 대하여 일부 금액을 송금했습니다. 받으셨으면 확인 이메일 부탁드립니다.
As discussed in our telephone conversation, I have sent part of the payment for invoice #2446. Please send me a confirmation email.
⋯ confirmation email 확인 이메일

지난 주 송금한 금월 결제대금이 계좌번호 오류 때문에 송금이 되지 않았습니다. 계좌번호를 다시 한 번 알려 주시기 바랍니다.

The monthly payment we sent last week was not successful due to an incorrect account number. Please let us know the account number once again.

지난 주 저희가 송금한 금액을 확인해 본 결과 세전 금액인 것으로 밝혀졌습니다. 깊이 사과드리며 이번 주 내로 올바른 금액을 송금하겠습니다.

We checked the funds we sent last week, and it turns out that we sent the before-tax amount. Please accept our deepest apologies. We will send the correct amount within a week.

···› before-tax amount 세전 금액

3일 전에 송금을 해드렸는데, 왜 못 받으셨는지 이해가 안 가네요. 저희 쪽에서 다시 한 번 송금한 내역을 확인해 보겠습니다.

I don't understand why you haven't received the payment since I sent it three days ago. Let me check the transfer.

PO번호 120505에 대한 대금을 송금했습니다. 저희 은행에서 발행한 확인서를 첨부해 드립니다.

We sent the payment for PO#120505. I am attaching a transfer confirmation document issued by our bank.

···› a transfer confirmation document 송금확인서

121 송금액 오류 및 미납

인보이스 금액과 지급액이 다릅니다. 확인해 보시고 차액을 지불해 주시기 바랍니다.

The amount you paid is different from the invoiced amount. Please check and pay the difference.

···› invoiced amount 송장에 적혀 있는 금액

저희가 청구한 금액은 15만 달러인데 10만 달러만 송금하셨습니다. 확인 후 연락 바랍니다.

We invoiced the amount of $150,000, but you sent us only $100,000. Please check and contact us.

저희가 청구한 것보다 4만 달러를 적게 지불하셨습니다. 뭔가 착오가 있는 것 같습니다.
You made a payment which is $40,000 less than what we had invoiced. I'm afraid there's been a mix-up. Please check on that.
⋯ make a payment 지불을 하다, 돈을 내다   mix-up 혼동, 실수로 인한 착오

지난 달 5,888달러 99센트의 지불해야 할 금액 중 2,500달러가 미납되어 연체되고 있습니다. 확인하시고 연락 바랍니다.
From the $5,888.99 due last month, an amount of $2,500 is still unpaid and is overdue. Please check and get back to us.
⋯ unpaid 미납인   overdue 연체된

지난 3개월 간 미납된 금액에 대한 연체이자 10%를 포함해서 총 35,600달러 송금해 주세요.
Please send us an amount totaling $35,600, which includes an overdue interest of 10% for the amount overdue for the last three months.
⋯ overdue interest 연체이자

기록을 보니 귀사가 보낸 인보이스(송장번호 D201107123)에 대해 대금결제가 잘못되었음을 알게 되었습니다.
A check of our records has revealed that we made an incorrect payment to you in settlement of your invoice #D201107123.
⋯ reveal 드러나다, 사실을 알게 되다   settlement 결제

저희가 보내 드린 청구서에 나와 있는 금액인 85만 달러 대신에 67만 달러가 입금되었음을 알려 드립니다
We would like to confirm that we received your payment of $670,000, instead of $850,000, as listed on the invoice we sent you.
⋯ listed 목록에 올라 있는

나머지 금액을 송금하셔서 본 건을 시정해 주시기 바랍니다
We hope that you can correct this by sending us the remaining amount.
⋯ remaining amount 나머지 금액

귀사의 송장에 대하여 5,000달러를 더 송금하셨습니다. 해당 금액에 대하여 오늘 수표를 보내 드리겠습니다.

You overpaid by $5,000 on your invoice. I am going to send you a check for that amount today.

⋯▸ overpay 더 많이 지급하다 underpay 덜 지급하다

PO번호 4031 대신에 PO번호 4030에 대해 입금하신 것 같습니다. 확인해서 연락 주시기 바랍니다.

It seems that you made the payment for PO#4030 instead of PO#4031. Please check and get back to us.

⋯▸ instead of ~대신에

저희가 송금한 금액과 수령하신 금액이 차이가 나는 이유는 은행수수료가 공제됐기 때문입니다.

The reason that there is a difference between the amount we sent and the amount you received is that the bank charges were deducted from the payment.

⋯▸ deduct 공제하다

122 대금 청구액이 다를 때

11월 1일자 송장번호 9275에 금액이 잘못 입력된 점 죄송하게 생각합니다. 정확한 송장을 다시 보내 드리겠습니다.

We'd like to apologize for the error in the amount on our invoice #9275 dated November 1. We will send you the correct invoice.

⋯▸ dated November 1 11월 1일자

귀사가 보내 주신 이번 달 송장이 잘못되었음을 알려 드립니다. 논의된 추가 10% 할인액이 빠져 있습니다. 다시 보내 주시길 바랍니다.

I'd like to inform you that this month's invoice has an error. The additional 10% discount as discussed is missing. Please send it again.

⋯▸ additional discount 추가할인 as discussed 논의한 대로

제가 귀하의 상점에서 구매한 냉장고 송장이 오늘 도착했습니다. 그런데 세금이 잘못 계산되었습니다.

The invoice for the refrigerator I bought at your store arrived today, but the wrong tax amount was calculated.

⋯▸ tax amount 세금액

보내 주신 대금청구서를 검토해 본 결과 금액이 중복 청구되었습니다. 확인 후 송장을 다시 보내 주시기 바랍니다.

We have reviewed the invoice you sent us, and we found that we were doubly charged. Please check and send us the invoice again.

⋯▸ doubly charged 금액이 두 번 청구된, 금액이 중복되어 청구된

7월 8일자 인보이스와 관련하여 할인이 부분적으로 적용되는 것이 아니라 총액에 적용되어야 합니다. 확인 바랍니다.

Regarding the invoice dated July 8, the discount should be applied to the total amount, not just to a part of the amount. Please check.

⋯▸ discount be applied to ~에 할인이 적용되다

인보이스에 한 항목이 추가된 것 같습니다. 제가 구매한 항목은 5가지인데 6가지 항목이 청구되었습니다.

One item seems to have been added to the invoice. I bought 5 items, but the invoice asks for payment for 6 items.

송장 두 개를 하나로 합치면서 계산 착오가 있었던 것 같습니다. 10개 항목인데 총 15가지 항목이 청구되었습니다.

Some calculation errors occurred while combining two invoices into one. Instead of 10, a total of 15 items were included in the invoice.

⋯▸ calculation error 계산착오   combine two invoices into one 두 개의 송장을 하나로 합치다

청구금액이 10월 8일 받은 견적금액과 다릅니다. 확인하셔서 청구서를 다시 보내 주세요.

The invoiced amount doesn't match the amount quoted on October 8. Please check and send the invoice again.

⋯▸ match 일치하다   quoted amount 견적 금액 (= amount on the quotation)

123 지급 지연

미입금액이 있음을 알려 드리는 독촉 이메일입니다.
This email is a reminder to you that the amount is still outstanding.

⋯ reminder 독촉장   outstanding (비용, 임금 등이) 미지불된, 체불된

1월 대금은 1만 달러였습니다만 아직까지 대금을 받지 못했습니다.
Your January invoice was for $10,000, and we have yet to receive this payment.

⋯ invoice 송장, 대금청구서

주문번호 8879에 대한 입금이 늦어지고 있습니다. 지급 만기일을 잊으셨나요? 빠른 시일 내에 입금 바랍니다.
The payment for order #8879 is late. Did you forget the payment due date? Please make the payment ASAP.

⋯ payment due date 지급 만기일

소프트웨어 구매 계약서에 따르면 할부 지불에 동의하셨습니다. 첫 할부 지불날짜가 지나서 연락 드리니 조속히 입금 바랍니다.
According to the software purchase contract, you agreed to pay in installments. We're informing you that the first installment payment date has passed, so please make the payment soon.

⋯ agree to ~하는 것에 동의하다   installment payment 할부 지불

귀사가 약속한 날짜에 입금을 하지 않으실 경우 연체료가 가산됨을 알려 드립니다.
We'd like to remind you that a late payment fee will be added to your bill if you don't pay within the date you promised.

⋯ remind+사람+of ~에게 ~을 상기시키다, 알려 주다

귀사가 입금했다고 한 날짜를 확인해 본 결과 입금이 이루어지지 않았습니다. 계좌번호가 맞는지 확인해 주시기 바랍니다.
We checked the payment date you mentioned, and the payment was not made to our account. Please check if the account number to which you sent the payment is correct.

⋯ account number 계좌번호

본 메일을 작성하는 현재까지 10월 10일에 기한이 도래한 대금이 아직 입금되지 않아 지금 기한이 지났습니다. 혹시 지불하셨다면 본 메일을 무시하시기 바랍니다.
As of the date of this email, your payment, due on October 10, has not been received and is now past due. Please disregard this mail if you have made the payment already.
⋯▸ as of 현재로 be past due 지불날짜가 지나다 disregard 무시하다

4월 30일자로 확인해 본 결과 귀하의 3월 지불액을 입금받지 못했습니다.
As of April 30, we have not received your March payment.
⋯▸ receive payment 결제받다

귀하의 지불 기한이 지났습니다. 귀하의 주문 선적이 3개월 전에 이루어졌는데 아직도 대금 지급을 받지 못했습니다.
Your payment is overdue. We shipped your order over 3 months ago, but we still have not received a payment from you.
⋯▸ payment is overdue 지불 기한이 지나다

저희 회사에서 지난 12월 700달러의 지급 청구서를 보내 드렸으나 완납되지 않았습니다. 확인 바랍니다.
Our company sent a bill for $700 for payment last December, but we have not received your payment in full. Please check on that.
⋯▸ bill 고지서, 청구서 payment in full 총액

장기간 외국출장 관계로 입금이 늦어진 점 죄송하게 생각합니다.
I'd like to apologize for the late payment due to my long-term international business trip.
⋯▸ late payment 늦은 입금

연체료를 지불하겠으며 이런 일이 다시는 일어나지 않을 것을 약속 드립니다.
I will pay the late payment fee, and I promise you that it won't happen again.
⋯▸ late payment fee 연체료

124 지불 촉구 및 연체료 공지

미지급된 52,000달러를 조속히 지불해 주시면 감사하겠습니다.
I would be grateful if the outstanding amount of $52,000 could be paid without further delay.
→ be grateful if ~한다면 감사하겠다

현재 지불되지 않은 대금 청구서를 동봉합니다.
I have enclosed a copy of our invoice, which is currently overdue for payment.
→ overdue 기한이 지난

이번 달 말까지 대금지불을 해주시기 바랍니다.
I look forward to receiving your payment by the end of this month.

구입하신 제품에 대한 대금지불을 조속히 해주시기를 요청 드립니다.
We request that you immediately release the payment for the purchased products.
→ release the payment 지불하다

이미 지불하셨다면, 이번 이메일 통지는 무시하시기 바랍니다.
If this amount has already been paid, please disregard this email notice.
→ disregard 고려하지 않다, 무시하다

우리 기록상에 귀사는 25,000달러가 체불되어 있습니다.
Our records show that you have an outstanding balance of $25,000 with us.
→ outstanding balance 미불잔고, 미수금

7월 30일까지 체납금을 완불해 주시기 바랍니다.
Please forward us the amount owed in full by July 30.

채납을 하시게 되면 귀하의 신용점수에 부정적인 영향을 줄 수 있기 때문에 제때에 지불하시라고 상기시켜 드립니다.

Let us remind you that late payments can affect your credit score negatively, so please make the payments on time.

⇢ late payment 채납 credit score 신용점수 on time 제때에

유감스럽게도 3개월 전이 지급기한인 1,875달러의 지급이 이루어지지 않아 불가피하게 18달러 75센트의 연체료를 부과합니다.

Unfortunately, we have not received the payment of $1,875 that was due 3 months ago. We are now forced to add a late charge of $18.75.

⇢ due 지불해야 하는 be forced to ~해야만 하다 late charge 연체료

유감스럽게도 귀사가 3개월간 연체한 관계로 부득이하게 당사의 신용정책에 따라 연체료 25달러를 추가할 수밖에 없습니다.

Unfortunately, we are now forced to add a late charge of $25 in accordance with our credit policy because your account is three months past due.

⇢ in accordance with ~에 따라서

저희 회사 기록에 따르면 귀사가 2,365달러를 채납하셨는데 가능한 한 빨리 지불해 주십시오.

Our records show that payment of your account is overdue in the amount of $2,365. Please make the payment as soon as possible.

⇢ record 기록

상기 금액이 채납중임을 알려 드립니다. 만일 지불 전이시라면 빠른 시일 내에 지불 부탁드립니다.

We would like to remind you that the above amount is overdue. If your account is outstanding, early settlement would be appreciated.

⇢ account 계정 장부 outstanding 미결제 settlement 지불, 결제

만일 다음 주 금요일 9월 2일까지 지불하지 않을 경우 법적 조치를 취할 수밖에 없음을 알려 드립니다.

We will have no choice but to take legal action if you don't pay by Friday, the 2nd of September.

⇢ take legal action 법적 조치를 취하다

6개월이 체납된 금액을 이번 달 말까지 지불하지 않는다면 법률고문 측에서 직접 본건을 처리하게 됩니다.

If you don't pay the amount due 6 months ago by the end of this month, our legal advisers will be directly handling the case.

→ legal adviser 법률 고문

 **Winning Tip**

다이어리

새해가 되면 새로 장만하는 것 중 하나가 바로 '다이어리'이다. 월별로 중요한 것들을 표시해 놓기도 하고, 일별로 스케줄을 표시하거나 간단한 메모를 하기도 하는 매우 유용한 물건이다.

그런데 이 '다이어리'가 영어로도 과연 diary일까? 영어권 사람들은 diary 하면 보통 '일기'를 떠올린다. 물론 책상에 놓고 사용하는 메모장인 desk diary를 뜻하기도 하지만, 우리가 말하는 '다이어리'에 적합한 영어는 diary보다 datebook이다. datebook은 날짜별로 자신이 계획하고 약속한 것들을 잊지 않으려고 기록하는 노트를 의미한다.

I plan to write every appointment in my datebook this year.
올해는 다이어리에 모든 약속을 기록할 작정이다.

CHAPTER 16 클레임 및 클레임 처리

주문한 수량과 다르게 물건이 도착했을 경우, 상대방에게 수량 부족에 대한 설명과 조치를 요구하는 이메일을 보내 보자.

SAMPLE EMAIL

We received wrong quantity

Our order has just been delivered. Thank you so much for your speedy response. We are most impressed but we wonder why the quantity is different from what we ordered. We ordered 400 printers, not 300. I would be grateful if you could look into this matter and send the remaining amount immediately. **Your prompt action is highly appreciated.**

'신속히 처리해 달라'는 의미를 your prompt action을 주어로 해서 표현하고 있다. 신속한 처리를 원할 때 쓰는 전형적인 표현이므로 잘 기억해 두도록 하자.

주문한 것과 수량이 다릅니다

주문품이 막 도착했습니다. 신속한 서비스에 감사드립니다. 정말 감명받았습니다. 그런데 도착한 수량이 주문한 것과 다릅니다. 프린터 300대를 주문한 게 아니라 400대를 주문했습니다. 이 문제를 확인해서 나머지 수량을 빨리 보내 주시기 바랍니다. 신속히 처리해 주시면 감사하겠습니다.

be different from ~와 다르다 **be grateful** 고마워하다 **look into** ~을 조사하다 **remaining amount** 남은 수량

125 수량 부족

주문품이 막 도착했으나 주문했던 수량과 다릅니다.
Our order has just been delivered, but the quantity is different from what we ordered.

→ be different from ~와 다르다

300상자를 주문했는데 200상자만 받았습니다. 최대한 빨리 이 문제를 조사해서 나머지 100상자를 보내 주시면 감사하겠습니다.
We ordered 300 cartons but received only 200. I would be grateful if you could look into this matter and send the remaining 100 as soon as possible.

→ carton 상자 look into ~을 조사하다, 자세히 살펴보다

귀사가 선적하신 물건을 받았는데 우리가 주문한 400개가 아니라 200개만 들어 있었습니다.
We just received your shipment but found that it contained only 200 pieces whereas we ordered 400.

→ whereas 반면에, ~에 반해서

이런 오류로 불편을 초래한 점 사과드리며 다시는 이런 문제가 발생하지 않도록 최선을 다하겠습니다.
We apologize for any inconvenience this error has caused and will do our best to see that such errors do not happen again.

→ inconvenience 불편함 do one's best to ~하기 위해 최선을 다하다

나머지 100개는 9월 25일로 예정된 다음 선적과 함께 보내 드리도록 하겠습니다.
We will send the remaining 100 pieces together with the next shipment scheduled on September 25.

→ together with ~와 함께 scheduled on ~에 예정된

2,000개 대신에 1,500개만 배송된 점 사과 드리며 항공화물로 나머지 500개를 즉시 보내도록 하겠습니다.
We are sorry that you received only 1,500 pieces instead of 2,000. We will send the missing 500 pieces by air freight right away.

→ air freight 항공화물

무게 부족분에 대해서 가격에서 5퍼센트 할인을 제공하여 보상하고자 합니다.

We are willing to compensate you by offering you a discount of 5% in the price for the shortage in weight.

⋯ be willing to 기꺼이 ~하다 compensate 보상하다

귀사가 주문하신 수량과 당사가 배송한 수량 간에 차이가 발생했음을 인정하며 이 오류를 즉시 시정하도록 하겠습니다.

We acknowledge that there are discrepancies between your order quantity and our shipping quantity. We are going to take care of this error immediately.

⋯ discrepancy 차이 (= difference)

보내 주신 주스원액을 받아서 양을 재 보니, 저희가 주문한 양에 100리터나 모자랐습니다. 100리터에 해당하는 금액을 공제한 후 송금해 드리겠습니다. 이의 있으십니까?

The amount of the fruit juice concentrate we received was 100 liters less than we ordered. So we are going to send the payment after deducting the amount for 100 liters. Do you have any objection to this?

⋯ objection 반대, 이의

126 물품 파손

저희 회사의 정책에 따르면 당사의 과실로 제품에 손상이 가해졌을 경우 무상교체나 전액 환불 조치해 드립니다.

Our company policy is that if the products are damaged due to the company's fault, the product is replaced at no extra charge, or a full refund is made.

⋯ the company's fault 회사의 과실 free of charge 무상으로

손상된 부품이 포함된 귀사의 주문을 확인하였습니다. 다음 주 금요일까지 교체 부품을 보내 드리겠습니다.

We checked your order with the following damaged parts. We will send them with the replacement parts by next Friday.

⋯ parts 부품

교체품을 받은 후 손상된 제품을 반환해 주시면 감사하겠습니다.
When you receive the replacement, we'd appreciate it if you could return the damaged items back to us.

⇢ replacement 교체품   return items 제품을 반환하다

저희 상점에서 구매하신 책상이 손상된 점 유감스럽게 생각합니다. 확인해 본 결과 제품 선적 중 손상이 일어났습니다.
We're sorry to learn about the damage to the desk you purchased at our store. We found out that the damage occurred in shipment.

⇢ in shipment 선적 중

어제 받으신 제품이 손상된 점 사과 드립니다. 같은 제품으로 교체해 드리며 일주일 후에 받으실 수 있습니다.
We apologize for the damaged product you received yesterday. We are sending you the same product as a replacement, and it will arrive in a week's time.

⇢ replacement 교환(품)   in a week's time 일주일 후에

저희 회사에서 선적해 드린 사기그릇이 배송트럭에서 깨진 것으로 밝혀져 환불 조치하겠습니다.
It was confirmed that the China plates we sent you were broken in the shipping truck, so we will send you a refund.

⇢ broken 깨진   send a refund 환불 조치하다

제가 주문한 제품 일곱 박스를 받았습니다. 그런데 그 중 한 박스가 손상되어서 다시 귀사로 보내 드립니다.
I received 7 cartons of products from you, but one of the cartons arrived damaged. So we are sending the box back to you.

⇢ arrive damaged 손상되어 도착하다

주문한 물품의 배송에 관한 불만을 제기하고자 본 메일을 씁니다. 배송 시에 물품이 심하게 파손되어 있었습니다.
I am writing this email regarding the unsatisfactory delivery of the items that I ordered. Upon delivery, I found the items damaged severely.

⇢ upon ~시점에, ~하자마자   severely 심하게

보내 주신 물품은 받았으나 내용물을 확인해 보니 절반 이상에 긁힌 자국이 있습니다. 어떤 조치를 취해 주실 건지 알려 주시고 참고로 사진을 첨부합니다.

We found that more than half of the items you sent have scratches on them. Please let us know what you are going to do about this. For your information, I am attaching photos of the damage.

⋯ for one's information 참고로

127 불량품

불량품에 대한 귀사의 정책은 무엇입니까?

What is your company policy on defective products?

⋯ defective product 불량품   company policy 회사 정책

우리 회사는 불량품의 경우, 결함을 확인한 후에만 제품을 교체해 줍니다.

Our company's policy says that replacements are made only after checking the defects on the products.

⋯ defect 결함

우리가 보내 드린 제품에 결함이 있었던 점 죄송하게 생각합니다. 가능한 한 빨리 새 제품으로 보내 드리겠습니다.

We apologize for sending a defective product to you. We will send you a replacement at the earliest time.

⋯ at the earliest time 가능한 한 빨리(=ASAP, as soon as possible)

불량품의 경우, 환불을 받으시거나 같은 제품을 무상으로 받아 보실 수 있습니다.

In case of defective goods, you will be provided with a full refund or free delivery of the same product.

⋯ be provided with ~을 제공받다   full refund 전액 환불

교환 혹은 환불을 위하여 반송되는 모든 불량품은 회사의 포장재로 포장되어 있어야 합니다.

All defective goods returned for replacement or refund must still be in the company's original packaging.

⋯ company packaging 회사의 포장재

불량품을 받은 후 귀하의 계정으로 크레디트 메모가 발급됩니다. 이때 크레디트 메모는 제품의 판매가와 선적비용이 포함됩니다.

Upon receipt of a defective product, a credit memo will be issued to your account in the amount of the selling price and the shipping cost.

⋯ **credit memo** 회사에서 고객에게 환불해 주는 일종의 전표   **shipping cost** 선적 비용

고객님께서 제품 교환에 동의할 경우 교환품을 무상으로 선적합니다.

If the customer agrees on a replacement, the replacement will be shipped to you at no charge.

⋯ **agree on** ~에 동의하다   **at no charge** 무상으로 (= free of charge)

제품에 하자가 있을 경우 저희 회사의 고객 서비스 센터로 즉시 연락 바랍니다.

If you find the product to be defective, please contact the company's customer service center immediately.

⋯ **defective** 하자가 있는   **customer service center** 고객 서비스 센터

저희 회사는 2년간 회사 제품의 결함에 대해 구매시점부터 2년간 무상으로 수리해 드립니다.

Our company has a free repair period of 2 years after purchase for any defects in a product.

⋯ **free repair period** 무상 수리 기간   **after purchase** 구매 후

입고 검수를 한 결과, LCD 커버 사출물 상태가 좋지 않습니다. 이 사출물 양품을 저희에게 다시 보내 주시면 저희가 다시 조립하겠습니다.

After the receipt inspection, we found that the injected plastic parts covering the LCD are not in good condition. If you send parts that are of good quality, we will assemble them.

⋯ **receipt inspection** 입고 검수

보내 주신 제품이 제대로 작동하지 않습니다. 제품을 돌려 보낼까요 아니면 엔지니어를 파견하여 수리하시겠습니까?

The product you sent is not properly functioning. Do you want us to return it to you, or are you going to dispatch one of your engineers here for repair?

⋯ **function** 작동하다   **dispatch** 파견하다

128 반품 요청

귀사의 커피메이커를 구매하여 사용한 지 한 달이 되었는데 플라스틱 커피 필터 홀더가 깨졌습니다. 반환하니 새것으로 교환해 주시기 바랍니다.
I bought one of your coffeemakers and have been using it for a month, but the plastic coffee filter holder broke. I'm returning it to you, so please replace it with a new one.

저희 시제품의 무상 사용기간이 2주일입니다. 해당 기간이 지났으니 제품을 다시 저희에게 보내주시기 바랍니다.
The free usage period of the trial product is 2 weeks, and that period has expired. Please send the trial product back to us.
⋯ trial product 시제품　expire (유효기간이) 만료되다

저희 전자제품을 30일간 무료로 사용해 보시고 마음에 들지 않으시면 다시 반환해 주십시오.
We have a free 30-day trial period of all our electronic appliances. You can return them to us if you are not satisfied with our products.
⋯ free 30-day trial period 30일 무료사용기간

고객님 상자에 실수로 포함된 물품의 반송을 부탁 드립니다.
We are kindly requesting you to return the item that was included in your package by mistake.
⋯ by mistake 실수로　return the item 물건을 반송하다

귀사의 창고로 반품하는 배송료를 포함하여 총액을 환불받기 위해 반품 처리하려고 합니다.
I'd like to make arrangements to return it for a full refund, including the shipping charge to send the items back to your warehouse.
⋯ make an arrangement 준비를 하다

주문한 물건과 같이 온 원 배송장 하단에 있는 반품양식을 기입해서 반송장에 적혀 있는 주소로 물품을 보내시기 바랍니다.
Please complete the return form located on the bottom of the original packing slip that came with your order and ship the item to the address printed on the return shipping label.
⋯ form 양식 서식　slip 전표

모든 반송 제품은 반드시 바코드가 손상되지 않은 상태로 원래 포장재에 담아 주시기 바랍니다.
Please make sure that all returned merchandise is in the original packaging with the bar code intact.

⋯▸ merchandise 제품, 물건   intact 손상되지 않은, 원래대로

더 좋은 제품을 무상으로 보내 드리려 하니 귀하가 구입하신 프린터를 반송해 주시면 감사하겠습니다.
We'd appreciate it if you could return the printer you purchased from us because we are going to send you an upgraded model for free.

⋯▸ upgraded model 더 좋은 성능의 모델

129 제품 관련 분실 및 누락

주문한 복사기가 도착했는데 사용 설명서가 없습니다. 가능한 한 빨리 설명서를 보내 주시기 바랍니다.
The copying machine we ordered arrived, but the user manual was missing. Please send us a copy of the manual ASAP.

⋯▸ copying machine 복사기(=copy machine)   user manual 사용(자) 설명서

보내 주신 냉장고 잘 받았습니다. 그런데 선적서류를 빠뜨리고 안 보내 주셨더군요. 가급적 빨리 보내 주세요.
Thank you for the refrigerator you sent me, but the shipping document seems to be missing. Please send it to us at your earliest convenience.

⋯▸ at one's earliest convenience 가급적 빨리

귀사가 구매한 새로운 엔진의 품질보증서가 없다니 사과 드립니다. 해당 품질보증서를 보내 드리겠습니다. 혹시라도 다른 문제나 문의가 있으시면 연락주세요.
We apologize for the missing warranty for your new engine. We are going to send the warranty concerned. Please contact us if you have any other problems or inquiries.

⋯▸ warranty 품질보증서

소프트웨어를 구입 후 기능과 관련된 문서를 못 찾으시겠다고 했는데, 제품 관련 문서는 소프트웨어에서 별도로 다운로드 받으셔야 합니다. 혼동을 빚어 드려 죄송합니다.

You said that you cannot find the documentation on the functions of the software you purchased. I'd like to inform you that the documentation must be downloaded separately from the software. Sorry for the confusion.

⋯▸ documentation 문서화, 기록문서

귀하의 상점에서 구매한 소프트웨어의 제품 키 번호가 들어 있는 문서를 받고 싶습니다. 마이크로소프트에 제 소프트웨어를 등록하려면 제품 키 정보가 필요합니다.

I'd like to have the documentation containing the product key numbers of the software I bought at your store. I need the information to register the software at Microsoft.

⋯▸ product key 제품 키 (소프트웨어 설치 시 사용자를 인증하기 위해 입력해야 하는 문자 및 숫자로 된 일련의 키)

프린터를 설명서 없이 보내 드린 점 사과 드립니다. 누락된 설명서를 곧바로 보내 드리겠습니다.

We apologize for sending you the printer without including any documentation. I am going to send the missing document right away.

⋯▸ missing 누락된

거래 계약서를 제품과 같이 동봉하지 못한 점 사과 드립니다. 계약서 한 부를 보내 드리니 서명한 후 다시 보내 주세요.

I'd like to apologize for not including the contract with the product. I'm sending you a copy of the contract. Please sign it and send it back to us.

저희가 보내 드린 부품 잘 받으셨는지요? 실수로 송장을 같이 보내 드리지 못한 점 죄송합니다. 송장을 이메일로 보내 드렸습니다. 질문 있으시면 연락 주세요.

I hope the parts we sent you arrived safely. We're sorry not to have included the invoice with the product. I sent it to you via email. Call me if you have any questions.

L/C에 명시돼 있는 원본서류들을 선적화물에 넣어서 보내셨나요? 안 넣으셨다면, 특급우편으로 보내 주시기 바랍니다.

Did you send the original documents specified in the L/C along with the cargo? If not, please send them by express mail.

⋯▸ express mail 특급우편

130 고객 불만

지난 주에 기술지원 요청 메일을 보냈는데 전혀 연락이 없군요.
I emailed a technical support request last week, but I have not received any response.

귀사의 형편없고 느린 기술지원에 대하여 공식적으로 불만을 제기합니다.
I'd like to file an official complaint about the poor and slow technical assistance from you.
⋯ file a complaint 불만을 제기하다

만약 이 문제가 당장 시정되지 않으면 계약을 해지할 수밖에 없음을 알려 드리게 되어 유감으로 생각합니다.
I am sorry to inform you that if the problem is not taken care of as soon as possible, we will have no choice but to cancel our contract.
⋯ take care of ~을 처리하다   have no choice but to ~할 수밖에 다른 도리가 없다

만약 기술지원이 제때에 이루어지지 않으면 당사가 사업상 피해를 입을 수도 있습니다.
If technical support is not provided in time, this will cause damage to our business.
⋯ cause damage to ~에게 피해를 입히다

귀사의 기술지원 지체로 인한 불편에 대해 보상을 요청합니다.
We request compensation for the inconvenience caused by your delayed technical support.
⋯ compensation for ~에 대한 보상

131 고객 불만 응대

이 문제로 귀사의 사업에 지장을 초래한 점 진심으로 사과 드립니다.
We sincerely apologize for the business interruptions this problem may have caused you.
⋯ business interruption 사업상/업무상 지장

당사의 기술지원 팀이 이 오류를 가능한 한 빨리 시정하기 위해 모든 노력을 기울이고 있습니다.
Our technical support team is making an effort to correct the error as soon as possible.

⋯▸ correct an error 오류를 시정하다

기술지원 팀에 의하면 해당 문제가 저희 제품으로 인해 발생하지 않았다고 합니다.
Our technical support team found out that the problem was not caused by our product.

⋯▸ find out 알아내다, 밝혀내다

귀하가 주문하신 물품(모델번호 12354)이 아닌 다른 물품(모델번호 12345)을 보내 드려 죄송합니다. 오늘 원래 주문하신 물품을 배송해 드리겠습니다.
I'm sorry we sent you the wrong item (model no. 12345) instead of the one (model no. 12354) you ordered. I'm sending you the correct one today.

⋯▸ wrong item 잘못된 물품

귀하의 주문 선적 상황과 관련하여 말씀 드리면 보통 양복보다 특별 주문은 2주가 더 걸립니다. 앞으로 2주 후에 받아 보실 수 있습니다.
Regarding the delivery status of your order, special orders take an extra two weeks than normal suits. They should arrive two weeks from now.

⋯▸ delivery status 배송 상태   extra 추가의   special order 특별주문

이틀 전 저희 영업점에서 무례한 행동을 겪으셨다니 진심으로 죄송하게 생각하며 이런 일이 재발하지 않도록 최선을 다하겠습니다.
Please accept my sincere apologies for the rudeness you encountered at our store two days ago. We will try our best to prevent this from happening again.

⋯▸ rudeness 무례한 행동   try one's best to ~하도록 최선을 다하다

죄송하지만 당사 정책으로 인해 배송 후 30일이 지난 노트북 컴퓨터는 반품이 불가함을 알려 드립니다.
We are sorry to inform you that our company has a policy of not accepting returns of computer laptops more than 30 days after delivery.

⋯▸ computer laptop 노트북컴퓨터

제품에 대한 불만이 있으시거나 제품의 교환 또는 반품을 원하실 경우, 고객서비스 팀으로 연락하십시오.

If you have any complaints about our product or wish to exchange/return the product, please contact our customer service team.

⋯▸ contact ~에게 연락하다   customer service team 고객서비스 팀

귀사의 불만이 접수되었으며 조사 후 곧 연락 드리겠습니다.

Your complaint has been received. We will look into this matter and get back to you soon.

⋯▸ get back to ~에게 다시 연락하다

지난 주 저희 영업점 방문 때 영업사원과 운송료에 대한 오해가 있었던 점 죄송하게 생각합니다.

We apologize for the miscommunication about the shipping charges between our salesperson and you during your visit to our store last week.

⋯▸ miscommunication 오해, 잘못된 전달   shipping charge 운송료

구매하신 복사기가 제대로 작동하지 않아 죄송합니다. 즉시 수리기사를 보내도록 하겠습니다.

We're sorry to hear that the copy machine you purchased is not functioning as it should. We will send an engineer right away.

⋯▸ engineer 기사, 수리공 (보통 수리공은 repairman이라고 하지만 복잡한 기계일 경우 engineer라고 함)

저희 제품으로 인해 그런 일이 일어나서 많이 놀라셨겠습니다. 바로 조치를 취해 드리겠습니다.

You must have been astonished by what happened due to our product. We are going to take care of this problem right away.

⋯▸ be astonished by ~로 인해 놀라다

132 고객 문의 응대

모든 고객 문의는 고객 서비스 팀이 전담합니다.

The customer service team is fully responsible for handling all customer inquiries.

⋯▸ fully responsible for ~을 전담하는

제품의 세일 문의에 감사드립니다. 모든 제품이 내달 15일부터 세일을 실시할 예정입니다.

Thank you for inquiring about the sale of our products. All of our products will be on sale starting on the 15th of next month.

⋯▶ be on sale 세일하다, 가격인하를 실시하다

문의하신 상품에 대한 세부사항에 답변해 드릴 수 있도록 저희 은행을 방문해 주시면 대단히 감사하겠습니다.

We would appreciate it very much if you could pay our bank a visit so that I can give you more details about the product you inquired about.

⋯▶ pay a visit 방문하다

고객 서비스 팀이 너무 오래 기다리게 해서 죄송합니다. 다시는 이런 일이 일어나지 않도록 주의를 주겠습니다.

We are sorry that our customer service team made you wait for a long time. We will give a warning to make sure that it won't happen again.

문의하신 내용은 24시간 이내로 답변해 드리도록 하겠습니다.

We are going to reply to your inquiry within 24 hours.

⋯▶ inquiry 문의

문의해 주셔서 감사합니다. 보다 자세한 설명을 드리기 위해 귀사 현지시간으로 오전 10시에 전화 드리겠습니다.

Thank you for your inquiry. I am going to call you to explain it in detail at 10 a.m. your local time.

⋯▶ local time 현지 시간

문의해 주신 내용이 충분하지 않아 적합한 모델을 추천해 드릴 수가 없습니다. 좀 더 구체적인 사양을 보내 주시기 바랍니다.

Your inquiry is not detailed enough for us to recommend a proper model. Please send us more detailed specifications.

⋯▶ specification 사양

제공되는 기술지원에 대해 말씀드리자면, 장비 구매시 하드웨어 엔지니어 1명, 소프트웨어 엔지니어 1명이 귀사를 방문하여 자세한 기술 관련 설명을 드릴 것입니다.

Regarding the technical support we provide, if you purchase our system, we will dispatch one hardware engineer and one software engineer to your company as technical guides for our product.

⋯▸ technical support 기술적 지원

제품에 대한 기술적인 질문이 있으시면, 주저하지 마시고 이메일을 보내십시오. 문의 접수 후 48시간 이내에 답변 드릴 것을 약속 드립니다.

If you have any technical questions about our products, please do not hesitate to send us an email. We promise we will respond to your email within 48 hours after your inquiry is received.

⋯▸ technical question 기술적인 질문

133 A/S 요청 및 응대

주문한 기계가 제대로 작동하지 않습니다. A/S를 신청합니다.

The machine we ordered is not working properly. We are requesting after-sales service.

⋯▸ A/S (= after-sales service) 애프터서비스, A/S

10월 25일 구매한 제품에 대해 보증 수리를 신청합니다

We are requesting a warranty repair for the product we purchased on Oct 25.

⋯▸ warranty repair 보증 수리

귀사에서 새로운 장비를 수리할 사람을 가능한 한 빨리 파견해 주시면 감사하겠습니다.

We'd very much appreciate it if you could dispatch someone from your company to repair the new equipment as soon as possible.

⋯▸ dispatch 파견하다

모델번호 2232 제품을 수리를 위해 반송하겠습니다. 이는 보증서 번호 12840(사본첨부)에 의해 보증 수리가 됩니다.

I am going to return the product (model no. 2232) for repair as it is covered under warranty #12840 (copy attached).

⋯ under warranty 보증 하에 있는, 보증 기간 중인

일주일 전에 복사기를 구매한 이후 계속 종이가 걸립니다. 수리를 위해 서비스기사를 파견해 주시길 바랍니다.

Since we purchased the copy machine one week ago, it has jammed constantly. I would like to have a service technician come here to fix it.

⋯ jam (종이가) 걸려 막히다   fix 고치다

A/S 신청이 접수되었습니다. 최대한 빨리 이 문제를 해결하기 위해 모든 노력을 기울이겠습니다.

Your request for after-sales service has been received. We will make all efforts to solve the problem as soon as possible.

불편을 드려 죄송합니다. A/S 인력을 신속하게 파견하도록 하겠습니다.

We apologize for the inconvenience. We will send one of our after-sales service personnel right away.

⋯ inconvenience 불편   personnel 사람, 인력

유감스럽게도 제품의 기능 불량이 부적절한 설치에 기인한 바 귀사의 무상보증은 무효임을 알려 드립니다.

We are sorry to inform you that your warranty is void because the malfunction is the result of improper installation.

⋯ void 무효의   malfunction 기능 이상, 기능 불량

귀사의 무상보증이 2개월 전에 만료되어 수리 비용은 귀사가 부담하셔야 합니다.

The costs of the repairs will be charged to you because your warranty expired two months ago.

⋯ expire 기한이 지나다

불량증상을 살펴보니, 이 불량은 사용 부주의로 인해 발생된 것으로 생각됩니다. 따라서 저희가 제공하는 보증 수리에 해당되지 않습니다.

After looking into the defective symtoms, we believe that the defect was caused by misuse. Therefore the warranty is not applicable in this case.

⋯ defect 불량   misuse 사용 부주의

귀사의 보증수리 요청이 잘 접수되었습니다. 수리를 위해 제품을 회수하거나 엔지니어를 파견하도록 하겠습니다. 검토하여 다시 연락드리겠습니다.
Your request for a warranty repair has been received. We are either going to have your product returned or are going to send an engineer to make repairs. We will get back to you after we look into your request.

134 유감 표시

주문과 관련된 혼동이 빚어져 대금지불이 늦어진 점 사과 드립니다.
We're sorry that the payment has been delayed due to some confusion concerning your order.
⋯• confusion concerning ~와 관련된 혼동   delayed payment 대금지불 지연

적시납품이 이루어지지 않은 점 죄송하게 생각합니다.
We'd like to express our apologies for not delivering the goods on time.
⋯• delivering goods on time 적시납품 (= timely delivery)

귀하가 주문한 제품의 수량 부족으로 인해 출하를 여러 번 해야 하는 것에 대해 유감스럽게 생각합니다.
I'm afraid the shipment of your products will have to be made in separate packages due to a quantity shortage.
⋯• I'm afraid ~을 유감스럽게 생각하다   quantity shortage 수량 부족

첫 거래의 주문 결제에 오류가 발생하여 죄송하게 생각합니다.
We apologize for the error that occurred during the payment process of your first order with our company.
⋯• payment process 결제 절차

매우 유감스럽게도 우리 협력사의 부품 도착이 지연되어 귀사로의 선적이 본사 공장을 출발하지 못했음을 알려 드립니다.
It is most regrettable to inform you that the shipment failed to depart our factory due to the late arrival of parts from our supplier.
⋯• regrettable to inform 사람 that ~을 알려 드리게 되어 유감스러운   fail to depart 출발하지 못하다

귀사와 약속한 납기를 지키지 못하게 되어 매우 죄송스럽게 생각합니다.
We apologize for our failure to keep the delivery date as promised to your company.

⇢ keep the delivery date 납기를 지키다

저희가 보내 드린 팩스 기계의 손상된 포장재로 인해 불편을 끼쳐 드려 유감스럽게 생각합니다.
We deeply regret any inconveniences we might have caused you because of the damaged packaging of the fax machines we sent you.

⇢ damaged packaging 손상된 포장재

고객님께서 구입하신 소파가 파손된 채 배달된 점 죄송하게 생각합니다. 즉시 같은 물건으로 다시 배달해 드리겠습니다.
We're sorry that the sofa you purchased from us was damaged when it was delivered to you. We will send you an exact replacement right away.

⇢ exact replacement 같은 대체품

귀하가 주문한 제품이 공장 주변의 태풍으로 인해 예정보다 일주일 늦게 도착될 것임을 알려 드리게 되어 유감스럽게 생각합니다.
I regret to inform you that the goods you ordered will reach you one week later than scheduled due to a hurricane near our company's factory.

⇢ regret to inform ~을 알려 드려 유감스럽게 생각한다

135　재촉하기

귀사의 제안을 간절히 기다리고 있습니다.
We are eagerly waiting for your proposal.

⇢ eagerly 간절히 (= anxiously)

아직도 XT300 견본을 받지 못했습니다. 배송 중인가요?
We haven't received the sample of the XT300 yet. Is it on its way here?

⇢ be on one's way 오는 중이다

제품 선적 진행상황을 확인하고 싶습니다. 선적이 되었습니까?
I just wanted to check the progress of the product delivery. Have the items been shipped yet?
→ progress 진척상황(= status)　product delivery 제품선적, 배달

보고서를 마치려면 제품에 대한 기술적인 데이터가 있어야 합니다. 이번 주까지 보내 주시면 감사하겠습니다.
I need the technical data on the product to finish my report. I'd be grateful if you could send it by the end of the week.
→ technical data 기술적인 데이터　be grateful if ~해 주면 고마워하다

급해서 그러는데 견본의 검토결과를 팩스로 송부해 주십시오.
It's urgent, so could you fax the review result of the sample?
→ urgent 급한　review result 검토결과

이 사안은 매우 급합니다. 곧바로 이 일을 처리해 주십시오.
This is an extremely urgent matter. Please take care of it right away.
→ extremely urgent 매우 급한

이 문제는 신속한 답변을 주셔야 합니다. 즉시 귀하의 의견을 주십시오.
Since the matter requires an urgent response, please give us your opinion immediately.
→ immediately 즉시(= right away)

다음 주 중 언제 저희를 방문하셔서 귀사의 제안을 설명해 주시겠습니까?
Would you be so kind as to visit us and explain your proposal sometime next week?
→ sometime next week 다음 주 중 어느 때에

저희와의 회의를 주선해 주시면 많은 도움이 되겠습니다.
It would be very helpful if you could arrange a meeting with us.
→ arrange a meeting 회의를 주선하다

금번 주문 건을 최대한 빨리 확정하여 진행해 주시기 바랍니다.
Please confirm and take care of this order as soon as possible.
→ take care of ~을 처리하다

월요일까지 자재 리스트를 부탁드립니다.
I look forward to receiving the list of materials by Monday.
⇢ look forward to -ing ~하기를 고대하다, ~하기를 바라다

선적일이 계속 늦춰지고 있는데, 얼마나 더 기다려야 하나요?
The shipment keeps being delayed. How long do we have to wait?
⇢ keep -ing 계속해서 ~하다

분석결과를 어제 오전까지 보내 주신다고 하셨는데, 속히 보내 주시기를 부탁드립니다.
You promised to send the analysis results by yesterday morning. I would appreciate it if you could send them right away.

136 자연재해에 의한 양해

태국에 대형 홍수가 발생하여 HDD 공급 자체가 절반으로 줄었습니다. 물건 확보를 위해 최선을 다할 것입니다만, 선적이 늦춰지는 것이 불가피해 보입니다.
The amount of HDD supplies has decreased by half due to the big flood in Thailand. We are making every effort to secure HDD, but a shipping delay seems inevitable.
⇢ decrease 감소하다 inevitable 불가피한

귀사의 물건을 실은 비행기가 기상악화로 출발하지 못했습니다. 계속해서 항공편의 상황을 알려 드리겠습니다.
The flight carrying your goods could not take off due to bad weather. I will keep you updated about the status of the flight.
⇢ bad weather 기상악화, 악천후

샤를드골공항의 데모로 인해 화물처리가 지연되고 있습니다.
Cargo processing is delayed due to the demonstration staged at Charles de Gaulle Airport.
⇢ stage a demonstration 데모를 하다

영국에서 발생한 테러사건 때문에 화물 검사절차가 더 엄격해져서 제품의 도착이 지연되고 추가적인 창고 비용이 발생할 것입니다.

Inspection processes for cargo have become stricter due to the terrorist attack in the UK, which will cause a delay in the delivery of your goods and incur additional warehouse costs.

⋯ incur 발생시키다

텍사스 제1공장이 대형 허리케인으로 심각한 피해를 입었습니다. 현재 복구를 위해 최선을 다하고 있습니다만 당분간 공장이 제한적으로 가동되어 귀사의 주문에 대한 선적이 지연될 수밖에 없을 것 같습니다.

The intense hurricane caused major damage to Plant 1 in Texas, and we are doing our best to restore the plant. However, it is inevitable that the plant will be limited in operations for a while, which will cause a delay in the shipping of your order.

⋯ cause major damage to ~에 심각한 피해를 가하다   restore 복구하다

캘리포니아 주변 바다의 강한 태풍으로 인해 도착항을 시애틀로 바꿔야 할 것 같습니다. 그럴 경우 귀사의 주문품을 인도하는 데 1주일 정도 더 걸릴 것으로 예상됩니다.

The port of arrival needs to be changed to Seattle due to the strong hurricane in the waters around California. In that case, it is expected to take one week longer to deliver your order.

⋯ port of arrival 도착항

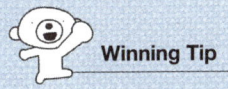

Winning Tip

미국에는 '야구 매니아'가 없다고?

우리나라에는 야구를 너무너무 좋아하는 자칭 '야구 매니아'들이 참 많다. 하지만 미국에는 '야구 매니아'가 없다. 이게 무슨 말이냐고? 영어로 mania는 '광적인 열광, 열기, 열중'이라는 의미의 명사이고, 그러한 사람을 지칭할 때는 뒤에 -c를 하나 더 붙여 maniac이라고 해야 하기 때문이다.

나는 야구광이에요.
I am a baseball maniac.
= I have a mania for baseball.

PART 4

출장/회의/행사

Chapter 17. 행사 초대
Chapter 18. 거래처 방문 및 해외출장
Chapter 19. 회의 공지
Chapter 20. 의견 및 협상표현

CHAPTER 17 행사 초대

비즈니스에서 누군가를 초대하는 이메일을 보낼 때 행사의 목적을 분명히 밝히고, 참석해 주시기를 간곡히 부탁하는 뉘앙스를 표시하는 것이 필요하다. 아울러 파티의 성격에 따라 미리 정장, 캐주얼 등의 복장에 대한 안내를 하는 것도 좋다.

SAMPLE EMAIL

Invitation: the 10th anniversary of the company's foundation

This coming Friday is the tenth anniversary of the founding of our company. We will throw a party to celebrate the anniversary on Thursday evening. **Your presence will be very much appreciated.** You don't need to dress up for the party. Looking forward to seeing you soon.

.... 초대할 때 쓰는 전형적인 문장이므로 통째로 외워 두도록 하자.

창사 10주년 기념식 초대

이번 금요일이 우리 회사의 창립 10주년이 되는 날입니다. 목요일 저녁에 창립기념일 행사로 파티를 열고자 합니다. 부디 참석해 주시면 감사하겠습니다. 파티에 정장을 입으실 필요는 없습니다. 조만간 뵙기를 고대합니다.

anniversary 기념(일) **throw a party** 파티를 열다 (= hold a party) **be appreciated** 감사해하다 **dress up** 정장을 입다, 옷을 차려 입다

137　사내 행사 안내

존의 50번째 생일을 축하하는 오찬 파티를 다음 주에 갖습니다.
We are pleased to hold a lunch party to mark John's 50th birthday.
⋯→ be pleased to ~하게 되어 기쁘다, 기쁜 마음으로 ~하다　mark 기념하다

새 회장님의 취임식이 다음 주 수요일에 거행될 예정입니다.
The inauguration of our new CEO will be held next Wednesday.
⋯→ inauguration 취임, 취임식

돌아오는 금요일이 우리 회사 창립 10주년 기념일입니다.
This coming Friday is the tenth anniversary of the founding of our company.
⋯→ anniversary 기념일, 축하일　found 설립하다, 창립하다

도서관 건립 기념 파티를 열 예정입니다.
We are holding a party to celebrate the foundation of the library.
⋯→ hold a party 파티를 열다　foundation 창립, 설립

추석 기념 저녁파티에 모든 사원들을 초대합니다.
All of the employees are cordially invited to the Korean Thanksgiving dinner.
⋯→ cordially 진심으로, 성심성의껏

138　파티 초대

7시부터 칵테일파티가 열릴 예정입니다. 부디 참석하셔서 자리를 빛내 주시기 바랍니다.
We will hold a cocktail party at seven o'clock. Please join us and add to the occasion.
⋯→ add to the occasion 자리를 빛내다

귀사의 방문기간에 때마침 저희 회사 50주년 기념파티가 있을 예정입니다.
We will have a party to celebrate the 50th anniversary of the company's founding during your visit with us.
⇢ company's founding 회사설립

12월 20일에 회사 송년회가 있을 예정입니다. 행사에 참석해 주시면 좋겠습니다.
We will throw a year-end party on December 20. Your presence will be very much appreciated.
⇢ throw a party 파티를 열다 (=give/have/hold a party)   year-end party 송년회

이번 파티에 참석해 주시면 좋겠네요. 저희 회사 임원분들이 만나뵙기를 고대하고 있습니다.
We hope you will join us at the party. Our board members look forward to seeing you.
⇢ look forward to -ing ~하는 것을 고대하다

파티에 오실 때는 정장을 하실 필요는 없습니다.
You don't need to dress up for the party.
⇢ dress up 차려입다, 정장을 입다

이번 파티는 본사에서 주최하는 공식적인 행사이므로 정장을 입으시길 바랍니다.
Please wear formal attire as the party is an official event hosted by the company.
⇢ formal attire 정장

귀사 방문 스케줄에 맞춰 저희가 이 프로젝트에 관련된 분들을 모두 초청하여 조촐한 파티를 갖고자 합니다. 희망하시는 날짜가 있으십니까?
We'd like to throw a small party for those involved in the project while you visit us. When would it be convenient for you?

139 신제품 발표회 초대

저희 회사의 야심작인 NX3000의 신제품 발표회를 오는 4월 15일 가질 계획입니다.
We plan to hold a launching ceremony for our new product, the NX3000, one of our ambitious works on April 15.
⇢ new product launching ceremony 신제품 발표회   ambitious work 야심작

이번 신제품 발표회 때 제품에 대한 자세한 설명과 시연도 같이 할 예정이오니 많은 참석 부탁 드립니다.

Please join us for a new product-launching ceremony. The event will include a detailed presentation on the new product and a demonstration.

⋯▸ demonstration 시연

이번 신제품 발표회는 저희 CEO가 직접 설명과 함께 시연을 해드릴 예정입니다.

Our CEO will give a live demonstration of the new product along with a detailed explanation.

⋯▸ give a (live) demonstration 시연하다

이번 신제품 발표회에는 좌석이 한정되어 있는 관계로 참석의사를 밝히신 업체들에 한해서 초대장을 보내 드리고 있습니다.

As seats are limited at the ceremony for the release of the new product, we are sending invitations only to those who will attend the event.

⋯▸ new product release 신제품 출시

참석하시고 싶으신 분은 신청서를 이번 주 금요일까지 보내 주시면 등록해 드리겠습니다.

Please send an application form by this Friday if you'd like to join us. We will register you for the event.

⋯▸ register A for B A를 B에 등록시키다

이번 신제품 발표회는 중요한 고객들만 초청하는 자리입니다. 부디 참석하시어 자리를 빛내 주시기 바랍니다.

The upcoming new product-launching ceremony is only for our prime clients. Please come and add to the occasion.

⋯▸ upcoming 다가오는, 앞으로 있을   prime client 주요고객

이번 행사에 참석하신 업체에 한해, 신제품에 대하여 특별 혜택을 드리고자 합니다. 참석하시어 이 좋은 기회를 놓치시지 않기 바랍니다.

We will provide those who attend the event with a special deal on our new product. Do not miss this good opportunity.

⋯▸ special deal on ~에 대한 특별 혜택

이번 발표회는 예상보다 훨씬 많은 업체들이 참석을 희망하고 있습니다. 이번에는 부득이 선착순으로 접수를 받겠습니다.

As many more companies than expected want to participate in the presentation, seats will be reserved on a first-come, first-served basis.

⋯ on a first-come, first-served basis 선착순으로

140 개업식 초대

이번 프로젝트의 본격적인 시작을 위해 2월 25일 태국 사무소를 개설합니다.

We opened a branch office in Thailand on Feb. 25 as part of our effort to start a project in earnest.

⋯ start a project in earnest 본격적으로 프로젝트를 시작하다

이번 개업식에 참석유무를 알려 주시면 감사하겠습니다.

Please let us know if you can attend the opening ceremony.

⋯ opening ceremony 개업식

이전 개업식은 저희 본사 건물 2층 대강당에서 열릴 예정입니다.

The relocation ceremony will be held in the auditorium on the second floor of the main building.

⋯ auditorium 대강당   relocation 이전

1층 안내데스크에 오시면 연회장으로 안내해 드릴 것입니다.

Please go to the receptionist on the first floor, and then you will be escorted to the banquet hall.

⋯ be escorted 안내를 받다

개업식은 하기의 주소에서 열릴 예정입니다. 본 건물에 도착하시어 전화주시면 모시러 나가겠습니다.

The opening ceremony will be held at the following address. Please call me when you arrive at the building. I will come down to pick you up.

⋯ opening ceremony 개업식   pick up 데리러 가다

이번에 뉴욕지사에 이어 LA지사를 개설하게 되었습니다. 개업식이 다음 달 10일에 열릴 예정이니, 참석하셔서 축하해 주시면 감사하겠습니다.

We opened a branch office in L.A. followed by one in New York. Your presence at the celebration scheduled for the 10th of next month will be appreciated.

저희 파리지사가 월요일부터 업무를 시작했습니다. 다음 주 금요일에 개업식을 가질 예정이오니 참석하셔서 자리를 빛내 주시기 바랍니다.

The Paris office started its operations on Monday. We will hold an opening celebration party next Friday. Please come and add to the occasion.

⋯ add to the occasion 자리를 빛내다

돌연 유럽지역에서 돌풍을 일으키고 있는 저희 제품의 영향력의 여세를 몰아 뉴욕지사를 열게 되었습니다.

We opened our New York office riding the momentum gained by the unexpected popularity of our products in the European region.

⋯ ride the momentum 여세를 타다, 여세를 몰다 (= carry momentum)

이번 지사는 저희 첫 해외지사입니다. 따라서 관련업계 및 기관 관계자분들을 모두 초청하여 성대하게 개업식을 열 예정입니다.

We plan to throw a big opening party where all of the companies and organizations concerned are invited as the branch office to open is our first overseas office.

⋯ throw a party 파티를 열다   companies and organizations concerned 관련업체 및 유관기관

유럽지역 진출 거점으로 삼고자 파리에 저희 전체 매장 중 2번째로 큰 매장을 오픈하게 되었습니다.

We opened our second largest store in Paris to serve as a foothold to advance to the European market.

⋯ foothold 거점   advance to ~에 진출하다

서울 매장을 오픈하는 기념으로 오픈식날 전품목 30% 할인을 실시할 예정입니다.

To celebrate our opening of a store in Seoul, we are offering 30%-off sale on all of our products.

⋯ on the occasion of ~을 맞아, ~을 기념하여

이번에 한국에 동양 최대 규모의 매장을 오픈하게 되어 매우 기쁘게 생각합니다.
We are very happy to open Asia's biggest store in Korea.
⋯ be (very) happy to ~하게 되어 (매우) 기쁘게 생각하다

141 세미나/강연회 초대

국제회의가 서울 시내의 매리어트호텔에서 5월 15~17일에 열릴 예정입니다.
The international conference will take place from May 15-17 at the Marriott Hotel in downtown Seoul.
⋯ take place ~이 열리다, 개최되다

이번 세미나에서는 정보통신 전문가 몇 분을 모시고 전반적인 기술현황을 짚어 보는 시간을 가질 예정입니다.
The seminar will serve as an opportunity of learning the general technical trend presented by several IT experts.
⋯ serve as ~역할을 하다, ~기회가 되다   technical trend 기술동향

세미나 신청서를 보내 드리오니 작성하셔서 12월 16일까지 보내 주시기 바랍니다.
I am sending an application form for the seminar. Please reply by Dec. 16 by filling out the form.
⋯ fill out a form 양식을 작성하다

이 포럼에는 전 세계 환경 관련 단체와 기업들이 한자리에 모이게 되므로 귀사에게도 많은 도움이 되리라 생각합니다.
We believe your company will find the event very helpful as many environmental organizations and companies will take part in the forum.

이번 환경포럼 주최자분들이 환경 관련 제품 정책에 관여하시는 분들입니다.
The environmental forums are organized by those who are involved in the policy-making for environment-related products.
⋯ be organized by ~이 주최하다

이번 세미나에 참석하시면 제가 주최 관계자들을 소개시켜 드리겠습니다.
I will introduce you to the organizers of the seminar when you come to the event.

⋯ organizer 주최측

저희가 주최하는 세미나에서 저희 연구소장님이 직접 세미나를 주재하실 예정입니다.
The seminar organized by us will be presided over by the head of the laboratory.

⋯ preside over ~을 주재하다

이번 세미나에 이어서 질의응답시간을 충분히 가질 예정이오니, 질문사항을 미리 준비해 오시면 좋을 것 같습니다.
It would be a good idea to prepare some questions ahead of time as the seminar will be followed by a lengthy Q&A session.

142 시사회 초대

영화 "트랜스포머"의 시사회가 오는 4월 30일 열릴 예정입니다.
We will hold a preview of the film *Transformers* on April 30.

⋯ hold a preview of a film 영화 시사회를 갖다

시사회 초대권을 첨부했습니다. 출력하셔서 반드시 가지고 오시기 바랍니다.
I attached an invitation card for the preview. Please print it out and make sure to bring it with you.

⋯ make sure to 반드시 ~하다

이번 시사회에 앞서 감독과 주연배우들이 모두 나와서 관객과 함께하는 시간을 가질 예정이오니 많은 참석 바랍니다.
Your presence will be appreciated as the preview will be followed by an event joined by the director and main actors and actresses in the film.

⋯ Your presence will be appreciated 많은 참석 바랍니다

시사회 입장권을 확보하기가 쉽지 않을 것 같습니다. 선생님의 표도 구해 놓을까요?
It won't be easy to get a ticket to the preview of the film. Do you want me to get one for you?
⋯ preview of a film 영화 시사회

아시다시피 이번 시사회는 아시아 시장의 전반적인 반응을 예상할 수 있는 중요한 기회입니다.
The preview of the film will serve as a good opportunity to estimate the overall responses of the Asian markets.
⋯ estimate ~을 가늠해 보다, 평가하다 serve as ~역할/기능을 하다

143 전시회 초대

엄선된 유망 작가들의 작품들을 전시하게 됐습니다.
We are holding an exhibition of works by selected promising painters.
⋯ exhibition 전시회 promising 떠오르는

한국 대표 유명 화가 10인의 작품 전시회에 여러분을 초대합니다.
You are invited to an exhibition of works by ten famous Korean artists.

이번 작품전시회에서 전시된 모든 작품은 특별한 표시가 있지 않는 한, 구매가 가능합니다.
All of the works at the exhibition, except for those marked, are for sale.
⋯ for sale 판매되는

오는 11월 7일부터 9일까지 홍콩에서 열리는 전시회에 참가할 예정입니다.
We are scheduled to participate in the Hong Kong exhibition from Nov. 7 to Nov. 9.
⋯ be scheduled to ~할 예정이다

이번 전시회에 저희가 지난 2년 동안 준비한 신제품을 전시할 것입니다.
We will display our new product at the exhibition that we have prepared for the past two years.
⋯ exhibition 전시회

이번에 전시할 신제품은 작동되는 샘플입니다. 양산품 샘플은 전시회가 끝나고 약 한 달 뒤에 나올 예정입니다.

The new products to be exhibited are working samples. The mass-produced ones will be released one month after the exhibition.

이 전시회에 참관하시면 저희 부스에 들러 주시기 바랍니다. 부스번호는 Hall 3 37A입니다.

Please drop by our booth when you come to the exhibition. Our booth number is Hall 3, 37A.

⋯▸ drop by ~에 들르다

이 전시회에 오실 계획이십니까? 전시기간 동안 편하신 날짜와 시간을 말씀해 주시면 미팅을 잡아 놓겠습니다.

Are you coming to the exhibition? We'd like to arrange a meeting with you at your convenient time.

⋯▸ at one's convenient time 편한 시간에 맞춰   arrange a meeting 회의일정을 정하다 (= schedule a meeting)

전시회 때 미팅에서 논의하고 싶은 내용이 있으시면 알려 주시기 바랍니다.

Please let us know the items to discuss at the meeting during the exhibition.

⋯▸ items to discuss 논의할 내용

전시회 기간 동안 샘플을 여유있게 준비해 놨기 때문에, 10개까지 구매 가능합니다.

We have enough samples in stock for the exhibition. You can purchase up to ten of them.

⋯▸ up to 최고~, ~까지

전시회 장소에서 귀사가 멀지 않으므로 전시회 때 뵈었으면 좋겠습니다. 귀사와의 의논 드릴 사업 아이템이 많이 있습니다.

I'd like to see you during the exhibition as the venue is near your company. I have many business items to talk about with you.

⋯▸ venue 장소

전시회 기간 동안 미팅 스케줄이 꽉 차 있어, 미팅 시간이 제한될 것입니다. 죄송하게 생각합니다.

As we are fully booked with meetings, we are very sorry to tell you that the available meeting time will be limited.

⋯▸ be booked with ~로 예약되다

전시회 부스에서 귀사와의 회의 시간이 충분치 않을 것 같으므로, 파리 시내에서 저녁을 함께 하시면서 좀 더 많은 얘기를 나눴으면 좋겠습니다.

We won't have enough time to talk with you at the exhibition booth. We'd like to talk more over dinner in downtown Paris.

⋯ talk over dinner 저녁을 먹으면서 얘기를 나누다

Winning Tip

고양이 잠을 자다

직장 생활을 하다 보면 며칠 후 있을 프레젠테이션 때문에, 혹은 월말 마감 등으로 연일 야근이 이어지는 때가 있다. 새벽 2시에 퇴근했지만 아침 8시까지 출근, 오전 내내 회의, 회의, 회의… 그런 상황에서 점심 식사 후 잠시라도 눈을 붙일 때 딱 적당한 표현이 바로 take a catnap이다. 직역하면 '고양이 잠을 자다'인데, 바로 '잠깐 눈을 붙이다'란 뜻이다.

잠깐 눈 좀 붙일게요.
I'd like to take a catnap.
= I need to catch up on some sleep.
= I need to get forty winks.

CHAPTER 18 거래처 방문 및 해외출장

거래처 방문에 앞서 방문 일정 등을 알리는 내용의 이메일이다. 거래처의 사무실이나 사업장 등을 방문하는 경우, 미리 방문하는 일정과 목적을 분명히 명시하는 것이 좋다.

SAMPLE EMAIL

We will visit you next Friday

As I told you before, my boss and I will visit your manufacturing plant next Friday. The purpose of my visit is to scout the computer equipment manufactured by your company. We've already made a reservation for a flight and a hotel near your plant. The Google map says it is 15 miles away from the plant. I will call you after we check into the hotel.

The purpose of my visit is to ~.(제가 방문하는 목적은 ~입니다)는 방문 목적을 설명할 때 흔히 사용되는 구문이다.

다음 주 금요일에 귀사를 방문하겠습니다

전에 말씀드린 바와 같이 사장님과 제가 귀사의 제조공장을 다음 주 금요일에 방문할 예정입니다. 이번 방문의 목적은 귀사가 제조하는 컴퓨터 장비를 살펴보는 것입니다. 비행편도 예약했고, 귀사 사업장 근처의 호텔도 예약했습니다. 구글 지도를 보니 사업장에서 15마일 정도의 거리라고 하는군요. 호텔에 체크인 하고 나서 전화드리겠습니다.

manufacturing plant 제조공장, 사업장 **scout** 정찰하다, 살펴보다 **make a reservation for** ~을 예약하다
check into a hotel 호텔에 체크인하다

144 방문 목적 밝히기

제 방문의 목적은 귀사가 제조하는 컴퓨터 관련 장비를 살펴보는 것입니다.
The purpose of my visit is to scout the computer equipment manufactured by your company.
⋯▸ scout 정찰하다, 살펴보다, 둘러보다   manufacture ~을 제조하다, 만들다

귀사를 방문해서 자재에 대한 표본검사를 수행할 계획입니다.
I will visit you to carry out a sample check of your materials.
⋯▸ carry out ~을 수행하다, 하다

주문에 대해 더 논의하기 위해 귀사의 제조시설을 방문하고자 합니다.
I'd like to visit your manufacturing facilities to further discuss our order.
⋯▸ further 더 이상의

다른 에너지 절약형 제품들에 대한 정보를 얻고 싶습니다.
I'd like to receive information on any other energy-saving products.
⋯▸ energy-saving 에너지 절약형의, 에너지를 적게 사용하는

얘기 나눈 바와 같이, LA 방문기간 동안 귀사의 공장을 둘러보고 싶습니다.
As discussed, I'd like to tour your factory during my visit to Los Angeles.
⋯▸ as discussed 논의한 바와 같이 (=as we have discussed)   tour 여행하다, 둘러보다

방문기간 동안, 귀사의 시스템에 아무런 문제가 없는지 재차 확인하고자 합니다.
During my visit, I'd like to double-check that everything is okay with your system.
⋯▸ double-check 재차 확인하다, 꼼꼼히 점검하다

제가 방문하는 이유는 모든 일들이 일정에 맞춰 잘 진행되고 있는지 확인하기 위해서입니다.
The reason for my visit is to make sure that everything goes by the schedule.
⋯▸ make sure ~을 확실히 하다   take care of ~을 돌보다, 관리하다   on time 제때에, 일정에 맞춰

프로젝트 진행 상황을 자세히 파악하고자 3월 20일 귀사를 방문하고자 합니다.
I'd like to visit you on March 20 to take a closer look at the progress of the project.

⋯▸ take a closer look at ~을 자세히 알아보다

저희가 이번에 새로 개발하려는 제품의 기능, 사양 등을 설명하고자 부장님을 찾아뵙고자 합니다.
I'd like to visit the department head to explain the functions and specifications of the product to develop.

⋯▸ department head 부장   specification 사양

이번 신제품 개발에 귀사의 의견을 듣고자 하오니 편하신 시간에 맞춰 방문하겠습니다.
We'd like to have your opinion on the development of the new product. We will visit you at your convenient time.

⋯▸ at one's convenient time 편리한 시간에

145 워크샵 및 행사 참가신청

9월 20일에 벨기에에서 열리는 세미나에 참가신청을 하고자 합니다.
I'd like to register for the seminar that will be held in Belgium on Sep. 20.

⋯▸ register for ~에 등록하다, 신청하다

워크숍에 참가하고자 합니다. 예약 부탁드립니다.
I'd like to join the workshop. Please reserve a slot for me.

⋯▸ reserve 예약하다, 잡아두다   slot 자리

이번에 열리는 워크숍에 참가하기 위해 이메일을 드립니다.
I am writing this email to join the upcoming workshop.

⋯▸ upcoming 앞으로, 다가오는

이번 5월에 열리는 워크숍에 참가하고자 합니다. 자세한 내용을 이메일로 부탁드립니다.
We'd like to participate in the workshop this May. Please kindly email me the details.

⋯▸ participate in ~에 참가하다   details 세부사항

2013년 7월 10일로 예정된 스마트폰 앱 세미나에 참석하려고 합니다.
I wonder if I can join the seminar on the smartphone apps scheduled for July 10, 2013.
⋯ (be) scheduled for ~로 (일정 등이) 예정된

귀사의 교육 워크숍에 관심이 있습니다. 어떻게 참가신청을 하는지요?
I'm interested in your training workshop. How do I join it?
⋯ be interested in ~에 관심이 있다

ICT 기술 워크숍 참가 신청을 지금도 할 수 있습니까?
Can I still register for the workshop on ICT skills?

세미나 신청기간을 놓쳤습니다. 아직 자리가 있는지요?
I missed the application deadline for the seminar. Are there any slots available?
⋯ application deadline 신청마감기한   slot 자리

칠레 조달청의 입찰 발표회에 참석하고 싶습니다. 어떻게 하면 되나요?
We'd like to participate in the bidding presentation of the Chilean Office of Public Procurement Service. What should we do?
⋯ bidding 입찰   office of public procurement service 조달청

오는 7월 중국에서 개최될 수출상담회에 참가하고 싶습니다. 그쪽에서 공급업체를 수배해서 미팅스케줄까지 잡아 주시나요?
We'd like to participate in the export consultation session in China scheduled for July. Are you going to search for suppliers and arrange a meeting with them?
⋯ consultation 상담   supplier 공급업체, 공급자

146 전시회 부스 신청

이번 박람회에 사용할 전시용 부스 예약을 하고 싶습니다.
I'd like to make a reservation for exhibition booths for the fair.
⋯ exhibition 전시   fair 박람회

다음 주말 회의를 위해 전시용 부스를 예약하려고 합니다.
I would like to book a display booth for the conference next weekend.
⋯▸ display 전시, 전시하다, 진열하다　book 예약하다 (= reserve, make a reservation for)

조금 전에 부스 예약신청서를 팩스로 보냈습니다. 받으셨는지 확인 바랍니다.
I just sent a booth reservation form to you by fax. Please confirm you have received it.
⋯▸ reservation 예약　confirm 확인하다

이번에 독일에서 열리는 박람회에 전시용 부스가 필요합니다.
We need an exhibition booth for the upcoming fair in Germany.
⋯▸ upcoming 앞으로 있을, 다가오는

우리 요구사항대로 부스를 설계해 줄 수 있는지 궁금합니다.
I wonder if you can design a booth to our individual requirements.
⋯▸ wonder if ~인지 아닌지 궁금하다　requirements 요구사항

다음 달에 있을 무역박람회용으로 부스를 주문제작 신청하려고 합니다.
We would like to have a custom-made booth for the trade show next month.
⋯▸ custom-made 주문제작의

주문제작형 전시부스에 대한 온라인 견적을 받고 싶습니다.
I'd like to obtain online quotes for custom display booths.
⋯▸ obtain 얻다, 구하다　quote 견적, 견적가 (= quotation)

표준 부스에 어떤 장비들이 포함되나요?
What equipment is included in a standard booth?

전시회 출입문의 정면에 위치해 있는 부스로 예약하고 싶습니다. 가격이 어느정도 되나요?
We'd like to reserve a booth facing the main gate of the exhibition hall. How much will it take?
⋯▸ face ~을 향하다

기본형 부스 2개를 예약하고 싶습니다. 자세한 견적과 옵션사항을 알려 주시기 바랍니다.
We would like to make a reservation for two basic booths. Please inform us of the detailed information on quotations and options.

⋯▸ make a reservation for ~을 예약하다 quotation 견적(=estimation)

147 방문 일정 잡기 및 일정 전달

화요일 오후 1시 30분에 공항에 도착하게 됨을 알려 드립니다.
This is to inform you that we will arrive at the airport on Tuesday at 1:30 p.m.

저희 사장님은 1월 11일 오후 3시에 도착하십니다.
I'd like to inform you of the arrival of my boss on January 11 at 3:00 p.m.

⋯▸ inform A of B A에게 B를 알리다

내일 밤에 런던으로 출발해서 목요일 오전 9시 20분에 공항에 도착할 예정입니다.
We are scheduled to leave for London tomorrow night and will arrive at the airport on Thursday morning at 9:20 a.m.

⋯▸ be scheduled to ~하기로 되어 있다, ~할 예정이다 leave for ~로 출발하다

우리 회의 일정은 다음과 같습니다.
Our meeting schedule is as follows.

⋯▸ as follows 다음과 같은, 아래와 같은

회의 안건은 아래에 나와 있습니다. 그 다음에 나오는 연례회의를 위한 회의일자 및 주제 목록도 참고하세요.
Below is our meeting agenda. It is followed by a list of our meeting dates and topics for the annual conference.

⋯▸ agenda 의사 일정, 회의 안건, 의제 followed by ~에 뒤이어, ~ 다음으로

본 이메일에는 서울에서 열리는 2013년 하계회의를 위한 안건이 포함되어 있습니다.
This email contains our meeting agenda for the 2013 Summer Conference in Seoul.

내일 오전 9시에 회의실에서 사업발표가 있음을 알려 드립니다.
This email is to remind you of the business presentation in the conference room scheduled for 9 o'clock tomorrow.
⋯ remind A of B A에게 B를 상기시키다   scheduled for ~로 예정된

첨부한 회의 일정을 참고하세요.
Please refer to the attached conference schedule.
⋯ refer to ~을 참고하다

4월 1일 오전 11시에 미팅이 있어서, 이날 오후나 다음날 오전에 회의를 잡았으면 좋겠습니다.
As we are scheduled for a meeting at 11 a.m. on April 1, we'd like to have the meeting in the afternoon on the same day or in the morning the next day.
⋯ be scheduled for ~하기로 되어 있다

저희 사장님께서는 5월 10일과 11일이 가능하십니다. 이 날들 중에 미팅이 가능하십니까?
My boss will be available on May 10 and 11. Will you be okay with either of those days?
⋯ either of ~중 하나

그날 하루 전체를 귀사에게 할애했기 때문에 모든 일정을 소화하기에 전혀 무리가 없을 것입니다.
As we have a whole day alloted for your company, we will have no problem at all with the schedule.
⋯ allot 할당하다, 할애하다

148 일정 조정

죄송합니다만, 회의 일자를 조정해야겠습니다.
I am sorry, but I need to reschedule our meeting date.
⋯ reschedule 일정을 새로 정하다

귀사의 공장 방문을 다음 주로 변경해도 괜찮으시겠습니까?
Would it be okay for you to change my visit to your factory to next week?

⋯▶ Would it be okay ~? ~해도 될까요, 괜찮을까요? (Is it okay ~?보다 정중한 표현)

실례의 말씀입니다만, 회의를 금요일 오후 2시에서 월요일 9시로 변경 요청 드립니다.
I'm afraid I have to request that we reschedule our meeting on Friday at 2 o'clock to Monday at 9 o'clock.

괜찮으시다면, 회의를 다음 주 월요일 오전 9시로 일정을 조정하고자 합니다.
If you don't mind, I'd like to have our meeting rescheduled to next Monday at 9 a.m.

죄송한 말씀입니다만, 비행기표가 없어서 프레젠테이션을 한 주 늦추면 어떨지 여쭙습니다.
I am sorry to ask you to postpone our presentation for a week due to the unavailability of flight tickets.

⋯▶ unavailability 가용하지 않음, 없음 postpone 연기하다, 지연시키다

일정이 겹치기 때문에, 내일 갖기로 한 회의를 다음 금요일로 변경했습니다.
In light of our scheduling conflicts, I have rescheduled our meeting from tomorrow to next Friday.

⋯▶ conflict 상충, 충돌

11월 2일 회의에 참석하기 어려울 것 같습니다. 가능하다면 11월 4일로 변경하고 싶습니다.
I'm afraid I will not be able to make it to our meeting on Nov. 2, and, if possible, I'd like to suggest we meet on Nov. 4.

⋯▶ make it to ~에 도착하다, 맞춰 가다

회사에 급한 일이 생겨서 미팅을 내일로 연기해도 괜찮을까요?
Something's come up at my company. Will it be okay to postpone the meeting until tomorrow?

⋯▶ something has come up 일이 생겼다 (마땅히 설명하기 어려운 애매한 경우에 적당한 표현이다) postpone ~ until ~을 ~까지로 미루다, 연기하다

그날 프로젝트 팀원 중 한 명이 선약이 있어 전원이 참석하기는 어려울 것 같습니다. 다른 날로 잡아도 될까요?

Not all of the project members can make it to the meeting as one of them has another engagement. Do you mind if we choose another day for the meeting?

⋯ **make it to** ~에 도착하다, 참석하다   **have another engagement** 선약이 있다 (= have a previous appointment)
   do you mind if ~해도 괜찮을까요?

죄송합니다만, 저희도 향후 2주일 동안 일정이 꽉 차서 일정변경이 불가할 것 같습니다.

I am sorry, but I cannot change my schedule as I have a very tight schedule for the next two weeks.

⋯ **have a tight schedule** 일정이 빡빡하다, 일정이 꽉 잡혀 있다

149 항공권 예약

토요일에 도쿄행 비행기 예약을 하려고 합니다.

I'd like to make a reservation for a flight to Tokyo on Saturday.

⋯ **make a reservation for** ~을 예약하다

서울 – 마드리드 구간 왕복 항공권을 예약하려고 합니다.

I'd like to book a round-trip ticket from Seoul to Madrid.

⋯ **round-trip ticket** 왕복여행 티켓

다음 주 월요일 서울에서 런던으로 가는 직항편을 예약해야 합니다.

I need to reserve a direct flight from Seoul to London for next Monday.

⋯ **reserve** 예약하다   **direct flight** 직항편

다음 주에 서울에서 뉴욕으로 가는 비행기표를 예약할 수 있나요?

Can I book a ticket for a flight next week from Seoul to New York?

⋯ **book** 예약하다 (= reserve, make a reservation for)

이번 주에 베트남 하노이로 가는 비행편에 대해 정보를 주시겠습니까?
Could you give me some information about flights to Hanoi, Vietnam for this week?

다음 주 화요일 오후에 시드니로 가는 비행편이 있나요?
Do you have any flights to Sydney next Tuesday afternoon?
⋯▸ flight 비행, 항공

서울에서 일본 나리타를 경유해서 파리로 가는 비행편을 예약하고 싶습니다.
I'd like to make a reservation for a flight from Seoul to Paris via Narita, Japan.
⋯▸ via ~을 경유하여, ~을 거쳐

150 호텔 예약

일반 객실로 예약을 하려고 합니다.
I'd like to make a reservation for a standard room.
⋯▸ make a reservation for ~을 예약하다

다음주로 예약하고 싶습니다.
I'd like to make a reservation for next week.

9월 세 번째 주말로 예약하려고 합니다.
I'd like to make a reservation for the third weekend in September.

10월 둘째 주에 빈방이 있나요?
Do you have any vacancies for the second week of October?
⋯▸ vacancy 빈방

단체 예약도 받나요?
Do you do group bookings?
⋯▸ booking 예약

더 싼 객실이 있나요?
Have you got anything cheaper?

에어컨이 있는 호텔 룸을 예약하고 싶습니다.
I'd like to book a hotel room with air conditioning.
⋯ book 예약하다

3월 3일부터 5일까지 이틀 밤을 더블베드 객실로 예약하려고 합니다.
I'd like to book a double room for two nights from Mar. 3 to Mar. 5.

인터넷 접속이 가능한 객실이 필요합니다.
I need a room with Internet access.
⋯ access 접속, 접근

다음 주말로 비즈니스 스위트 객실을 예약했는데 확인하려고 합니다.
I'd like to confirm my reservation for a business suite room next weekend.
⋯ confirm 확인하다, 재차 점검하다

151 차량 렌트

렌터카 예약을 하고 싶습니다.
I'd like to rent a car, please.

공항 교통편을 제공해 주는 렌터카를 예약하고 싶습니다.
I'd like to make a reservation for a rental car with airport service.
⋯ airport service 공항까지 이동할 수 있도록 교통편을 제공하는 서비스

내일부터 3일간 사용할 소형 자동차가 필요합니다.
I need to book a compact-sized car for three days starting tomorrow.
⋯ book ~을 예약하다

월요일부터 2주일간 차를 렌트하려고 합니다.
I'd like to rent a car for two weeks from Monday.

9월 7일부터 9월 10일까지 사용할 중형자동차를 렌트하려고 합니다.
I'd like to rent a mid-size car from September 7 to September 10.

다음 주 수요일부터 일주일간 사용할 수 있는 렌터카가 있나요?
Do you have any cars available for a week from next Wednesday?
⋯ available 사용이 가능한

최소 4일간 사용할 중형자동차를 렌트하려고 하는데, 가격만 맞으면 일주일 빌릴 수도 있습니다.
We would like to rent a mid-size car for at least 4 days but may do the whole week if we get a good price.

6월 첫 주에 베를린시를 둘러보려고 중형자동차 한 대를 렌트하고 싶습니다.
I would like to rent a mid-size car for the first week of June in Berlin to travel around the city.
⋯ travel around ~을 둘러보며 여행하다

내일 밤에 로스앤젤레스 공항에 도착하는데 이틀 동안 사용할 차를 렌트할 수 있나요?
I am flying into Los Angeles Airport tomorrow night, so can I book a rental car for two days?

152 예약 변경

가능하다면 예약을 변경하고 싶습니다.
I'd like to change my reservation if possible.
⋯ if possible 가능하다면

침대 두 개가 있는 방에서 침대 하나 있는 방으로 예약을 변경하고 싶습니다.
I'd like to change my reservation from a room with two beds to a room with one bed.
⋯ reservation 예약

죄송합니다만, 2월 12, 13일 주말로 예약한 사항을 취소해야 합니다.
I regret having to cancel my reservation for the weekend of February 12 and 13.

⋯ regret 후회하다, 유감이다

유감입니다만, 3월 21일 오리엔테이션 세미나 예약을 취소해야 합니다.
Regrettably, I must cancel my reservation for the orientation seminar on March 21.

이미 예약한 사항을 변경하려고 합니다. 어떻게 해야 하는지요?
I have to change an existing reservation. What do I do?

⋯ existing 기존의, 이미 존재하는

일이 생겼습니다. 기존 예약사항을 취소할 수 있는지 궁금합니다.
Something's come up. I wonder if I can cancel an existing reservation.

기존 예약을 변경해 새로 비행편을 예약할 수 있나요?
Can I change an existing reservation and make a new reservation for a flight?

3박 예약에서 5박으로 객실 예약을 변경하고 싶습니다.
I'd like to change my reservation for a room from three to five nights.

혹시 귀국 비행스케줄을 하루 앞당길 수 있나요?
Can I move up the schedule of my flight back home by a day?

⋯ move up a flight schedule 비행일정을 앞당기다

금요일 오후 2시 비행편에 예약대기 상태인데, 7시 비행편에 좌석이 있다면 그 비행편으로 예약 변경하고 싶습니다.
I am on the waiting list for the flight at 2 p.m. on Friday. I'd like to change my reservation for the flight at 7 p.m. if possible.

⋯ be on a waiting list for ~ 예약대기자 명단에 오르다

153 약속 잡기

내일 오전에 뵙고 싶습니다.
I'd like to meet you tomorrow morning.

약속을 잡으려면 어떻게 하면 되는지요?
How can I arrange a meeting with you?
⋯ arrange a meeting with ~와 약속을 정하다, 잡다

우리와 회의를 하시기에 언제가 편하신가요?
When would it be convenient for you to meet us?
⋯ convenient 편리한

회의 가능한 시간과 장소를 정해 주시겠습니까?
Would you indicate a suitable time and place to meet?
⋯ indicate 가리키다, 지시하다, 알리다   suitable 적당한, 편리한

새로운 디자인과 관련해서 회의를 하고 싶습니다.
I'd like to arrange a meeting with you regarding the new design.
⋯ regarding ~에 대해서 (=about)

이번 주 금요일 오후에 IT 프로젝트에 대한 논의를 하고자 하는데 괜찮으신지요.
I wonder if it would be convenient for you to discuss the IT project this Friday afternoon.
⋯ I wonder if ~하는 것이 어떨지요 (다소 완곡하게 제안하는 표현이다)

다음 달 첫 주로 약속을 정하고 싶습니다.
I'd like to set up an appointment with you for the first week of next month.
⋯ set up an appointment with ~와 약속을 정하다

다음 주에 괜찮으시면, 예산에 대한 회의를 잡으려고 합니다.
If you are available next week, I would be glad to arrange a meeting with you about the budget.
⋯ available (사용이) 가능한, (사람 등이) 가용한

제 사업제안서 논의를 위해 시간을 내 주시겠습니까?
Will you take the time to discuss my business proposal?
↳ take the time to ~하기 위해 시간을 내다 (= make [the] time)

월요일은 시간이 안 나고, 화요일은 가능할 것 같습니다.
I think I will be available on Tuesday, not Monday.

금요일 오후 4시가 괜찮으시면, 오후 2시 정도에 전화 드리고 방문하겠습니다.
If Friday at 4 p.m. is okay with you, I would like to call around 2 p.m. and visit you.

154 약속 수락에 대해 감사하기

우리와의 미팅에 응해 주셔서 감사드립니다.
Thank you for agreeing to meet with us.

미팅 요청을 수락해 주셔서 감사합니다.
I'd like to thank you for accepting my request to meet.
↳ accept one's request ~의 요청을 받아들이다

답장 감사합니다. 회의하는 데 시간이 오래 걸리지 않을 겁니다.
Thank you for your reply. The meeting will be a quick one.

이번 수요일 만남을 기대하고 있겠습니다.
I look forward to our meeting this Wednesday.
↳ look forward to ~을 기대하다

다음 주 미팅을 기대하겠습니다.
We look forward to meeting with you next week.

제조과정을 참관할 수 있도록 방문을 허락해 주셔서 감사합니다.
Thank you for allowing us to visit and to observe the manufacturing process.
↳ allow+사람+to ~가 ~하는 것을 허락하다

프로젝트 논의를 위해 찾아뵙는 걸 허락해 주셔서 정말 감사드립니다.
I really appreciate you allowing me to visit to talk with you about the project.

⋯ appreciate+사람+-ing ~에게 ~하는 것에 대해 감사하다

귀사의 엔지니어로부터 배울 수 있는 기회를 허락해 주셔서 감사합니다.
I'd like to thank you for granting us the opportunity to learn from your engineers.

⋯ grant ~을 주다

바쁘신 와중에도 저희와 일정을 잡아 주셔서 감사합니다.
I would like to thank you for arranging time for us despite your busy schedule.

⋯ despite one's busy schedule 바쁘신 와중에도 (= even with one's busy schedule) arrange time for ~을 위해 시간을 내다

155 약속 시간 변경

회의를 다음 주로 연기할 수 있을지요.
I wonder if we can push the meeting back to next week.

⋯ push ~ back to ~을 미루다

대단히 죄송합니다만, 금요일이 아닌 월요일에 뵈어도 될지요.
I am awfully sorry for asking you to meet me next Monday instead of Friday.

⋯ be awfully sorry for 대단히 죄송하다

회의를 목요일 오전으로 변경해도 괜찮겠습니까?
I wonder if it is okay with you to change our meeting to Thursday morning.

⋯ I wonder if ~인지 궁금하다

회의를 내일에서 다음 주 월요일로 변경해도 될까요?
Would it be okay to change the meeting from tomorrow to next Monday?

회의일자를 3월 2일로 조정하고자 합니다.
I would like to move our meeting to Mar. 2.

7월 10일에서 7월 17일 같은 시간으로 회의일자를 변경하려고 합니다.
I'd like to change our meeting date from July 10 to July 17 at the same time.

죄송합니다만, 일이 생겨서 금요일 회의가 어려울 것 같습니다. 다음 주에 뵐 수 있을까요?
Something's come up. I am sorry, but I won't be available for the meeting on Friday. Would it be possible to meet next week?

급한 일이 생겨서요. 수요일 오전 말고 오후가 괜찮으실지요?
Something urgent came up. Will Wednesday afternoon, instead of Wednesday morning, work for you?

⤷ work for ~에게 작용하다, 적용되다, 괜찮다

죄송합니다만 다음 주 초로 회의를 조정해도 될까요?
I am sorry, but could we reschedule our meeting to early next week?

갑자기 알려 드려 죄송합니다만 회의를 다음 주 금요일까지 연기해도 될까요?
I'm sorry for the short notice, but is there any chance we can put the meeting back until Friday.

⤷ short notice 임박한 공지, 통보   put ~ back ~을 뒤로 미루다, 연기하다

156 방문 후 감사인사

어제 뵐 수 있어서 감사했습니다.
Thank you for meeting with us yesterday.

디자인 회의로 만나 뵙게 되어 감사했습니다.
Thank you for meeting me to discuss the design.

시간을 내서 저희와 만나 주신 것 감사드립니다.
Thank you for taking the time to meet us.
⋯ take the time 시간을 내다

저희 제안서를 같이 논의할 수 있는 기회를 가져 정말 감사합니다.
We are really grateful to have a chance to discuss our proposal with you.

바쁘신 가운데 시간을 내 주시고 신제품에 대해 친절하게 설명해 주셔서 진심으로 감사드립니다.
I truly appreciate your taking time out of your busy schedule to kindly explain your new products.
⋯ take time out of one's busy schedule 바쁜 가운데 시간을 내다

바쁘신데도 불구하고 시간을 내서 의견을 나눠 주셔서 감사합니다.
I appreciate you taking time from your busy schedule to share your opinion.
⋯ share one's opinion ~의 생각, 의견을 공유하다

지난 월요일에 방문해서 귀사의 시설을 둘러볼 수 있는 기회를 주셔서 감사했습니다.
Thank you for the opportunity to visit with you and to see your facilities last Monday.

오스틴을 방문하는 동안 환대해 주신 점 감사드립니다.
I'd like to thank you for your hospitality during my time in Austin.

이번 방문에서 귀사분들이 저희를 진심으로 대해 주시는 것을 느낄 수 있었습니다.
I felt that we were warmly received by your company's employees.
⋯ be warmly received 환대받다

제 방문을 주선하시느라 애써 주셔서 진심으로 감사합니다.
I really appreciate you making the effort to arrange my visit.
⋯ arrange ~을 주선하다, 준비하다

이번 회의를 통해서 많은 문제점들이 해결되어 아주 유익한 회의였던 것 같습니다.
I found the meeting very useful as we could solve many problems.

157 환대에 대한 감사표시

환대해 주셔서 감사드립니다.
Thank you for your hospitality.
⋯▸ hospitality 환대(=warm welcome)

머무는 동안 환대해 주신 데 대해 정말 감사드립니다.
Thank you very much for your hospitality during my stay.

지난 주말에 얼마나 즐거웠던지 아직도 그 얘기랍니다.
We're still talking about what fun we had last weekend.

귀사를 방문하여 너무나 좋은 시간을 갖게 되어 다시 한번 감사인사 드리고자 합니다.
I just wanted to write a note to thank you again for the wonderful visit we had with you.

지난 주 회의에 참석했을 때 귀사의 시설을 둘러볼 수 있게 해주신 점 진심으로 감사드립니다.
Our sincere thanks for having us at your facilities when we attended the conference last week.
⋯▸ sincere 진실된

저녁만찬 정말 최고였습니다.
I couldn't have asked for a more enjoyable time than I had at your dinner party.
⋯▸ ask for ~을 요구하다, 바라다

저희에게 멋진 저녁을 대접해 주셔서 감사드립니다.
Thank you so much for the lovely dinner you treated us to.

저녁식사와 좋은 말씀 즐거웠습니다. 그리고 귀하와 귀하의 직원들을 만나 뵈어 참 기뻤습니다.
I enjoyed the dinner and conversation, and it was a great pleasure to meet you and your employees.

귀사의 방문기간 동안 즐거운 시간이 되도록 해주셔서 깊이 감사드립니다.
We are deeply grateful to you for your warm hospitality during our visit to your company.

방문기간 내내 너무 많은 시간을 함께해 주셔서 감사드립니다만, 바쁘신 와중에 부장님 시간을 너무 많이 뺏은 게 아닌가 싶습니다.
I appreciate you spending so much time with us during our visit, but I am afraid we took too much time out of your busy schedule.

⋯ take time out of ~에서 시간을 내다, 시간을 쓰다

158 방문 취소 및 연기

수요일 오후 3시에 뵙기로 했던 약속을 지키기 어려울 것 같습니다.
I'm afraid I will not be able to make it to our meeting on Wednesday at 3:00 p.m.

⋯ make it to ~에 (시간에) 맞춰 가다

1월 29일 오전 9시에 뵙기로 했던 약속을 취소해야 하겠습니다.
I need to cancel the appointment I made to see you on January 29 at 9:00 a.m.

유감스럽지만, 귀사의 운동제품을 논의하려던 약속을 취소해야 할 것 같습니다.
I regret that I must cancel our appointment to discuss your athletic products.

⋯ athletic 체육의, 운동의

죄송합니다만 다음 주 목요일에 귀하를 만나기가 어렵겠습니다.
I am sorry that I will be unable to schedule a time to meet with you next Thursday.

⋯ schedule a time to ~하기 위해 일정을 잡다

유감스럽지만, 다음 금요일 오전 10시 30분 약속을 지키기 어렵게 되었습니다.
I regret that I will be unable to keep our 10:30 a.m. appointment next Friday.

⋯ keep one's appointment 약속을 지키다

이번 달이 우리에게 일년 중 가장 바쁜 시기입니다. 조금 한가해지면 뵙는 걸로 하겠습니다.
This month is the busiest time of the year for us. I will be pleased to meet with you after things slow down a bit.

⋯ slow down 느슨해지다, 천천히 가다

159 바이어 초청 및 방문

여건이 되시면 저희 회사에 방문하여 주십시오.
If time permits, I would like you to visit my company.

⋯ if time permits 괜찮으시면, 여건이 되시면

저희가 보유한 시설들은 한국 전역에 위치하고 있어, 하루 만에 둘러보기는 어려우므로 최소 2~3일 정도 방문일정을 잡으셔야 합니다.
As our facilities are located across the nation, it will be difficult to take a tour of them in one day. So please be informed that you need to arrange to visit for two or three days.

다음 달 중으로 귀사의 생산설비, 사무실 등을 돌아보러 방문하겠습니다.
We are visiting your manufacturing facilities, offices, and other sites sometime next month.

공급계약을 맺기 전에 귀사를 방문하여 공장 등을 돌아보고 싶습니다.
We'd like to visit your company to take a tour of your factories before signing a supply contract.

⋯ take a tour of ~을 둘러보다

귀사가 원하는 제품을 적시에 공급할 자신 있습니다. 저희 공장과 생산설비를 직접 보시면 옳은 선택을 하셨다고 생각하실 겁니다.
We are confident that we can supply the product your company needs on time. I believe you will realize that you made a right decision if you see our factory and manufacturing facilities.

⋯ be confident ~을 확신하다

160 바이어의 숙박 주선

방문하시는 인원이 몇 명입니까? 그리고 방문자의 여권 성함을 알려 주시기 바랍니다.
How many of you will visit us? And please let us know the visitors' names as they are written in their passports.

묵으시는 호텔의 등급과 가격대는 어느 정도가 좋습니까?
What type of a hotel and what price range can you afford?

원하시는 방의 종류를 말씀해 주세요.
Please let us know what type of rooms you want.

호텔방을 예약하는 데 특별히 요구하시는 조건이 있나요?
Do you have any preferences when making a reservation for a hotel room?
→ have any preferences ~을 선호하다, 특별히 요구하는 조건이 있다

트윈룸에 인터넷 가능한 시내 전망 있는 방으로 예약해 드렸습니다.
We reserved a twin-bed room with a downtown view and Internet access.

호텔측에서 예약시 필요하다며 신용카드 정보를 요구하고 있습니다.
The hotel requested your credit card information as it is necessary to make a reservation.

2월 7일부터 3일간 귀사를 방문할 예정입니다. 한국에는 처음이라 적당한 호텔을 잡아 주시겠습니까?
We plan to visit you for three days from Feb. 7. Would it be possible for you to make a reservation at an affordable hotel?
→ affordable 알맞은, 적당한

제가 원하는 호텔은 시내 중심가에서 가까우면서 인근에 각종 편의시설이 있는 호텔입니다.
I prefer a hotel which is close to downtown and other convenient facilities.
→ convenient facilities 편의시설

귀사를 방문하는 사람이 남자 1분, 여자 1분이므로 싱글룸 2개로 예약해 주시기 바랍니다.
Please make a reservation for two single rooms as one male and one female will visit you.

남자분이 키가 크셔서 더블룸을 선호하십니다.
The male visitor prefers to have a double-bed room as he is tall.

161 픽업 약속

도착시간에 맞춰 제가 공항으로 모시러 가겠습니다.
I will go to the airport to pick you up when you arrive.
⋯➝ pick up ~을 마중가다

도착장 출구 앞에 제가 선생님 성함을 적은 종이를 들고 서 있겠습니다.
I will wait for you with a sign with your name on it at the arrival gate.

휴대전화 해외로밍은 하실 예정이십니까? 그렇다면 제가 도착시간 조금 지나서 전화를 드리겠습니다.
Are you going to use an overseas roaming service? If yes, then I will call you a little after you arrive.

혹시 출장오시는 분들의 짐가방이 몇 개 정도 되는지 알 수 있을까요? 이것에 따라서 다른 차를 가져가려고 합니다.
Could you let me know how many pieces of luggage the visitors will have? The type of car I bring depends on your answer.

귀하가 묵으실 호텔에서 제공하는 셔틀버스가 출구 7A 바로 앞에 있으니 이용하시기 바랍니다. 저는 호텔에서 기다리겠습니다.
You can take a shuttle bus right in front of Gate 7A that is operated by the hotel where you are going to stay. I will wait for you at the hotel.

제 머리색깔은 갈색, 키는 180센티미터 정도, 옷은 청바지에 체크무늬 남방을 입고 있겠습니다.
I have brown-colored hair and am six feel tall. I will wear jeans and a checkered shirt.
⋯▸ checkered shirt 체크무늬 남방

만일 입국장 출구에 제가 없으면 바로 건너편에 있는 안내데스크 앞에 계시기 바랍니다.
Please wait for me around the information desk right across from the arrival gate if you cannot find me.
⋯▸ information desk 안내데스크

162 일정 알리기

오시는 첫날에는 저희가 공항에서 호텔까지 모셔다 드리고 저희와 함께 저녁식사를 하실 예정입니다.
On the first day you arrive, we will take you to the hotel and then have dinner together.
⋯▸ take A to B A를 B로 데려가다

둘째 날에는 저희 회사 사장님 및 임원진과 인사를 하시고, 회사소개를 프레젠테이션으로 해드릴 예정입니다.
On the second day, I will introduce you to the president and other executives of the company. And then I will make a presentation about our company.

점심식사 후 저희 공장설비, 시설, 창고설비, 테스트 장비 등을 둘러보실 것입니다.
You are going to tour and look at our factory, facilities, storage areas, and testing equipment after lunch.
⋯▸ tour ~을 둘러보다

셋째 날에는 저희 연구소 방문이 있겠으며, 그곳에서 기술적인 문제 등을 논의하도록 하겠습니다.
On the third day, you are scheduled to visit our research lab, where we will discuss technical matters.
⋯▸ research lab 연구소

이번 회의에서 논의할 사항이 많아서 다른 일정은 잡지 않았습니다.
You have nothing scheduled as we have many items to dicuss at the meeting.

귀사에서 잡아 두신 다른 일정이 있으시면 알려 주시기 바랍니다. 그럼 그 시간을 배려하여 일정을 조절해 드리겠습니다.
Please inform us of any other things you are planning to do. We will adjust the schedule for your convenience.
⋯ inform A of B A에게 B를 알려 주다 for one's convenience ~가 편한 대로

혹시 한국에서 가시고 싶은 곳이 있으시면 말씀해 주십시오. 저희가 준비를 해드리도록 하겠습니다.
If you would like to visit any place in Korea, please let us know, and we will arrange it.

163 방문 후 피드백 받기

편안하게 귀국 잘 하셨습니까?
Did you have a good flight back to your country?

이번에 저희 회사를 방문해 주셔서 진심으로 감사드립니다.
We'd like to thank you for your visit to our company.

이번에 방문하셔서 좋은 시간 되셨는지 모르겠습니다.
We hope you had a good time while you visited us.
⋯ have a good time 즐거운 시간을 갖다

저희 모든 임직원들은 귀사분들이 방문해 주셔서 아주 기뻤습니다.
All of the employees were very happy with your visit to our company.
⋯ be happy with ~에 기뻐하다

이번 방문을 계기삼아 귀사와의 프로젝트가 반드시 성공하도록 최선의 노력을 다하겠습니다.
In the wake of your visit to us, we will do our best to make the project with your company successful.
⋯ in the wake of ~을 계기로, 계기 삼아

이번 방문을 통해 상호신뢰가 많이 쌓인 것 같아 좋았습니다.
I enjoyed the recent visit as it helped us deepen our mutual confidence.
⋯ mutual confidence 상호신뢰

귀사분들의 이번 방문으로 저희 회사에 대해 더 잘 아시게 되었으면 합니다.
We hope that your recent visit will serve as an opportunity to have a better understanding of our company.
⋯ serve as an opportunity 기회가 되다   have a better understanding of ~에 대해 더 잘 알게 되다

혹시 이번 방문 후 하시고 싶은 말씀이 있으시거나 방문 때 물어 보시지 못한 것이 있다면 부담 갖지 말고 알려 주시기 바랍니다.
Please feel free to let us know if you have anything you would like to mention following your recent visit or if there is anything you forgot to ask us during your visit.

164   참석 인원 통지 및 문의

저희 쪽 참석 인원은 저와 저희 팀장님 이렇게 두 명입니다. 귀사에서는 몇 분이 참석하실 예정인가요?
The head of my team and I will go to the meeting. How many of you will join us?

청중이 누구이고 몇 명이나 되는지요?
Who and how large is the audience?

이번 회의에는 저희 부장님, 저는 참석확정이고요, 저희 차장님 한 분은 참석여부가 확실치 않네요.

The department head and I will certainly join the meeting, but it is still not determined if the deputy department head will also join us.

⋯ department head 부장 deputy department head 차장

회의실 예약을 위해 참석인원수를 알아야 합니다.

We need to know the number of attendees at the meeting to reserve a meeting room.

⋯ attendee 참석자

귀사에서 해주시는 제품교육에 저희측에서는 하드웨어 수리기사 1명, 소프트웨어 엔지니어 1명이 참석할 예정입니다.

One of our hardware technicians and one of the software engineers are scheduled to participate in the training program on your product.

회의를 한 후 바로 저녁식사를 할 예정입니다. 식사예약을 위해 몇 분 정도 식사가 가능하신지 알려 주시겠습니까?

We plan to have dinner right after the meeting. Would you let me know how many of you can stay for dinner?

세미나 참석자명단이 저에게 있습니다. 어떤 분이 참석했는지 문의하시면 제가 확인해서 명단을 이메일로 보내 드리겠습니다.

I have a list of the seminar attendees. If you would like to know who participated, I will check and email the list to you.

165 회의 준비 및 요청

회의실에서 무선 인터넷 사용이 가능한가요?

Can I use wireless Internet in the conference room?

⋯ wireless Internet 무선인터넷

제게 주어진 프레젠테이션 시간이 얼마나 되나요?
How much time do I have for the presentation?

마이크를 사용할 수 있나요?
Can I use a microphone?

청중을 위해 프레젠테이션 내용을 복사할 수 있는지 궁금합니다.
I wonder if I can make copies of my presentation for the audience.
⋯ make copies of ~을 복사하다

프레젠테이션 때 복사를 몇 부나 해야 하는지요?
How many copies do I need to make for the presentation?

혹시 회의 유인물의 프린트를 부탁드려도 될까요?
May I ask you to print the meeting handouts?
⋯ meeting handouts 회의 유인물

프레젠테이션에 쓸 랩탑 컴퓨터를 갖고 가야 하나요?
Do I need to bring my laptop computer with me for the presentation?

프레젠테이션 룸에 프로젝터가 설치되어 있나요?
Do you have a projector in the presentation room?

원본에 문제가 생길 경우를 대비해서 예비로 복사하고 싶습니다.
I'd like to have backup copies just in case something goes wrong with your master copies.
⋯ backup 예비의 go wrong with ~이 잘못되다

프레젠테이션 때 비디오 자료를 사용할 겁니다. 인터넷 접속이 가능한가요?
I am going to use a video clip in the presentation. Does the room have access to the Internet?
⋯ access to ~에 접속, 접근

프레젠테이션때 오디오 파일을 사용하려고 하는데 회의실에 스피커가 있나요?

Does the conference room have speakers as I will play some audio files during my presentation?

⋯▸ conference room 회의실

저희가 마련한 회의 자료를 제본해야 할 것 같습니다. 회의장 근처에 제본할 수 있는 곳이 있습니까?

I think we need to have our meeting handouts bound. Is there a binding shop near the conference venue?

⋯▸ bind 제본하다 binding shop 제본가게

이번 세미나 참석인원이 많을 것으로 예상됩니다. 최소 300명 이상 수용할 수 있는 회의실이 필요합니다.

It is expected that we will have many participants at the seminar. We need to find a meeting room to accommodate at least 300 people.

⋯▸ accommodate ~을 수용하다, 받아들이다

이번 세미나에는 멀리서 오시는 분들이 많아서 주차공간이 충분한 회의장소를 예약하고 싶습니다.

I'd like to reserve a conference venue with a large parking lot as we have many participants coming a long way.

⋯▸ come a long way 멀리서 오다

166 교통편 문의

공항에서 컨벤션 센터까지 얼마나 걸리나요?

How long does it take to get from the airport to the convention center?

공항에서 귀사까지 택시를 타면 얼마나 걸리나요?

How long does it take if I take a taxi from the airport to your company?

공항에서 호텔까지 어떤 교통편이 좋을까요?
Which mode of transportation is better for me to go to the hotel from the airport?

시내에서 주로 사용하는 교통편은 무엇인가요?
What are the main means of transportation in the city?
⋯▶ means of transportation 교통편

공항에서 대학까지 다른 교통편이 있나요?
Are there any other means of transportation from the airport to the university?

호텔까지 택시를 타면 택시요금을 얼마나 예상해야 하나요?
How much will the fare be if I take a taxi to go to the hotel?
⋯▶ fare 요금 take a taxi 택시를 타다

호텔에서 공항마중 서비스를 제공하나요?
Does the hotel provide airport pickup service?
⋯▶ pickup 마중

누가 마중 나오는지요?
Who is coming to pick me up?

마이클 씨가 묵으시는 호텔은 인천공항에서 셔틀버스가 있습니다. 승차장 위치를 표시한 안내도를 첨부하오니 참조하시기 바랍니다.
The hotel where Michael will stay offers an airport shuttle service. Please refer to the attached map with a bus stop marked.
⋯▶ offer an airport shuttle service 공항으로 오가는 셔틀버스 운행을 하다   refer to ~을 참조하다, 언급하다
　　marked with ~이 표시된

제가 오전 8시에 호텔로 모시러 가겠습니다.
I will come to the hotel at eight o'clock in the morning to pick you up.
⋯▶ pick up ~을 마중하다, 차로 모시다

한국에서는 외국인이 운전하기 어렵고 위험할 수도 있습니다. 저희가 방문기간 동안 차로 모실 예정입니다.

It would be difficult and dangerous for a foreign visitor to drive in Korea. We will drive you during your stay.

⋯ drive ~을 차로 모시다

서울 시내에서 지하철을 이용하면 편리합니다. 지하철 약도를 첨부해 드리니 미리 한번 살펴 보시기 바랍니다.

It is convenient for you to take the subway in Seoul. Please have a look at the subway map attached.

⋯ have a look at ~을 보다

Winning Tip

넥타이가 비뚤어졌어요
비즈니스에서 옷 매무새를 단정하게 하는 것은 매우 중요하다. 더구나 주요 거래처나 핵심 고객 등과 만나는 자리라면 옷차림에 신경 쓰게 마련이다. 그런데 같이 간 동료의 넥타이가 비뚤어져 있다. 직접 넥타이를 매만져 줄 수도 없고, 거래처 사람이 나오기 전에 한마디 해줘야 할 텐데 과연 뭐라고 해야 할까? '비뚤어진' 상태는 crooked를 써서 표현한다.

Your tie is crooked.
넥타이가 비뚤어졌네요.

19 회의 공지

회의를 공지하는 이메일을 보낼 때는 날짜 및 시간과 더불어 참석 대상을 분명히 명시하는 것이 좋다. 아울러 회의의 의제를 미리 공지하거나 관련 자료를 첨부파일 등으로 공유하는 것이 필요하다.

SAMPLE EMAIL

Next Friday meeting notice

- **We will be holding a meeting next Friday from 2:00 p.m. to 3 p.m.** All managers are required to attend the meeting. Please read the document attached before the meeting and email me by tomorrow morning if you have other agenda. A major topic for discussion is the solutions to the current global financial crisis.

······ '회의가 열리다, 회의가 있다'는 hold a meeting이라고 표현한다.

다음 주 금요일 회의 공지

다음 주 금요일 오후 2시에서 3시까지 회의가 있습니다. 과장님들은 전원 회의에 참석하셔야 합니다. 첨부한 파일을 회의 전에 읽으시기 바라며, 다른 의제가 있을 경우 내일 오전까지 이메일로 보내 주십시오. 주요 의제로 현재의 전 세계적인 금융위기의 해결책에 대해 논의할 예정입니다.

hold a meeting 회의를 하다 **agenda** (회의의) 의제 **solution to** ~에 대한 해결책

167 회의 공지

다음 주 금요일 오후 2시에서 3시까지 제1회의실에서 회의를 가질 예정입니다.
We will be having a meeting next Friday from 2:00 p.m. to 3:00 p.m. in meeting room #1.
⇢ have/hold a meeting 회의를 하다   meeting room 회의실

프로젝트 관련 회의에 대한 안내를 드립니다.
This is to inform you of an upcoming meeting regarding the project.
⇢ regarding ~에 대하여

3월 10일 월요일에 퇴직 관련 신규계획에 대한 회의에 참석하시기 바랍니다.
Plan to attend the meeting on our new retirement plan on Monday, March 10.
⇢ plan to ~할 준비를 하다   attend a meeting 회의에 참석하다   retirement 퇴직

과장님들은 수요일 오후 2시 회의에 전원 참석해야 합니다.
All managers are required to attend the meeting on Wednesday at 2:00 p.m.
⇢ manager 과장, 부장   be required to 반드시 ~해야 하다

전 직원 대상의 특별회의가 내일 오후 1시에 회의실에서 있으니 참석하시기 바랍니다.
Please plan to attend the special meeting for all employees tomorrow at 1:00 p.m. in the conference hall.
⇢ conference hall 회의실 (= meeting room)

특별회의에 귀하의 참석이 요망되오니 명심하시기 바랍니다.
Please be advised that we will hold a special meeting at which your attendance is requested.
⇢ be advised ~을 명심하다, 권고 받다

참석할 계획이면, 아래 양식으로 회신 부탁드립니다.
If you are planning to attend, please RSVP with the form below.
⇢ RSVP 회신 부탁하다 (프랑스어 répondez s'il vous plaît'의 약어로, 뜻은 please reply이다)

2013년 5월 9일 수요일에 늘 모이던 장소에서 회의를 개최합니다.
The meeting will be held on Wednesday, May 9, 2013 in our usual venue.

⋯▸ venue 장소, 개최지

금년도 정기총회 공지를 드리게 되어 기쁘게 생각합니다.
It gives me great pleasure to write to you with the notice of this year's annual general meeting (AGM).

⋯▸ it gives me great pleasure to ~하는 것이 기쁘다   notice 공지

다음 주 금요일 오후 2시에 저희 본사에서 프로젝트 전체 진행사항을 총정리하는 시간을 갖겠습니다.
We plan to hold a wrap-up meeting on the overall progress of the project at the head office at 2 p.m. next Friday.

⋯▸ wrap-up meeting 마무리 회의, 총정리 회의

168 의제 알리기

이번 회의의 목적은 다가오는 여행 시즌에 대해 논의하는 것입니다.
The purpose of the meeting is to discuss the upcoming tourist season.

⋯▸ upcoming 다가오는, 앞으로의

이번 회의에서는 각 사업장에서 신규제품 출시가 지연되고 있는 원인에 대해 보고를 듣게 됩니다.
The aim of the meeting is to hear each factory's report regarding the delay of the new product launch.

⋯▸ aim 목적   delay 지연

IT 컨설턴트이신 박 교수님께서 시스템 사양에 대해 자세한 발표를 하실 겁니다.
Professor Park, an IT consultant, will conduct a detailed presentation regarding the system specifications.

⋯▸ specifications (제품, 기계 등의) 사양

주요 토의 의제로 현재의 전 세계적인 금융위기의 해결책에 대해 논의할 예정입니다.
A major topic for discussion is the solutions to the current global financial crisis.

⋯▸ solution to ~에 대한 해결책

회의에서 재무부서의 발표가 있을 예정입니다.
At the meeting, we will hear a report from the Financial Department.

⋯▸ Financial Department 재무부서, 재무과

기타 회의 의제로는 회의 준비 상황에 대한 내용이 포함되어 있습니다.
Other issues on the meeting's agenda include an update on preparations for the conference.

⋯▸ agenda 의제, 논의사항

심슨 씨께서 내년도 연간 예산에 대한 프레젠테이션을 하실 겁니다.
Mr. Simpson will give a presentation on next year's annual budget.

⋯▸ annual budget 연간 예산

오전 회의에서 그레이스 파커 영업이사님이 프로젝트의 비용효과에 대해 설명을 하실 예정입니다.
At the morning meeting, Grace Parker, the sales director, will explain the cost benefits of the project.

⋯▸ benefits 이득, 혜택

이번 회의에서는 귀사의 예상 구매수량 및 마케팅 전략에 대해서 논의할 예정입니다.
We will discuss the expected amount of your purchase and marketing strategies at the upcoming meeting.

⋯▸ upcoming 다가오는

월요일 귀사를 방문하셔서 저희 제품의 업그레이드 일정에 대해서 논의하고자 합니다.
We'd like to visit you on Monday to discuss a schedule of our product upgrading.

169 회의/모임에 대한 상기

이번 주 금요일에 회의가 있음을 알려 드립니다.
I'd like to remind you of the meeting to be held this coming Friday.
⋯▸ remind A of B A에게 B를 상기시키다

회의일자가 10월 2일에서 10월 9일로 변경되었음을 다시 알려 드립니다.
Please remember that the meeting date has been changed to Oct. 9 from Oct. 2.

회의가 9시에 시작됨을 다시 알려 드립니다. 늦어도 8시 50분까지 도착하시기 바랍니다.
Please remember that the meeting will start at 9:00. So plan to arrive no later than 8:50.
⋯▸ no later than 늦어도

첫 회의가 다음 주 금요일로 변경된 것을 기억하시기 바랍니다.
Please do not forget that our first meeting has been moved to next Friday.

오늘 밤 환영파티에 꼭 참석하셔야 합니다.
Please make sure that you attend the reception tonight.
⋯▸ make sure ~하는 것을 분명히 하다

다음 주 월요일 저녁으로 파티가 예정되었음을 다시 알려 드리고자 이메일을 드립니다.
This email is to remind you of the party scheduled for next Monday evening.
⋯▸ scheduled for ~로 예정된

약속했던 회의날짜가 내일 오전 11시입니다. 오래 전에 잡은 것이라 확인 이메일 보내 드렸습니다.
We are supposed to have a meeting at 11 a.m. tomorrow. I am emailing you to remind you of the meeting as it was arranged a while ago.
⋯▸ a while ago 얼마 전에   be supposed to ~하기로 되어 있다

내일 오전 저희 고객사 중 하나를 방문하기로 한 사실을 상기시켜 드리고자 본 이메일을 보냅니다.

This email is to remind you of the scheduled visit with one of our clients tomorrow morning.

⋯▸ remind A of B A에게 B를 상기시키다

오늘 저녁 10시에 프로젝트 팀원 전체 전화회의가 있음을 잊지 마십시오.

Please remember to join the telephone conference with all of the project members at 10 tonight.

⋯▸ remember to ~하는 것을 잊지 마라, 기억하라

170 회의 후 요약

이 이메일은 어제 회의를 요약한 것입니다.
This email summarizes the meeting yesterday.

회의 요약내용을 첨부합니다.
I attached a file of the meeting summary.

다음 내용은 회의를 요약한 것입니다.
The following is the summary of the meeting.

다음은 지난 월요일 회의의 요약 내용입니다.
The following is a summary of the meeting we had last Monday.

이 이메일 내용은 지난 주말 J&J 홀에서 열렸던 회의의 요약입니다.
This email summarizes the meeting that took place at the J&J Hall last weekend.

⋯▸ take place ~이 발생하다, 열리다

웹 게시판에 회의 요약본을 방금 올렸습니다.
I just posted the meeting summary to the web board.

⋯▸ post ~을 게시하다

지난 주 회의를 요약한 첨부파일을 확인하시기 바랍니다.
Please find a file attached which summarizes the meeting last week.

회의 요약본은 수요일까지 참석자들에게 이메일로 발송될 예정입니다.
The meeting summary will be emailed to the participants by Wednesday.

제 비서가 오늘 가진 회의 내용의 요약사본을 이메일로 드릴 겁니다.
My secretary will email a copy of the summary of the meeting we had today.

171 회의록 송달

회의록을 이메일로 보내 드립니다.
I am emailing you a copy of the meeting minutes.
⋯▸ meeting minutes 회의록 (= minutes)

어제 열렸던 회의의 회의록을 보내 드렸습니다.
I emailed you a copy of the minutes of the meeting we had yesterday.

어제 드린 이메일에 첨부파일로 회의록을 보냈습니다.
I emailed you yesterday and attached the meeting minutes.

회의록을 늦게 보내 드려 죄송합니다.
I am sorry for the late meeting minutes.

공식 회의록은 나중에 보내 드리도록 하겠습니다.
The official meeting minutes will be emailed to you later.

회의록을 첨부합니다.
The meeting minutes are attached to this email.
⋯▸ be attached to ~에 붙이다, 첨부하다

파일로 첨부한 회의록을 확인바랍니다.
Please find the attached meeting minutes.

회의록에 서명을 해서 다시 이메일로 보내 주시기 바랍니다.
Please sign the meeting minutes and email them back to me.

첨부한 회의록을 확인하시고, 누락된 것이 있으면 이메일 주시기 바랍니다.
Please find the attached meeting minutes and email me if I missed anything.

회의록에 누락된 것이 있으면 추가해 주세요.
Please add anything missing from the meeting minutes.
⋯ anything missing 빠뜨린 것, 누락된 것

하단에 있는 지난 월요일 오후에 열렸던 회의록을 확인하시기 바랍니다.
Please find below the minutes for the meeting we had last Monday afternoon.

죄송하지만 어제 귀사에서 회의에 참석하신 다른 한 분의 성함을 회의록에 기록하지 못했습니다. 차장님께서 적어 넣으신 후 서명까지 받아 주시면 감사하겠습니다.
I couldn't put the other participant from your company on the meeting minutes. I would appreciate it if you could write down his name on the minutes and have him sign the document.

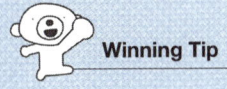
Winning Tip

'건배'를 영어로?

술자리에서 흔히 "건배" 또는 "위하여~"라며 기분 좋게 술을 마시자는 제의를 하게 된다. 영어로는 이를 Cheers!라고 하는데, 구체적인 대상을 밝힐 때는 뒤에 전치사 to를 사용하면 된다. 한편, "원샷"은 영어로는 Bottoms up!이라고 한다. 술잔의 바닥을 위로 하라는 것이니까 결국 끝까지 다 마시라는 말이 된다.

Cheers! 건배!
Bottoms up! 원샷!
Cheers to our business! 우리의 사업을 위하여!
To your health! 당신의 건강을 위하여!

의견 및 협상 표현

CHAPTER 20

상대방의 이해를 구하는 이메일을 보내는 경우, 왜 그럴 수밖에 없는지에 대해 충분한 근거와 이유를 제시해야 한다. 아울러 정중하게 양해를 구하는 표현을 쓰는 것도 필요하다.

SAMPLE EMAIL

Notification of a price increase in our product

The ongoing market situation is hardly favorable to our company. Such being the case, we are very sorry to tell you this but we cannot help but to increase the unit price beginning next year due to the recent rise in the prices of raw materials. **We ask for your understanding regarding this matter.**

••••• '양해'를 구할 때는 your understanding (너의 이해, 즉 양해)을 꼭 기억하자.

제품가격 인상 공지

현 시장상황이 우리 회사에 불리합니다. 상황이 이렇다 보니, 유감스럽게도 원자재 가격 상승으로 인해 내년부터 단가를 상향 조정할 수밖에 없습니다. 이 문제에 대해 귀사의 양해를 바랍니다.

favorable to ~에게 바람직한, 좋은 **unit price** 단가 **raw materials** 원자재 **ask for one's understanding** ~의 양해를 구하다

172 상대방의 이해 구하기

이 문제에 대해 귀하의 양해를 바랍니다.
We ask for your understanding regarding this matter.
⋯ ask for one's understanding ~의 양해를 구하다

실정이 이러하니, 우리 입장을 이해해 주시기 바랍니다.
Such being the case, please understand our position.

귀하의 양해와 협조를 진심으로 바라는 바입니다.
I sincerely ask for your understanding and cooperation.

상황이 이러한 점 이해해 주십시오.
Please excuse us for the way things are right now.
⋯ excuse ~을 이해하다, 양해하다

우리 회사의 새로운 규정과 시스템을 이해해 주시기를 바랍니다.
We hope that you understand our new policy and system.

우리의 상황을 이해해 주시고 협조해 주시기를 바랍니다.
We hope you will understand our situation and kindly cooperate with us.

주문 시 은행수수료를 고려해 주세요.
Please make allowances for any bank transfer fees when ordering.
⋯ bank transfer fee 은행수수료   make allowances for ~을 고려하다, 감안하다

현재 그 건에 관해 할 수 있는 것이 많지 않다는 점을 이해해 주시기 바랍니다.
Please understand that there isn't much I can do about it now.

귀사 주문제품에 대한 납기를 최대한으로 단축하고 있습니다. 저희의 상황을 이해해 주셨으면 합니다.
We are doing our best to finish your order at the earliest possible time. Please understand our situation.
⋯ do one's best 최선을 다하다   at the earliest possible time 가능한 한 빠른 시간에

자재납품 상황이 불확실해 귀사에 정확한 선적일을 제시 못하는 것을 이해해 주시기 바랍니다.
Please excuse us for not providing you with the exact date of shipment due to the uncertain status of materials delivery.

⋯▸ date of shipment 선적일   delivery 전달, 배달, 납품

173 시장상황 설명하기

현 시장상황은 작년 2/4분기와 유사합니다.
The current market conditions are similar to Q2 of last year.

⋯▸ be similar to ~와 유사하다

현 시장상황은 우리 회사에 불리합니다.
The ongoing market situation is hardly favorable to our company.

⋯▸ favorable 우호적인, 바람직한

최근의 유가변동으로 인해 우리 회사의 생산량과 가격에 변화가 있습니다.
Recent changes in the price of oil are affecting our production amount and prices.

원자재 가격의 상승으로 인해, 내년부터 단가를 올릴 수밖에 없습니다.
Due to the recent rise in the prices of raw materials, we cannot help but to increase the unit price beginning next year.

⋯▸ raw materials 원자재   unit price 단가

시장상황이 불확실하므로, 생산량을 조정하는 것이 불가피합니다.
It is inevitable that we will adjust the volume of our product as the market situation is uncertain.

⋯▸ adjust 조정하다

시장상황을 고려해서 1월부터 가격을 낮추기로 하였습니다.
Considering the market situation, we decided to lower our prices starting in January.

급변하는 시장상황에 잘 대처해야 합니다.
We should keep pace with the rapid changes in the market.
⋯→ keep pace with ~에 발맞추다, 대처하다

현재의 시장상황은 내년까지 지속될 것으로 예상됩니다.
The current market situation is expected to remain the same until next year.

그리스, 이탈리아발 경제위기로 인해 EU 전체의 경기가 위축될 것으로 예상되고 있습니다.
The overall economy of the EU is expected to shrink due to the economic crises in Greece and Italy.
⋯→ shrink 줄어들다

한국이 인프라가 매우 잘 발달되어 있어, 신제품 반응 테스트하기에는 최적의 장소라고 생각됩니다.
Korea is a perfect test-bed for evaluating customers' responses to new products as Korea has a well-developed infrastructure.
⋯→ test-bed 시험대

2월은 다른 달에 비해 짧고 더군다나 올 2월에는 설 연휴가 끼어 있어서 자동차 매출이 저조할 것으로 예상됩니다.
I am afraid that we will have a poor sales performance of automobiles as February has fewer days and Lunar New Year's Holidays, falls in February this year.
⋯→ poor sales performance 저조한 판매실적

174 확신 표현하기

우리 회사의 제품에 만족하실 거라 확신합니다.
I am sure that our product will make you satisfied.

잉글리시트리가 올바른 사업모델을 갖고 있다고 확신합니다.
I am confident that Englishtree Co. has the right business model.

우리가 동일한 목표를 갖고 있다고 확신합니다.
I am convinced that we share the same objectives.
⋯ be convinced ~을 확신하다

이번 프로젝트의 성공을 100% 보장합니다.
I can guarantee the success of the project 100%.

새로운 공장이 금년에 완공될 것으로 100% 확신합니다.
I am 100% positive that our company will finalize the construction of the new plant this year.

귀사가 주문한 제품을 제때 배달할 수 있다는 점에 대해 믿으셔도 됩니다.
You have my word on the delivery of your order on time.
⋯ have one's words on ~에 대해 믿음을 주다, 확신을 주다

우리 파트너사가 귀사가 주문한 제품을 제때 배달할 것임을 보장합니다.
We guarantee that our partners will provide delivery of your orders on time.

신제품에 대한 신뢰도가 아주 높다고 확신합니다.
We are confident that our brand-new product is highly reliable.

이번에는 우리가 입찰을 따내리라 확신합니다.
Nothing can shake my assurance that we will win the bid this time.
⋯ nothing can shake one's assurance that ~에 대해 확신하다

유럽에서 귀사에 대한 이미지와 평판이 좋다고 확신합니다.
I am sure that your company has a good image and reputation in Europe.
⋯ have a good image and reputation 좋은 평판을 누리다

저희 경리부서에서 이미 송금을 했다고 하니, 빠른 시일 내에 받으실 것으로 확신합니다.
As the Accounting Department said it has remitted the money, you will certainly receive it as soon as possible.
⋯ remit 송금하다 (=wire, transfer, send)

저희 제품이 타사 제품보다 불량률이 훨씬 적다는 것을 확신합니다.
I can say for sure that our product has a much lower defect rate than the others.
⋯→ defect rate 불량율

175 해명하기

귀사의 주문이 아직 처리되지 않은 이유에 대해 설명 드리고자 이메일을 드립니다.
I am writing this email to explain why your order is not yet complete.

귀사의 주문품 배달이 늦어진 이유가 있습니다.
There are some reasons for the delayed delivery of your order.
⋯→ delayed 늦은, 뒤처진

최근 발생한 온라인 거래 문제에 대해 설명 드리고자 합니다.
I'd like to give an explanation of the recent problems with the online transactions.
⋯→ transaction 거래

의도와 달리 지불이 늦어진 이유에 대해 해명하고자 합니다.
We'd like to clarify the causes of the unintended late payment.
⋯→ clarify ~을 해명하다   unintended 의도하지 않은, 뜻하지 않은

본 이메일을 통해 이런 실수가 어떻게, 왜 발생했는지 해명되기를 바랍니다.
I hope that this email will explain how and why the mistake took place.
⋯→ take place 일어나다, 발생하다

우리 회사가 직면한 어려운 상황에 대해 자세히 설명 드리고자 합니다.
I think I should give a full account of the unfavorable situation facing us.
⋯→ give a full account of ~에 대해 충분히 설명하다

최근 배달지연은 공장 인근의 심한 홍수로 인해 발생하였습니다.
The recent delayed delivery was caused by the heavy flooding near the factory.
⋯▸ heavy flooding 심한 홍수

이번 사고에 대해 해명할 수 있는 기회를 주시기 바랍니다.
Please give us the opportunity to provide an explanation of the accident.
⋯▸ provide an explanation 해명하다 (= offer an explanation, explain)

제기하신 문제점들의 원인을 파악해 본 결과, 다음과 같은 이유들이었습니다.
We examined the causes of the problems you brought up and found the following reasons for them.
⋯▸ examine the causes of ~의 원인을 파악하다 bring up ~을 제기하다 (= raise)

저희 바이어측에서 귀사의 제품 구입을 망설이는 이유는 아직 귀사에 대해 잘 알지 못해서입니다.
One of the reasons why our buyer is hesitating to purchase your product is that your company is somewhat unfamiliar to the buyer.
⋯▸ hesitate to ~하는 것을 망설이다

176 중요성 강조하기

사장님은 비용 절감의 필요성을 강조하셨습니다.
My boss emphasized the need to reduce expenses.

우리 회사는 제품의 디자인을 중요하게 여깁니다.
We place much more importance on the design of our products.
⋯▸ place more importance on ~을 더 중요하게 여기다

개인적으로 프로젝트 관리에서 실용성을 가장 중요하게 생각합니다.
I personally put the most importance on the practicality in project management.
⋯▸ put importance on ~을 중요히 여기다, ~을 강조하다

사업의 성공을 위해 상호협력하는 노력을 아끼지 않아야 한다는 점을 강조하고 싶습니다.
I'd like to emphasize that we should make a collaborative effort to be successful in business

⋯ make a collaborative effort 조화로운 노력을 하다, 상호협력하며 노력하다

사업에서 연구개발의 중요성은 너무나 절대적입니다.
I cannot stress the importance of research and development for business enough.

⋯ cannot stress enough ~하는 것을 아무리 강조해도 지나치지 않다, 너무나 중요하다

귀하의 프레젠테이션을 통해 비즈니스에서 기술 활용에 집중해야 하는 필요성이 잘 강조되었다고 생각합니다.
I think your presentation highlighted the need to focus on utilizing technology in business.

⋯ highlight ~을 강조하다 (= underscore, stress)

대표이사님은 미래를 위한 변화와 혁신의 중요성을 강조하셨습니다.
The CEO stressed the importance of change and innovation for the future.

⋯ stress the importance of ~의 중요성을 강조하다

모든 기업은 사회 복지에 공헌해야 한다는 점을 특히 강조 드립니다.
I'd like to emphasize that all of the companies should contribute to public welfare.

그 어느 때보다도 이번 프로젝트는 파트너사들 간의 협력이 가장 중요합니다.
Cooperation among the partners is more crucial to the project than ever before.

⋯ crucial 중요한 (= vital)

최근에는 기업들의 윤리경영이 가장 중요한 화두로 떠올랐습니다.
Ethical management has recently become a major talking point.

⋯ ethical management 윤리경영   talking point 화두 (= conversation topic)

177 가능성 피력하기

신제품이 2/4분기부터 시장에 선보일 가능성이 아주 많습니다.
It is highly likely that our new product will be available starting in the second quarter.
⋯ be highly likely ~할 가능성이 아주 높다

금년에 유럽 프로젝트를 우리가 수주할 가능성이 아주 많습니다.
The chances are very fair that we will win the Europe project this year.
⋯ the chances are fair 가능성이 높다 win a project 프로젝트를 수주하다, 따내다

우리 회사가 새 공장 건설 계약을 수주할 가능성이 아주 높습니다.
The chances are very high that our company will be awarded a contract to build a new plant.
⋯ be awarded a contract 수주하다

시제품을 3개월 내로 완성할 수 있는 가능성이 높습니다.
There is a fair chance that the first prototype model will be completed within three months.
⋯ prototype model 시제품

유가가 내년에는 아주 많이 하락할 가능성이 큽니다.
There is a strong likelihood that oil prices will drop significantly next year.
⋯ strong likelihood 가능성이 농후함, 가능성이 아주 많음

우리 회사가 입찰을 딸 수 있는 가능성은 비교적 낮은 편입니다.
The chance of winning a bid is relatively low for our company.
⋯ win a bid 입찰을 따다

유가가 내년에 하락할 가능성은 희박합니다.
There is still a remote chance that oil prices will go down next year.
⋯ remote chance 희박한 가능성

우리 사장님이 월요일에 런던에 도착하시긴 어렵습니다.
There is a slim chance that my boss will arrive in London on Monday.
··→ slim chance 희박한 가능성

경쟁제품들과의 품질비교 테스트에서 저희 제품이 승리할 가망성이 높습니다.
It is highly likely that we beat the other rival companies in the quality comparison test.
··→ it is highly likely that ~할 가능성이 높다   quality comparison test 품질비교 테스트

지인을 통해 알아봤는데, 저희가 가격을 제일 낮게 입찰했다고 들었습니다. 따라서 이번 공사는 저희가 따낼 가망성이 큽니다.
One of my acquaintances told me that my company made the lowest bid among the tenderers. So we have a better chance of winning the construction contract.
··→ make a bid 입찰에 응모하다   tenderer 입찰자(= bidder)   win a contract 계약을 따내다

178 완곡한 불만 제기

귀사의 복사기가 너무 자주 고장이 납니다.
I would like to bring to your attention that the copy machine breaks down too often.
··→ bring A to one's attention A에 대해 ~의 주목을 끌다   break down (기계 등이) 고장나다

귀사의 제품이 제대로 작동하지 않아 실망입니다.
I am disappointed because your product has not performed as it should.

귀사의 고객서비스에 불만이 있습니다.
I am afraid that I am dissatisfied with the customer service.
··→ be dissatisfied with ~에 불만족스러워하다

제품을 교체 또는 수리해 주시기 바랍니다.
Please ensure that the product is either replaced or repaired.
··→ ensure ~하는 것을 분명히 하다

유감스럽게도 제품에 결함이 있다는 점을 알려 드립니다.
I regret to inform you that the product is defective.
⇢ regret to inform ~하는 것을 알려 드려 유감스럽다   defective 결함이 있는

결함 있는 제품이 배송되었다는 점을 알려 드립니다.
I wish to bring to your notice that a defective product was delivered to me.
⇢ bring ~ to one's notice ~에 대해 통보하다, 알려 주다

이번 일에 대해 즉각적인 조치를 해주시기 바랍니다.
I look forward to your immediate action on this occasion.

빠른 시일 내에 가능한 조치를 가지고 답변 주시기 바랍니다.
I hope that you will reply with a possible course of action as soon as possible.

귀사의 제품은 좋으나 관련 서비스가 부족한 것 같습니다.
Your product is good in quality but your customer service is unsatisfactory.
⇢ good in quality 품질이 좋은   unsatisfactory 만족스럽지 못한

귀사 제품의 가격과 선적에는 만족합니다만 문제 발생시 대처가 조금 더 빠르면 좋겠습니다.
I am satisfied with the prices and shipping of your products, but I hope you will handle problems more quickly.
⇢ handle a problem 문제에 대처하다

귀사의 어떤 제품에 대해서도 실망한 적이 없습니다. 이번 일에 대해 조속한 조치를 취하기를 바랍니다.
I have never been let down by any of your products before, and I look forward to your immediate action on this occasion.
⇢ be let down 실망하다

오랫동안 귀사에 대해 만족해온 고객입니다. 이런 문제는 처음이군요.
I have been a satisfied customer of your company for many years, and this is the first time I have encountered a problem.
⇢ encounter a problem 문제를 겪다

179 강력한 불만 제기

귀사의 데스크탑 컴퓨터에 너무나 실망했습니다.
I am very disappointed with your desktop computer.

배달된 자전거가 결함투성이라는 점을 통보합니다.
I wish to bring to your knowledge that the bicycle delivered to me is defective.
⋯ bring ~ to one's knowledge ~에 대해 알려 주다

유감스럽지만 귀사는 필요한 시험 점검을 하지 않은 것으로 보입니다.
I regret to inform that your company did not perform any necessary trials and checks.
⋯ regret to inform ~에 대해 통보하게 되어 유감이다

소비자보호기관에 통보하기 전에 3주를 기다리겠습니다.
I will wait for three weeks before informing the consumer protection agency.

일주일 내로 제대로 작동하는 새 프린터로 교체하거나 환불해 주시기 바랍니다.
I request that you either replace the printer with a functioning new one or refund my money within a week.
⋯ replace A with B A를 B로 교체하다

몇 번이나 전화를 했지만, 이 문제는 아직까지 전혀 해결되지 않았습니다.
Despite my repeated calls, the matter has not been resolved at all.
⋯ resolve a problem 문제를 해결하다

저희와만 거래하겠다고 하셨는데, 경쟁사 매장에 귀사의 제품이 있더군요. 어떻게 된 건지 납득할 만한 설명 바랍니다.
You promised to do business only with our company, but we found your products in the stores of our rival companies. I need an acceptable reason for this.
⋯ do business only with ~하고만 거래를 하다   acceptable reason 납득할 만한 해명

180 조언/권유하기

우리 회사의 신규제품을 한번 써 보시기 바랍니다.
We'd like to recommend that you try our new product.

런던에서 갖는 이번 교육 워크숍에 참석하시면 어떨런지요?
May I suggest that you consider attending an upcoming training workshop in London?

귀사 근처의 우리 회사 판매사원에게 연락하시기 바랍니다.
I recommend that you contact our sales representative near your company.
⋯▸ sales representative 판매사원

무역박람회 기간 동안 우리 회사의 전시부스에 와 주시면 좋겠습니다.
I would like to invite you to visit our booth during the trade exposition.
⋯▸ trade exposition 무역박람회

제품공급 견적서를 제출해 주시기 바랍니다.
You are kindly requested to submit your quotation for the supply.
⋯▸ quotation 견적 be kindly requested to ~하는 것을 권유하다, 요청하다

이 양식을 작성해서 가급적 빠른 시일 내에 보내 주시기 바랍니다.
You are kindly requested to complete this form and to return it at your earliest convenience.
⋯▸ at one's earliest convenience 빠른 시일에

추후 질문이 있으실 경우를 대비해서 이 전화번호를 저장하시기 바랍니다.
You are kindly recommended to save this phone number for further questions.
⋯▸ be kindly recommended to ~하는 것을 권유하다

기부해 주시면 감사하겠습니다.
We will be grateful if you can help us with a donation.
⋯▸ be grateful 고맙다, 감사하다

181 조언 수용하기

친절한 조언을 주셔서 감사합니다.
Thanks for your kind advice.

전문적인 조언을 주신 데 대해 감사드립니다.
I would like to thank you for the professional advice.

귀하의 조언을 모두 참고하겠습니다.
I am going to take all of your advice into account.
⋯ take ~ into account ~을 고려하다

조언해 주셔서 감사합니다. 조언이 제게 정말 도움이 됩니다.
Thank you for your advice. It really means a lot to me.

조언을 참고해서 어떤 결과가 나올지 지켜보겠습니다.
I will take your advice and see if I can get any results.

귀하의 조언을 받아들이겠습니다. 제게 정말 큰 도움이 됩니다.
I will take your advice. You are a very big inspiration to me.
⋯ inspiration 영감, 기발한 생각, 감화를 주는 것

귀하의 조언은 정말 정곡을 찌르는군요.
Your advice really hit me right on the head.
⋯ hit ~ on the head ~에게 정곡을 찌르다, 핵심을 찌르다

귀하의 조언을 앞으로 마음에 새기도록 하겠습니다.
I will keep your tips in mind in the future.
⋯ keep ~ in mind ~을 마음에 새기다, 명심하다

귀하의 조언이 정말 도움이 되었습니다.
Your advice really worked.
⋯ work ~이 도움이 되다, 효과가 있다

182 염려/우려 표현하기

비용 문제가 신경쓰입니다.
I am concerned about the expenses.
··→ be concerned about ~이 염려되다, 신경이 쓰이다

원자재 가격이 너무 염려스럽습니다.
We're very concerned about the prices of raw materials.
··→ raw material 원자재

입찰의 결과가 걱정됩니다.
I am anxious about the results of the bidding.

파업이 한동안 계속될까 걱정스럽습니다.
It is feared that the strike will drag on for some time.
··→ drag on 질질 끌리며 나아가다

노조의 태업이 걱정됩니다.
I am worried about sabotage by the labor union.

걷잡을 수 없는 유가로 인해 몹시 걱정됩니다.
We are extremely worried about runaway oil prices.
··→ runaway 걷잡을 수 없는

우려되는 말씀입니다만 제때 배송되지 못할 것 같습니다.
I am afraid to say that the delivery cannot be made on time.
··→ be afraid to say ~라고 말하는 것이 우려스럽다

최근의 불확실한 상황이 한동안 계속되지 않을까 염려스럽습니다.
I am afraid that the recent uncertainty will continue for a while.
··→ for a while 한동안

현재의 경제위기가 더 심각해질 것이라는 우려가 점점 커지고 있습니다.
There is a growing concern that the current economic slump will get worse.

원자재 가격이 계속 상승하고 있어 저희 입장에서는 고민이 많습니다.
We are agonizing over the ever-increasing prices of raw materials

⋯ agonize over ~에 대해 고민하다, 걱정하다   raw material 원자재

저희 고객이 귀사의 제품가격을 계속 깎으려고 하고 있어 어디를 마지노선으로 해야 할지 걱정입니다.
One of our clients keeps asking us to lower the price of your product. We are wondering how much we can lower the price.

⋯ lower price 가격을 내리다

183 질문하기

구매한 제품의 지불 옵션에 대해 질문이 있습니다.
I would like to inquire about payment options for the products we purchased.

주문한 제품이 예정대로 발송되었는지 궁금합니다.
I wonder if the products we ordered were shipped as scheduled.

⋯ as scheduled 예정대로, 일정대로

회의 일자가 왜 변경된 건지 알려 주실 수 있는지요.
I wonder if you could tell us why the meeting was rescheduled.

⋯ be rescheduled ~의 일정이 조정되다, 변경되다

이번에 열리는 무역박람회에 귀사가 참석하는지 궁금합니다.
I am wondering if your company can participate in the coming trade fair.

⋯ trade fair 무역박람회

회의에 누가 참석하는지에 대해 질문이 있습니다.
I have a quick question about who is coming to the meeting.

⋯ quick question 간단한 질문

신규 디자인 프로젝트 담당자가 누구인지 알려 주시겠습니까?
Would you tell me who is in charge of the new design project?
⋯→ be in charge of ~을 담당하다

프로젝트와 관련하여 진척이 있는지 계속 알려 주시겠습니까?
Could you keep us informed of any progress made in relation to the project?

언제 시제품 디자인을 발표하시는지 알려 주시면 감사하겠습니다.
I would like you to keep me posted on when you will release the prototype design.
⋯→ keep ~ posted on ~에게 ~에 대해 알려 주다 prototype design 시제품 디자인

귀사의 품질관리 업무 절차가 어떻게 되시는지 알려 주시기 바랍니다.
Please inform us of the quality control process at your company.

어제 정부관계자와의 회의는 잘 마치셨습니까? 어떻게 얘기되셨는지 궁금해서 메일 드렸습니다.
How was the meeting with the government officials? I am emailing to ask you to keep us posted on the meeting.

구직 신청 상태에 대해 질문이 있어 이메일을 드립니다.
I am emailing to inquire about the status of my application for the position.
⋯→ inquire about ~에 대해 문의하다

184 찬성하기

회의에서 하신 말씀에 동의합니다.
I agree with what you said at the meeting.
⋯→ agree with ~와 동의하다

전적으로 동의합니다.
I can't agree with you more.
⋯→ can't agree more 전적으로 동의하다

전적으로 동의하는 바입니다.
I completely agree with you.
⋯ completely agree with ~와 전적으로 동의하다

이번 계획에 찬성합니다.
I'd like to give my assent to the plan.
⋯ give one's assent to ~에 찬성하다

귀하의 내년도 사업제안에 전적으로 찬성합니다.
I agree unreservedly with your proposal for next year's business.
⋯ unreservedly 전적으로, 전혀 거리낌없이

사장님이 신규 유럽 프로젝트를 시작해도 좋다고 승낙하셨습니다.
My boss gave me the green light to start the new European project.
⋯ give ~ the green light to ~에게 ~하는 것을 허락하다

이번 일에 대해 귀하의 의견에 찬성합니다.
I am with you on this.
⋯ be with ~의 편이다

귀하의 말이 옳다고 생각합니다.
I think you're right.

그 문제에 대해 양측의 의견이 일치하네요.
Both of us have the same opinion on the issue.

서로 조금씩 양보하고 협력해야 한다는 사실에 서로가 공감하고 있습니다.
We agree with each other that we need to make concessions and cooperate.
⋯ make a concession 양보하다

185 완곡한 반대

죄송합니다만, 저는 시장 트렌드에 대해 귀하와는 다른 생각을 갖고 있습니다.
I am sorry, but I have a different opinion from yours on the market trend.
⋯▸ have a different opinion on ~에 대해 다른 입장이다

죄송합니다만, 이번 사안에 대해 동의할 수 없습니다.
I am sorry, but I am not with you on this issue.
⋯▸ be with ~에게 동의하다

죄송합니다만, 귀하의 의견을 수용할 수 없습니다.
Sorry, but I don't buy your opinion.
⋯▸ buy one's opinion 받아들이다, ~의 의견을 이해하다

이번 일에 대해 잘못 생각하고 계신 것 같습니다.
I am afraid that you misread the situation.
⋯▸ misread 오해하다, 잘못 판단하다

이번 계획을 추진할 수 없다고 생각합니다.
I don't think we can go ahead with the plan.
⋯▸ go ahead with ~을 추진하다

당신의 의견에 동의할 수 없습니다.
I am afraid I cannot agree with you.

제안하신 내용에 전적으로 동의하지는 않습니다.
We do not completely agree with you on the suggestion.

주장하시는 바가 저희 생각과 조금 다른 부분이 있습니다.
What you have claimed is somewhat different from what we think.

186 거절하기

죄송합니다만, 귀하의 요청사항을 거절할 수밖에 없습니다.
I am sorry, but I have to refuse your request.

죄송합니다만 귀하의 제안을 거절할 수밖에 없습니다.
I am very sorry, but I have to turn down your offer.
⋯ turn down one's offer ~의 제안을 거절하다

귀하의 요청을 거절하게 되어 미안합니다.
I am sorry to decline your request.
⋯ decline one's request ~의 요청을 거절하다

이번 달에는 귀하에게 더 이상의 휴가를 허락할 수 없습니다.
I am afraid I cannot grant you any more leave this month.
⋯ grant ~을 허락하다

유감스럽게도 이번에는 귀하에게 도움이 되지 못하겠습니다.
I am sorry, but I cannot be of help to you this time.
⋯ be of help to ~에게 도움이 되다

귀사의 제안을 받아들이지 못하게 되어 유감스럽게 생각합니다.
I regret to inform you that we will not be taking your offer.
⋯ regret to inform ~을 통보하게 되어 유감스럽게 생각하다

죄송합니다만, 귀하의 요청을 처리할 수 없습니다.
We're sorry, but we are unable to complete your request.

죄송합니다만, 귀하의 사업제안을 받아들일 수 없습니다.
I am sorry, but I disapprove of your business proposal.
⋯ disapprove of ~을 불허하다

귀하를 이번에 우리 회사에 채용하지 못하게 되어 진심으로 안타깝게 생각합니다.
We sincerely regret that we cannot offer you employment with our company at this time.

귀사의 요청을 받아들이려고 했지만, 내부적으로 상세히 검토한 결과 수용할 수 없음을 알려 드립니다.
We tried to accept your request, but we're sorry to tell you this that our internal intensive review found that we cannot process your request.

귀사에서 제시하신 가격이 너무 낮아 요청을 받아들일 수 없습니다.
We're sorry, but we cannot accept your request as the suggested price is too low.

요청하신 부분은 비용이 너무 많이 들어가 저희가 처리하기에는 불가능합니다.
We found it impossible to handle your request as the expense would be too great.

187 오해 풀기

제 말을 오해하신 것 같군요. 오해 없으시기 바랍니다.
I think you misunderstood me. Please don't get me wrong.
⋯› misunderstand 오해하다 get ~ wrong ~을 오해하다

귀하의 의도를 오해했습니다. 그 점 대단히 죄송하게 생각합니다.
I misunderstood your intention. I am awfully sorry about that.

아무런 오해가 없기를 바랍니다.
I don't want there to be any misunderstandings.

우리 회사에 대한 소문은 사실과 거리가 멉니다.
The rumor about our company is far from the truth.
⋯› be far from ~와 거리가 멀다

저번에 보낸 이메일은 약간 오해의 소지가 있어서 제 의도를 더 설명 드리겠습니다.
My previous email was a little misleading, so I will further explain my intentions.
⋯› misleading 오해의 소지가 있는

당사에 대해 가지고 계신 오해를 해소하고자 합니다.
We'd like to clear up some misunderstandings you seem to have about us.
⋯ clear up a misunderstanding 오해를 해소하다

본 이메일로 양측 사이에 한치의 오해도 남지 않기를 진심으로 바라는 바입니다.
I sincerely hope that this email will get rid of any misunderstandings between us.
⋯ get rid of ~을 없애다, 해소하다

귀사가 갖고 계신 이 오해를 어떻게 해서든 해소해야 합니다.
I really have to explain away this misunderstanding you have.
⋯ explain away a misunderstanding (설명을 통해) 오해를 풀다

저희가 귀사 제품을 구매할 의사가 없는 것으로 오해하신 모양입니다. 그건 사실이 아니고, 다만 저희가 생각하고 있는 조건과 맞아야 한다는 뜻이었습니다.
You misunderstood us as not being interested in purchasing your product. That isn't the case. What we meant was that the conditions should somehow be met.
⋯ meet the conditions 요구조건에 맞다

188 대안 제시하기

제게 대안이 하나 있습니다.
I have an alternative plan.
⋯ alternative plan 대안

대안을 제시하겠습니다.
I'd like to make an alternative proposal.
⋯ make an alternative proposal 대안을 제시하다

이번 문제에 대해 다른 해결방도를 모색하기 위해 만나고 싶습니다.
Please allow me to meet with you to find an alternative solution to the problem.
⋯ solution to ~에 대한 해결책

해외시장 진출 방법에 대한 보다 좋은 생각이 있습니다.
I have a better idea of how to enter the overseas markets.
⋯ enter a market 시장에 진출하다

원래의 마케팅전략보다 더 좋은 대안이 있습니다.
I have a better alternative to the original marketing strategy.
⋯ alternative to ~의 대안

판매실적을 개선할 수 있는 대안을 제시하고자 합니다.
I'd like to propose an alternative method of improving our sales performance.
⋯ sales performance 판매실적

귀사의 제품 수출과 관련하여 대안을 모색해 주시겠습니까?
Would you consider some alternative ways of exporting your products?

189 이유/조건 말하기

다른 일들이 너무 많아서 귀사의 제안을 받아들일 수 없습니다.
I must turn down your offer because we're currently overwhelmed with other business.
⋯ turn down one's offer ~의 제안을 거절하다 be overwhelmed with ~에 압도당하다, ~이 넘쳐나다

주문이 밀려들어와서 귀사의 주문을 당장 처리하기는 어렵습니다.
We cannot deal with your order immediately as we have a flood of orders.
⋯ immediately 즉시, 당장 a flood of 홍수처럼 많은, 굉장히 많은

해외주문이 너무 많아서, 당분간 주문을 받을 수 없습니다.
Because we are swamped with orders from overseas, we cannot take orders for the time being.
⋯ be swamped with ~이 넘쳐나다 for the time being 당분간

총파업이 진행되는 관계로 납기일을 맞출 수 없습니다.
We cannot meet the deadline due to the ongoing general strike.
⋯▸ meet the deadline 일정/납기를 맞추다   general strike 총파업

새로운 판매정책으로 인해 본 계약은 원래 만료일 이상 연장할 수 없습니다.
I cannot extend the contract beyond its original expiration date because of our new sales policy.
⋯▸ expiration date 종료일, 만기일

찬성합니다만 딱 한 가지 조건이 있습니다.
I agree with you but have just one reservation.
⋯▸ reservation 조건

선적일자를 재조정한다면 동의하겠습니다.
I would agree with you if you reschedule the shipping dates.
⋯▸ reschedule 일정을 재조정하다

일정이 빠듯한 게 아니라면 협상을 계속할 의향이 있습니다.
We would like to continue our negotiations if you are not on a tight schedule.
⋯▸ be on a tight schedule 일정이 빠듯하다

일주일 내로 선적을 해 주신다면 제안을 받아들이겠습니다.
I will accept your offer if you are willing to ship the product within a week.
⋯▸ be willing to 기꺼이 ~하다

선금이 입금되어야만 저희는 생산에 착수할 수 있습니다.
We can start manufacturing the products only when we receive the deposit.
⋯▸ receive the deposit 선금을 받다

190 타협 제안하기

프로젝트 재정 마련 방안에 대해 타협안을 제시하고자 합니다.
I would like to suggest a compromise on how to finance the project.
⋯▸ suggest a compromise 타협안을 제시하다

저작권 보호 문제에 관해 타협할 수 있기를 희망합니다.
I hope we can reach a compromise on the copyright protection issue.
⋯▸ copyright protection 저작권 보호

투자액에 대해 타협의 여지가 있습니다.
There is room for compromise on the amount of investment.
⋯▸ room for ~의 여지

신제품 가격에 대해 타협할 준비가 되어 있습니다.
We are prepared to compromise on the price of the new product.

다음 회의에서 합의가 이루어지기를 희망합니다.
We hope that a compromise will be reached at the next meeting.
⋯▸ reach a compromise 타협하다, 합의하다

구매가격에 대해 귀하와 타협할 의사가 있습니다.
We are willing to compromise with you on the purchase price.

저희가 제안해 드린 내용이 마음에 들지 않으실 경우, 귀사가 원하시는 바를 말씀해 주시면 참고하겠습니다.
If you don't like my suggestion, please let me know what you want. I will consider it.

현재 사안에 대한 저희와 귀사의 의견이 다소 차이가 나는데, 일주일 이내로 절충안을 마련하여 다시 찾아뵙겠습니다.
As both of us hold somewhat different views on the issue, I will visit you again within a week with a compromise proposal.
⋯▸ hold different views on ~에 대해 이견을 보이다 compromise proposal 절충안

191 최후 통첩

본 이메일은 귀하의 자동차 보험 갱신에 대한 마지막 안내입니다.
This email is a final reminder to renew your car insurance.
⋯▸ reminder 독촉장

일주일 내로 지불이 이행되지 않을 경우, 서비스 중단 통보가 있을 겁니다.
Unless you pay within a week, a disconnection notice may be issued.
⋯▸ disconnection 연결중단, 단절

등록 취소에 대한 최후통지를 이메일로 드립니다.
I am writing this email to give you a final notice of the cancellation of the registration.
⋯▸ give a final notice 최후통지를 하다 cancellation 취소

본 이메일로 법적조치의 개시를 통지함을 유의해 주시기 바랍니다.
Please note that this email serves as a notice to commence legal proceedings.
⋯▸ commence ~을 시작하다

지불이 이행되지 않을 시 법적인 조치를 취할 것임을 통보합니다.
I must inform you that a lack of payment will invite legal action.
⋯▸ invite legal action 법적 조치를 유발하다

더 이상 독촉장은 발행되지 않을 것이며 서비스는 다음 주부터 중단됩니다.
Please note that no further reminders will be issued and your service will be suspended from next week.

잔금을 변제하지 않으신다면, 미변제금액의 5%를 벌금으로 매달 부과할 예정입니다.
A penalty of five percent of any outstanding balance will be charged each month if you don't pay the outstanding balance.
⋯▸ outstanding balance 미변제 잔금

마지막으로 알려 드립니다. 내일 이후에는 40%의 할인혜택은 받지 못하십니다.
This is the last notice. You will not get the 40% discount after tomorrow.

이것이 저희가 드리는 마지막 가격견적입니다. 이 가격을 받아들이지 않으시면 저희 제품을 구입하지 않는 것으로 간주하겠습니다.

This is our last price estimation proposal. If you do not accept it, we will assume that you will not purchase the product.

⋯ price estimation 가격견적

192 협상 결렬시

협상이 결렬되어 심히 유감스럽습니다.

I am very sorry that our negotiations have broken off.

⋯ break off ~이 깨지다, 결렬되다

제휴와 관련하여 합의를 도출하지 못해 실망스럽습니다.

It is disappointing that we failed to come to an agreement on a partnership.

협상이 결렬되어 실망스럽다는 말씀을 전합니다.

I am writing to express my disappointment that the negotiations broke down.

⋯ express one's disappointment 실망을 토로하다

협상 결과가 심히 유감스럽습니다.

I feel really bad about the results of the negotiations.

⋯ feel bad about ~에 대해 유감스럽다

협상이 결렬된 점 너무나 안타깝습니다.

It's really unfortunate that our negotiations have broken down.

가격에 대한 합의를 못한 점이 몹시 아쉽습니다.

It is very regrettable that we failed to reach an agreement on the price.

⋯ reach an agreement on ~에 대해 합의하다

양사가 이견차를 좁히지 못한 데 대해 당혹스럽습니다.
I feel embarrassed to know that both of us couldn't bridge the gap.

⇢ bridge the gap 차이를 좁히다 feel embarrassed 당혹스럽다

경비분담에 대한 합의에 실패하게 되어 당혹스러움을 감출 수 없습니다.
It is extremely embarrassing not to have reached an agreement on cost sharing.

⇢ cost sharing 비용분담, 비용공유

저희 양측은 1차 협상에서 문제를 해결하지 못했습니다. 약 2주 뒤에 다시 협상을 가지도록 하겠습니다.
We couldn't agree to resolve the issue during the first round of negotiations. We are negotiating again in about two weeks.

⇢ resolve the issue 문제를 해결하다 agree to ~하기로 합의하다

한 가지 문제만 타결되면 완전 합의가 되는데, 그렇게 되지 못해서 안타깝습니다. 이틀 뒤 오후 4시에 마지막 협상을 갖고자 합니다.
We could have reached a perfect settlement if we had agreed on one issue. I am very sorry for not being able to do that. I'd like to have the final negotiations at 4 p.m. in two days.

⇢ reach a settlement 합의하다

Winning Tip

커트라인 VS. 컷오프

우리가 '최저허용점수'라는 의미로 흔히 쓰는 표현에 '커트라인'이라는 말이 있다. 하지만 이런 뜻으로 쓰이는 cutline은 잘못된 표현이다. 그런데 골프 관련 뉴스에서 '컷오프를 통과하지 못했다'는 말을 종종 들어 보았을 것이다. 바로 이 cutoff에 score를 붙인 cutoff score가 '커트라인'에 해당하는 영어표현이며, 또는 the lowest acceptable score라는 말로 풀어서 사용할 수도 있다.

What is a cutoff score?
커트라인이 어떻게 되죠?

PART 5
사교 및 사내 이메일

Chapter 21. 친밀감을 어필하는 이메일

Chapter 22. 출장/휴가/퇴사/이직 공지

Chapter 23. 축하/감사/위로의 이메일

Chapter 24. 사내 이메일 공지

Chapter 25. 사내 업무용 이메일

CHAPTER 21 친밀감을 어필하는 이메일

비즈니스 이메일에서도 어느 정도 친밀함을 어필하는 것은 필요하다. 이번 장에서는 상대방의 좋은 소식에 대한 기쁨과 떠나가는 사람에 대한 아쉬움을 표현하는 이메일 표현을 익혀 보도록 하자.

SAMPLE EMAIL

So sorry to hear that you are leaving us.

I have just read with deep regret that you are leaving the company. I cannot believe that next Friday, October 10, is your last day. The departure of an excellent employee like you is always a bittersweet event. **I think you will be missed a lot, but we all hope the best for you.**

······· 떠나는 사람에게 행운을 빌어 주는 전형적인 표현이다.

회사를 그만두신다니 몹시 섭섭하네요

회사를 그만두신다는 소식을 접하고 몹시 서운한 마음이 듭니다. 다음 주 금요일 10월 10일이 근무하시는 마지막 날이라니 믿겨지지 않습니다. 당신과 같이 훌륭한 직원이 떠나는 것은 언제나 만감이 교차하는 일이 아닐 수 없네요. 많이 생각날 것 같습니다만, 앞으로 좋은 일 가득하시기를 기원합니다.

deep regret 깊은 유감　**departure** 출발, 떠남　**bittersweet** 쓰고 단, 만감이 교차하는　**miss** ~을 그리워하다

193 퇴직자에 대한 작별 인사

회사를 떠나신다니 서운하네요.
I am sorry to hear that you are leaving us.
→ be sorry to ~하게 되어 유감이다 (같은 의미로 it is a pity that ~을 사용할 수 있다)

더이상 함께할 수 없다니 몹시 서운하네요.
I am very sorry you won't be with us anymore.

떠나신다니 정말 섭섭합니다.
I am really sorry that you are leaving.

그만두신다니 유감입니다. 행운을 빌게요.
I am sorry to hear that you are leaving, and I wish you the best of luck.

회사를 그만두신다는 소식을 방금 접하고 몹시 서운한 마음이 듭니다.
I have just read with deep regret that you are leaving the company.
→ deep regret 깊은 유감, 몹시 섭섭함

그만두신다니 섭섭합니다만 모든 일이 잘되시기를 바랍니다.
I am sorry to hear that you are leaving, and I hope everything will go well with you.
→ go well ~이 잘 진행되다 (= get well)

회사를 그만두신다는 소식을 들으니 섭섭합니다. 많은 사람들이 그리워할 겁니다.
I am sorry to hear that you are leaving the company. You will be missed by many of us.
→ miss ~을 그리워하다, 보고 싶어하다

그만두신다니 몹시 서운합니다만, 당신의 건강과 행복을 위해 하느님께 기도하겠습니다.
I am really sorry to see you leaving and pray to God to keep you happy and healthy.

194 거래 후 감사 인사

진심으로 귀하와 귀사 그리고 귀사의 직원들에게 감사드립니다.
With sincere appreciation, I would like to thank you, your company, and your employees.
⋯▸ with sincere appreciation 진심으로 (= sincerely)

바쁘신데도 제게 시간을 내주셔서 감사드립니다.
I would like to thank you for taking time out of your very busy schedule to meet with me.
⋯▸ take time out of ~에서 시간을 내다

귀하를 고객으로 모실 기회를 주셔서 감사드립니다.
Thank you for providing us with the opportunity to serve you.
⋯▸ provide A with B A에게 B를 제공하다

우리 회사의 사업제안에 시간을 내서 고려해 주신 점에 대해 진심으로 감사드립니다.
I truly appreciate your time and consideration for our business proposal.
⋯▸ appreciate 감사하다 (= thank)

회의에서 귀사의 직원에게 우리 회사의 서비스를 친절히 추천해 주신 점에 대해 영광으로 생각합니다.
We were honored by your kind referral of our services to your employees at a business meeting.
⋯▸ be honored by ~하게 되어 영광이다

특별히 감사드립니다. 서울에 귀사와 같은 회사가 있다는 것을 알게 되어 정말 좋습니다.
A special thank to you. It's nice to know that there are companies like yours in Seoul.

진심으로 감사드립니다. 너무나 감사합니다.
I would like to thank you from the bottom of my heart. I really appreciate it.
⋯▸ from the bottom of one's heart 진심으로

귀사의 도움으로 이렇게 큰 프로젝트를 무사히 끝마칠 수 있게 되어 진심으로 감사드립니다.
I really appreciate you helping us finish such a big project.
⋯• appreciate 감사해하다, 고마워하다

귀사가 이번 프로젝트를 잘 수행하셔서 저희 바이어측에서 매우 만족해 하십니다.
Our buyers are quite satisfied with your performance on the project.
⋯• be (quite) satisfied with ~에 (대단히) 만족하다

차후 비슷한 프로젝트에도 함께할 수 있기를 바라겠습니다.
We hope that we can work together to conduct a similar project in the future.
⋯• work together to 공동으로 ~하다

195 상대방 칭찬하기

오늘 발표 정말 잘했어요.
You really did well on today's presentation.

우리 팀원들이 귀하의 발표가 아주 훌륭했다고 칭찬이 대단합니다.
My team members are full of praise for your great presentation.
⋯• be full of praise 칭찬을 아끼지 않다

귀사의 고객서비스에 깊은 감명을 받았습니다.
We were very impressed with the company's customer service.
⋯• be impressed with ~에 감명받다

최근 수행하신 일에 최고의 찬사를 보냅니다.
The quality of the work you recently produced deserves two thumbs up.
⋯• deserve ~받을 만하다 two thumbs up 엄지 두 개를 치켜 세울 만큼 잘했다는 칭찬의 의미

귀사의 신규 무선네트워크 시스템 성능에 대만족입니다.
We couldn't be more pleased with the performance of the brand-new wireless network system.
⋯ couldn't be more pleased with ~에 대만족하다   brand-new 신제품의, 새로운

훌륭한 영업실적입니다! 귀하는 다른 직원들의 좋은 귀감입니다.
What a great sales achievement! You are a very good example for other employees to emulate.
⋯ sales achievement 영업실적   emulate 모방하다, 흉내내다

고객을 위해 항상 최선을 다한 데 대해 귀하와 귀하의 팀원들에게 찬사를 보냅니다.
Kudos to you and your team for always going the extra mile for our customers.
⋯ kudos to ~을 향한 칭찬, 격려, 찬사

귀하의 제품 디자인에 칭찬을 하지 않을 수 없네요. 최고의 디자인입니다.
I think I should compliment you on your product design, which is worthy of five stars.
⋯ compliment ~ on ~에게 ~로 칭찬하다   be worthy of ~할 가치가 있다, ~할 만하다

귀하의 빠르고 정확한 일처리로 인해 저희가 편하게 일할 수 있었습니다.
Your speedy and accurate work helped us do our business without any problems.
⋯ speedy and accurate work 빠르고 정확한 일처리   without problems 문제없이, 수월하게

다른 업체는 한 달 걸렸던 일을 2주 만에 해주시다니 능력이 대단하시네요.
It is amazing to find that it took only two weeks to finish the work that took others a month to do.
⋯ it is amazing to ~하니 놀랍다, 경이롭다   it takes ~가 소요되다

귀하께서 세심하게 도와주셔서 프로젝트가 차질없이 진행되었습니다.
Your careful concern and help made it possible for us to conduct the project as planned.
⋯ careful 세심한, 주의깊은   as planned 계획대로, 차질없이 (= without any problems, as scheduled, according to plan)

196 연락 제안하기

연락하고 지냅시다.
Let's keep in touch.
→ keep in touch 지속적으로 연락하고 지내다

저랑 앞으로 연락하고 지내실 거죠?
Will you keep in touch with me?
→ keep in touch with ~와 지속적으로 연락하고 지내다

근처에 오시면 주저하지 마시고 연락 주세요.
Do not hesitate to contact me when you are around.
→ hesitate to ~하는 것을 주저하다

괜찮으시면, 자주 연락 드리겠습니다.
If it's okay with you, I'll keep in touch with you.

부산에 오시면 언제든지 제게 연락 주세요.
Feel free to contact me whenever you come to Busan.
→ feel free to 마음 편히 ~하다

앞으로 잘 지내고 싶습니다.
I hope that we will keep in touch.

제게 연락하시려면, 이 휴대전화 번호로 연락 주세요.
If you want to get in touch with me, please contact me at this cell phone number.
→ get in touch with ~와 연락하고 지내다

시간되시면 들르세요. 언제든지 환영입니다.
Drop in when you can. You are always welcome.
→ drop in 들르다

제 개인 이메일주소를 알려 드립니다. 개인적으로 연락할 때는 이 이메일주소를 이용해 주세요.
This is my personal email address. Use this email to get in touch, please.
→ personal email address 개인 이메일 주소 (= personal email account)

197 접대 제안

이번 주말에 점심 대접을 하고 싶습니다.
I would like to treat you to lunch this weekend.
… treat ~ to lunch/dinner ~에게 점심/저녁을 접대하다

저녁식사 대접을 하고 싶습니다.
I'd like to take you out to dinner.
… take+사람+out to ~로 ~을 모시고 가다

접대를 잘해 주셔서 보답으로 우리도 제대로 대접하고 싶습니다.
You treated us well, so we would like to treat you very well in return.
… in return 보답으로   treat well 잘 대접하다

이번 토요일에 바비큐 파티에 초대하고자 합니다.
I'd like to invite you to a barbeque this Saturday.

한정식 대접을 하고 싶습니다.
We'd like to treat you to a full course Korean meal.
… full course Korean meal 한정식

함께한 시간 정말 즐거웠습니다. 서울에 오시면 제가 모시겠습니다.
I really enjoyed your company. I would like to treat you when you come to Seoul.
… enjoy one's company ~와 함께해서 즐겁다

해산물 뷔페로 저녁을 대접하고 싶습니다. 언제 모실까요?
I would like to take you out to a seafood buffet dinner. When can I take you out?

따뜻한 환대에 대한 보답으로 저녁식사를 모시고 싶습니다.
I would like to treat you to dinner in return for your warm welcome.
… in return for ~에 대한 보답으로   warm welcome 따뜻한 환영, 환대

이번 금요일에 한국 음식은 어떠세요? 제가 잘 아는 한국식 바비큐 레스토랑이 있습니다. 이번에는 제가 모시겠습니다.

How about Korean food this Friday? I know a very good Korean BBQ restaurant. I will treat you this time.

식사대접을 하고 싶은데, 혹시 드시고 싶은 음식이 있으신가요?

We'd like to treat you to dinner. What would you like to have?

⋯ treat+사람+for dinner ~에게 저녁 식사를 대접하다

어떤 것을 드실지 모르시겠다면, 제가 선택하는 것을 도와드릴게요. 혹시 드시지 못하는 음식이 있나요?

I'll help you choose your food if you have no idea. Is there any food you don't like?

채식주의자라고 하셔서, 특별히 사찰음식 전문점으로 예약을 해놨습니다.

As you are a vegetarian, we made a reservation at a restaurant specializing in temple cuisine.

⋯ vegetarian 채식주의자   temple cuisine 사찰음식(= temple dish)

식사를 마치고 가볍게 맥주 한잔 하실까요?

What about a glass of beer after our meal?

⋯ after one's meal 식사후에

귀국하시기 전날 저희가 술 한잔 대접해 드리겠습니다.

We'd like to buy you a drink on the eve of your departure.

⋯ buy+사람+a drink ~에게 술 한잔 사다

한국에 오셨으니 한국에서 가장 대중적인 술 '소주'를 한번 맛보시기 바랍니다.

While you are in Korea, we recommend that you try soju, one of the most popular Korean alcohol choices.

쇠고기와 돼지고기가 들어가지 않은 음식이면 뭐든지 좋습니다.

Any dishes without beef or pork are okay with me.

198 초대

저희 가족하고 저녁식사 하러 오세요.
I'd like to invite you to dinner with my family.

저희 집 한국식 바비큐 파티에 초대합니다.
I'd like to invite you over to my house for a Korean BBQ party.
→ BBQ 바비큐 (barbeque를 발음처럼 줄여서 한 표현)

내일이 저희 부부의 결혼기념일입니다. 오셔서 축하해 주세요.
Tomorrow is our wedding anniversary. Please come and make our day full of joy.
→ make one's day full of joy ~의 날을 기쁨으로 채우다. 즉 축하해 주다

내일 만찬파티에 초대합니다. 오셔서 함께 즐거운 시간 보내요.
You are invited to the dinner party tomorrow. Please come and allow us to enjoy your company.
→ enjoy one's company ~가 함께함을 즐기다. 즉 ~가 와서 서로 즐거운 시간을 보내다

잘 기억해 주세요. 그날이 제 생일이니 시간 비워 두세요.
Check your watch and calendar. Keep the date free as it is my birthday.
→ keep ~ free ~을 비워 두다

한 살 더 먹었습니다. 우리 집에 와서 축하파티해요.
Come to my place, and let us celebrate as I turn another year older.
→ turn another year older 한 살 더 먹다

오늘이 제 생일입니다. 시간 내 주세요. 파티해야죠.
Today is my birthday. Take some time from your schedule to have a party.
→ take out time from ~에서 시간을 내다

축하파티하는 데 꼭 오셔서 자리를 빛내 주시기 바랍니다.
Please be a part of our celebration and your presence will add to our happiness.
⋯ celebration 축하 presence 참석, 존재

꼭 참석해 주세요. 저희 집에서 뵙겠습니다!
Please make sure to join us. See you at my residence!
⋯ ensure ~하는 것을 확실히 하다, 꼭 ~하다 residence 주택, 집

Winning Tip

채식주의자

영어로 '채식주의자'를 vegetarian이라고 한다. 서양사람들 중에 채식주의자가 많아서, 비즈니스 접대시 사전에 상대가 채식주의자인지 여부를 꼭 확인해야 한다. 그리고 이때 한 가지 더 신경 써야 할 점은 어떤 유형의 채식주의자인지이다.

채식주의자에는 여러 가지 유형이 있다. 즉, 같은 채식주의자라고 해도 그 중에서 '고기류만 안 먹는 사람', '고기와 생선을 안 먹는 사람', 그리고 '고기, 생선, 해산물, 닭고기는 물론이요 우유, 치즈, 계란까지도 안 먹는 사람' 등 다양하므로 세심하게 신경 써야 한다.

가령 값비싼 음식은 아니지만 우리나라의 특색 있는 음식을 소개하느라 떡볶이를 대접하는 경우가 있다. 그런데 떡볶이에는 보통 어묵이 들어 있는데, 어묵도 안 먹는 채식주의자가 있으니 접대할 때는 요리에 들어간 재료도 모두 영어로 설명할 수 있도록 준비해야 한다.

CHAPTER 22 출장/휴가/퇴사/이직 공지

휴가, 출장 등의 이유로 휴무를 하게 되는 경우, 업무 파트너에게 이메일을 통해 휴무 사유와 더불어 정확한 업무 공백 기간에 대해 공지해 주어야 한다.

 **SAMPLE EMAIL**

Chuseok holiday notice

- **Please be informed that our office will be closed for three days from September 2 due to Chuseok, a Korean national holiday.** The holiday is a Korean version of Thanksgiving Day. The office will reopen on September 5. All issues will be addressed upon our return. We ask for your understanding and cooperation.

'~을 알려 드립니다'라고 할 때는 Please be informed that ~ 구문을 써서 표현하면 된다.

추석연휴 공지

우리 한국의 국경일인 추석을 맞아 9월 2일부터 3일간 사무실이 휴무에 들어가게 됨을 알려 드립니다. 추석은 한국의 추수감사절입니다. 우리 사무실은 9월 5일에 다시 업무를 재개합니다. 모든 사안은 연휴에서 복귀하면 처리될 예정입니다. 귀하의 양해와 협조를 진심으로 바랍니다.

be informed ~을 주지하다, ~을 알려 주다 **national holiday** 국경일 **address an issue** 문제를 해결하다, 처리하다

199 휴무 공지

내일은 저희 회사의 창립기념일이라 업무를 하지 않습니다.
We do not work tomorrow as it is the company's foundation day.
⋯ foundation day 창립일

내일은 한국의 근로자의 날이므로 휴무일이오니 참고 바랍니다.
Please be advised that we don't work tomorrow as it is Korean Labor Day.
⋯ Labor Day 근로자의 날, 노동절

한국의 국경일인 추석으로 3일 간 사무실을 닫습니다.
Our office will be closed for three days due to Chuseok, a Korean national holiday.
⋯ national holiday 국경일

서울지사는 신년휴가로 2013년 2월 8일까지 영업을 하지 않을 예정입니다. 2013년 2월 9일에 영업을 재개합니다.
The Seoul branch will be closed till Feb. 8, 2013 for the New Year holiday. The office will reopen on Feb. 9, 2013.
⋯ New Year holiday 신년휴가, 설 연휴

회사 워크숍 때문에 2012년 12월 10일부터 12월 13일까지 영업을 하지 않는다는 점을 알려 드립니다.
I would like to highlight that we will be closed from Dec. 10, 2012 to Dec. 13, 2012 because of our company workshop.
⋯ highlight ~을 강조하다

1월 23일부터 25일까지는 한국 최대의 명절 설날인 관계로 저희 회사는 휴무입니다.
The company will be closed on Lunar New Year's Day, one of the most important holidays, from Jan. 23 to Jan. 25.
⋯ Lunar New Year's Day 설날

저희 회사는 크리스마스와 신년을 맞이하여 12월 23일부터 1월 1일까지 쉽니다.
Our company will be closed from Dec. 23 to Jan. 1 for the occasions of Christmas and New Year's Day.

부활절이 그쪽에서는 휴일인가요? 그렇다면 얼마 동안 쉬시는지요?
Are you closed on Easter? If yes, then how long will you be closed?
⋯ be closed 문을 닫다, 휴무하다   Easter 부활절

한국에서는 부활절에 기독교인과 천주교신자들이 기념하는 행사를 갖기는 하지만 국가공휴일은 아닙니다.
Christians observe Easter, but it is not an official holiday in Korea.
⋯ observe ~을 지키다, 기리다, 준수하다

한국에서는 이번주 금요일은 어린이날이라서 회사가 휴무입니다.
We will be closed this Friday, which is Children's Day in Korea.
⋯ Children's Day 어린이날

200 출장 공지

일주일 동안 출장을 갑니다.
I am going on a business trip for a week.
⋯ go on a business trip 출장을 가다

3일 동안 사무실을 비웁니다.
I will be away from the office for three days.
⋯ be away from the office 사무실을 비우다, 출장을 가다

7월 27일부터 8월 7일까지 도쿄 출장을 갈 예정입니다.
I will travel to Tokyo on business from July 27 to August 7.
⋯ travel to ~ on business 출장으로 ~을 가다

다음 주 화요일부터 금요일까지 뉴욕지사에 가 있을 예정입니다.
I will be in the New York branch office from next Tuesday to Friday.
⋯ branch office 지사

해외출장을 가기 때문에 일주일 동안 연락이 안 될 겁니다.
I won't be available for a week as I am leaving to go on a business trip overseas.

⋯▸ leave to go on a business trip 출장을 가다

그랜트 본부장님이 다음 주부터 5일간 출장을 가십니다.
Mr. Grant, our general manager, will go on a business trip for five days next week.

영업과장님이 박람회 참가를 위해 런던으로 출장을 가실 예정입니다.
Our sales manager will make a business trip to London to attend a trade fair.

⋯▸ sales manager 영업과장   make a business trip to ~로 출장을 가다

사장님이 다음 주에 출장을 가실 예정입니다. 출장에서 돌아오시면 연락하실 수 있습니다.
My boss will make a business trip next week. You can contact him when he comes back from his trip.

⋯▸ come back from one's trip 출장·여행 등에서 복귀하다

회의 참석차 애틀랜타로 해외출장을 가게 됨을 알려 드립니다.
This is to inform you that I will make an overseas business trip to Atlanta to attend a conference.

⋯▸ This is to inform you that ~을 알립니다

제가 이틀 동안 제주로 국내 출장을 가게 됨을 알려 드립니다.
I'd like to inform you of my domestic business trip to Jeju for two days.

⋯▸ make a domestic business trip to ~로 국내출장을 가다

출장 가 있는 동안에도 이메일은 간간이 체크하오니, 문의사항이 있으시면 이메일로 알려 주시기 바랍니다.
While I am on my business trip, I will check my email from time to time. Email me if you have any questions.

⋯▸ be on a business trip 출장 가다   from time to time 이따금

201 휴가 공지

7월 20일부터 7월 24일까지 5일간 여름휴가를 갑니다. 이메일로 연락을 하실 수 있습니다.
I will be on my summer vacation for five days from July 20 to July 24. But I will be available via email.
→ be on one's summer vacation 여름휴가를 가다   via ~을 통해서

저희 회사 여름 정기휴가 기간 동안에는 회사 전체가 휴무이오니 참고하시기 바랍니다.
Please be informed that the whole company will be closed during the summer vacation period.
→ be informed 주지하다, 알고 있다

일주일간 휴가로 여행을 가게 되서 이메일은 자주 확인하지 못하게 될 겁니다.
I will be out of town on vacation for a week, and I won't check my email frequently.
→ be out of town ~로 떠나다   frequently 빈번하게, 자주

저희 영업팀이 8월 5일부터 8월 10일까지 그토록 원하던 휴가를 가게 됩니다.
Our sales team will be taking a much-needed vacation from August 5 to 10.
→ much-needed 간절하게 필요한, 그토록 원하던   take a vacation 휴가를 가다

본 이메일로 제임스 박사님께서 12월 17일부터 1월 3일까지 휴가 가시는 것을 통보 드립니다.
This email is to notify you that Dr. James will be on vacation from Dec. 17 to Jan. 3.
→ notify ~을 통보하다, 알려주다   be on vacation 휴가를 가다

저희가 이번 금요일부터 일주일간 휴가로 사무실을 비우게 된다는 점을 알려 드립니다.
This is to inform you all that we will be out of the office on vacation for seven days starting this Friday.
→ inform ~알려 주다, 통보하다

IT 유지보수 담당 과장님인 수잔 씨가 다음 달부터 출산휴가에 들어갈 예정임을 알려 드립니다.
I'd like to notify you that Susan, the IT maintenance manager, will be on maternity leave from next month.
→ maternity leave 출산휴가, 육아휴직

수잔 씨는 3개월 후에 업무에 복귀할 예정입니다. 그녀의 업무를 대신 맡아서 하실 분을 곧 알려드리겠습니다.

Susan will be back at work in three months. I will introduce to you someone who will substitute for her.

↳ be back at work 업무에 복귀하다　substitute ~을 대신하다

제가 한 달 동안 병가를 내게 되었습니다. 한 달 뒤에 건강한 모습으로 인사드리겠습니다.

I am going to be on sick leave for a month. I will come back in good health in a month.

↳ be on a sick leave 병가를 가다　in good health 건강한 상태로

제가 육아휴직으로 인해 1년간 쉴 예정입니다.

I am going to be on a year-long maternity leave.

↳ maternity leave 육아휴직

휴가기간 중 필요하다면 이메일로 연락이 가능합니다만, 긴급사안일 경우에만 회신 드리겠습니다.

During our vacation, we will be available via email if needed but will only be responding to urgent issues.

↳ respond to ~에 응답하다, 회신하다　urgent issues 긴급사안

사장님이 2주간 휴가를 가시기 때문에, 모든 사안은 사장님이 돌아오셔야 처리될 예정입니다.

As my boss is away on vacation for two weeks, all issues will be addressed upon his return.

↳ address (문제, 사안 등을) 다루다

내일은 개인적으로 하루 휴가입니다. 급하신 일이 있으시면 제 휴대전화로 전화 주시면 되겠습니다.

I will take the day off tomorrow. You can reach me on my cellular phone in case of an emergency.

↳ take a day off 하루를 쉬다, 월차를 내다　reach+사람+on one's cellular phone 휴대전화로 ~에게 연락하다

202 전근 공지

다음 달부터 본사에서 근무를 하게 되었습니다.
I will work at headquarters from next month.
⇢ headquarters 본사, 본부

3월 1일자로 제주지사로 전근 가게 되어 이메일 드립니다.
I am writing this email to let you know that I will be transferred to the Jeju office as of Mar. 1.
⇢ let A know B A에게 B를 알려 주다   as of ~현재, ~날짜를 기준으로

김 상무님이 9월 1일자로 연구소장직을 맡게 되셨음을 알려 드립니다.
Please be informed that the executive director, Mr. Kim, will serve as the director of the research center as of Sep. 1.
⇢ be informed ~을 주지하다, 알려 주다   serve as ~자리/역할을 맡다

박준호 이사님이 뉴욕사무소의 지사장으로 전근하시게 되었음을 알려 드립니다.
We are pleased to announce that Director Park Junho will be transferred to the New York office to serve as the office head.
⇢ be pleased to ~하게 되어 기쁘다   be transferred to ~로 전근 가다

기획실의 인력 절반이 새로운 프로젝트 팀으로 배치됨을 알려 드립니다.
This email is to nofity you that half of the employees in the Planning Office have been assigned to a new project team.
⇢ Planning Office 기획실(=Strategic Planning Office 전략기획실)   be assigned to ~에 배정되다

자재과의 김주홍 대리가 6월 1일부터 태국공장으로 발령되었음을 알려 드립니다.
This is to inform you that Mr. Kim Juhong, the deputy section chief of the Materials Department, will be assigned to the Thailand Plant on June 1.
⇢ deputy section chief 대리   Materials Department 자재과

회사 조직 개편안의 일환으로 다음 주 월요일에 주요 인사이동이 발표될 예정임을 주지하시기 바랍니다.
Please be informed that a major personnel movement will be announced next Monday as part of the company's reorganization plan.
⇢ personnel movement 인사이동   reorganization 조직개편, 재구성

203 퇴직/퇴사 공지

이달 말에 제가 자진 퇴사하게 됨을 알려 드립니다.
I'd like to tell you that I am going to voluntarily retire from the company at the end of this month.

⋯ retire from ~에서 퇴사하다   voluntarily 자진해서, 스스로

유감스럽게도 황수정 씨가 조기퇴사하기로 결정했음을 알려 드립니다.
I am sorry to tell you that Ms. Hwang Soojung decided to take early retirement.

⋯ take early retirement 조기퇴직/퇴사하다

후버 박사님이 다음 달에 우리 연구소에서 퇴직하실 예정입니다.
Dr. Hoover is going to retire from our lab next month.

⋯ retire from ~에서 퇴직하다, ~에서 물러나다

수잔이 지병으로 지난 달에 퇴사했습니다.
Susan resigned last month because of an illness.

⋯ resign 사임하다, 물러나다

25년간 비서로 근무했던 실비아 씨가 9월 30일에 퇴직할 예정입니다.
Sylvia will retire on September 30 after twenty-five years as secretary.

⋯ retire 퇴직하다, 퇴사하다

재무이사로 재직하셨던 그랜트 씨가 지난 달 말에 회사에서 퇴직하셨습니다.
Mr. Grant, a former financial director, retired from our company at the end of last month.

⋯ financial director 재무이사

본부장님께서 한 달 후 퇴사하시게 되었음을 알려 드립니다.
This is to bring to your notice that our general manager is going to retire in one month.

⋯ bring to one's notice ~라는 사실을 통지하다   general manager 본부장

로버트 리 인사팀 상무님께서 2013년 12월 31일부로 퇴사하실 예정입니다.
Mr. Robert Lee, the executive director of Human Resources, will be retiring as of December 31, 2013.
→ executive director 상무

퇴사공지 이메일입니다. 에릭 톰린슨 씨가 2015년 11월 30일자로 퇴사하실 예정입니다.
This email is an official retirement notice. Erick Tomlinson will leave the company as of November 30, 2015.
→ retirement notice 퇴사공지   as of ~ 현재

제가 이번 주 금요일까지 근무하고 퇴사할 예정입니다. 그동안 함께 일해서 즐거웠습니다.
I will quit working for the company as of this Friday. I have really enjoyed working with you.
→ quit working 일을 그만두다, 퇴사하다

소식 하나 알려 드리겠습니다. 제가 지난 20년 동안 함께했던 회사를 떠나게 되었습니다.
I am sorry to announce that I have decided to leave the company which I have been working at for the past 20 years.
→ be sorry to announce ~을 알리게 되어 유감이다   leave the company 회사를 그만두다

저는 떠나지만 귀사와 함께했던 행복한 기억은 가지고 갑니다.
Although I am leaving the company, I am taking many good memories with me.

Winning Tip

운동선수의 '등번호'

운동선수들의 운동복 등판에는 번호가 적혀 있는데, 이 등번호를 흔히 '백넘버'라고 한다. '등'은 영어로 back 이고 '번호'는 number니까 back number 하면 맞을 것 같은데, 아무리 그럴 듯해도 실제 영어권에서 사용하는 표현이 아니다. '등번호'를 가리키는 표현은 여러 가지가 있는데, uniform number나 jersey number, player number 등으로 표현할 수 있다.

Ji-sung's uniform number is 13.
박지성 선수의 등번호는 13번이다.

CHAPTER 23 축하/감사/위로의 이메일

축하나 감사, 위로를 전하는 이메일 표현을 익혀 보자. 상대방의 기쁨을 진정 기뻐하고, 상대방의 슬픔을 진심으로 위로하는 진정성이야말로 비즈니스의 핵심 능력이기도 하다.

SAMPLE EMAIL

Congratulations on your promotion!

Dear Ms. Porter,

- **I am emailing you to congratulate you on your promotion.** You have done a wonderful job there for many years. I think you deserve the recognition. Why don't we celebrate your promotion? Please let me know when it would be convenient for you. Best wishes for continued success in your career.

  ┄ congratulate는 '축하하다'란 뜻의 동사로 축하의 이유에 해당하는 표현은 전치사 on 뒤에 쓰면 된다.

승진을 축하드립니다!

포터 씨, 승진하신 걸 축하드리려고 이메일을 씁니다. 그 회사에서 오랫동안 수고 많으셨습니다. 승진하시는 게 당연하다고 생각합니다. 승진 축하 파티해야죠? 언제가 편한지 알려 주세요. 앞으로도 계속 승승장구하시기를 기원합니다.

promotion 승진 **deserve** ~받을 자격이 있다 **continued success** 승승장구

개인적인 축하

늦었지만 생일 축하해요!
Happy belated birthday!
⋯ belated 늦은, 뒤늦은

승진 축하차 이메일 드립니다.
I am emailing you to congratulate you on your promotion.

승진 축하 드립니다.
Congratulations on your promotion.
⋯ Congratulations on ~을 축하합니다

앞으로도 계속 승승장구하시기를 기원합니다.
Best wishes for continued success in your career.
⋯ continued success 승승장구

결혼하신다니 정말 기쁩니다.
I am more than just happy to hear the news of your marriage.
⋯ more than just happy 정말 기쁜 (그냥 기쁜 것 이상이라는 말이니 '정말 기쁘다'란 의미가 된다)

신디 씨, 득녀 축하드립니다. 몸조리 잘하시기 바랍니다.
Cindy, congratulations on the arrival of your new daughter. Take good care of yourself.
⋯ the arrival of one's new daughter 득녀 take good care of ~을 잘 돌보다

아기 돌 축하드려요. 아기가 건강하게 잘 자라기를 바랍니다.
Happy first birthday to your baby. I wish him all the best.
⋯ wish ~ all the best ~의 행운을 기원하다

한국에서는 온 가족, 친척이 모여 성대하게 첫 돌 잔치를 하는데, 저희 아들의 돌잔치를 이번 주 토요일에 할 예정입니다.
We are having a big first birthday party in Korea with the whole family and many relatives. My son's first birthday party is this Saturday.
⋯ have a party 파티, 잔치를 하다

205 회사 행사 축하

새로운 사무실로의 이전을 축하 드립니다. 앞으로 더욱더 사업 번창하시길 기원하겠습니다.
Congratulations on the move to a new office. I wish your business great success.
⋯ wish one's business success 사업의 번창을 기원하다

귀사의 창립 20주년 행사를 진심으로 축하 드립니다. 앞으로 더 성공하는 회사로 거듭나시길 바라겠습니다.
Congratulations on the 20th anniversary of the company's founding. I wish your company much more success in the future.
⋯ anniversary 기념, 기념일

귀사가 드디어 자체 사옥을 갖게 되었군요. 축하 드립니다!
I am happy to have heard that you finally have your own company building. Congratulations!

귀사의 공장 오픈을 축하 드립니다.
I congratulate you on getting your own factory.
⋯ congratulate+사람+on ~에게 …에 대해 축하하다

귀사가 얼마 전 수출의 탑을 수상하신 것을 진심으로 축하 드립니다.
I truly congratulate you on your recent award of Export Achievement.

귀사 주최 세미나에 참석하여 유익한 시간을 가졌습니다. 전부 귀사의 덕택입니다.
I really enjoyed the seminar hosted by your company. I owe your company more than I can repay.
⋯ hosted by ~주최의 owe ~ more than one can repay ~의 덕분이다, 신세를 크게 지다

귀사에서 후원하는 축구대회의 개막식을 성대하게 치루셨더군요. 대회를 성공적으로 마무리하시길 바라겠습니다.
I heard that the soccer contests sponsored by your company had a grand opening ceremony. I wish the event great sucess.
⋯ sponsored by ~후원의   wish ~ great success ~의 성공을 기원하다

이번 '기업인의 밤' 행사에서 귀사가 '주목할 만한 기업'에 선정되신 것을 축하 드립니다.
I'd like to congratulate you on your nomination as one of the noticeable companies on the Entrepreneurs' Night.
⋯▸ nomination 선정 noticeable 주목할만한 entrepreneur 기업인

206 감사

귀하의 성원에 진심으로 감사드립니다.
I really appreciate the support that you are providing.

항상 제 곁에 있어 줘서 고마워요.
I thank you for being always by my side.

귀하가 보내주신 성원에 깊이 감사드립니다.
I cannot thank you enough for your support and help.
⋯▸ cannot thank you enough 깊이 감사하다 (문자 그대로 '충분히 감사할 수 없다'이니 '너무나 감사하다'는 표현이다.)

당신에게 배운 모든 것을 소중하게 간직하겠습니다.
I will cherish everything that I have learned from you.
⋯▸ cherish ~을 소중히 여기다, 소중히 간직하다

이번에도 언제나처럼 저를 도와주셔서 감사합니다.
Thank you for helping me out this time as well as in the past.

참고 기다려 주셔서 다시 한번 감사드립니다.
Thank you once again for the patience that you showed me.

저를 위해 해주신 모든 일에 대해 진심으로 감사드립니다.
I truly appreciate everything you've done for me.

제 일을 본인의 일처럼 신경써 주셔서 감사드립니다.
Thank you for taking care of the work as if it were your own.
⋯▸ as if 마치 ~인 것처럼

207 접대에 대한 감사

지난 주 귀사를 방문했을 때 귀중한 시간을 내주신 점 감사드립니다.
Thank you for sharing your valuable time during our visit to your company last week.

따뜻한 환대에 대해 감사드립니다.
I appreciate the warm and gracious reception we received.
→ gracious 우아한, 자비스러운, 멋진

귀사의 직원들이 우리를 위해 준비하신 환영회에 대해 감사드립니다.
Thank you for the reception your staff prepared for us.
→ reception 환영회

토요일에 친절하게 환영회를 열어 주신 데 대해 감사드립니다. 정말 감사합니다.
I want to thank you for the friendly reception on Saturday. It was very much appreciated.

우리를 위해 환영만찬을 마련해 주신 데 대해 감사드립니다.
I'd like to thank you for the reception dinner you coordinated for us.
→ reception dinner 환영만찬   coordinate 통합하다, 조정하다, 마련하다

대접 잘 받았습니다. 모든 게 훌륭했고, 즐겁게 지냈습니다.
You were very hospitable. Everything was so great, and we really enjoyed our stay.
→ hospitable 공손한, 친절한, 접대를 잘하는

좋은 시간 마련해 주셔서 감사드립니다. 여러분 덕분에 그곳에 머무는 동안 매순간이 아주 편했습니다.
Thanks for a very good time. You folks made us feel at home every day that we spent there.
→ feel at home 편하다

접대를 아주 잘해 주셔서 정말 감사드립니다.
I really appreciate your warm hospitality to us.

환대와 멋진 저녁 접대 덕분에 몹시 즐거웠습니다.
You spoiled us with your warm hospitality and the great dinner.
⋯ spoil (특별한 일로) 행복하게 하다 (버릇없게 만들 정도로 잘 대해 주었다는 의미에서)

귀사의 호의로 출장기간 내내 접했던 모든 것이 즐거웠습니다.
I really enjoyed each and every thing I experienced during my business trip owing to your hospitality.

208 소개에 대한 감사

박 이사님을 소개해 주셔서 감사드립니다.
Thank you for introducing Director Park to us.

마케팅 팀장을 소개해 주셔서 감사드립니다.
I would like to thank you for referring me to the marketing manager.
⋯ refer A to B A에게 B를 소개하다

저희 회사에 좋은 인재를 추천해 주셔서 감사합니다.
Thank you for recommending a talented person to our company.
⋯ talented person 인재 (= capable person)

믿을 수 있는 프로그래머를 저희 회사에 추천해 주셔서 감사드립니다.
We really thank you for recommending a reliable programmer to us.

지난 번 회의 때 사장님을 제게 소개해 주셔서 감사드립니다.
I appreciate you introducing your boss to me at the last meeting.

박준호 씨를 저희 회사에 소개해 주셔서 감사드립니다. 준호 씨가 아주 믿음직스럽고 전문성도 뛰어나더군요.
Thank you for introducing Mr. Park Junho to our company. We found him very reliable and professional.
⋯ reliable 믿음직스러운 professional 전문적인 (일처리가) 능숙한, 전문성 있는

귀하가 추천해 주신 스미스 씨를 채용하기로 결정했습니다. 저희 회사에 좋은 재원이 되리라 믿습니다.
We decided to hire Mr. Smith, whom you recommended. We believe he will be an asset to our company.
⋯▸ hire 채용하다 asset 자산, 재원, 인재

이렇게 훌륭한 인재를 소개시켜 주셔서 감사합니다.
I'd like to thank you for introducing me to such a talented person.

귀사의 수리기사님께서 완벽하게 수리해 주셨습니다. 귀사에 감사드립니다.
Your company's repairman did perfect repairwork. I'd like to thank you for that.
⋯▸ repairman 수리기사, 수리공

209 정보 제공에 대한 감사

정보 주셔서 정말 감사드립니다.
We thank you very much for the information you provided.

매우 신속하게 정보를 주셔서 아주 기쁩니다.
We are very pleased to have received the information so quickly.

회의에 대해 자세히 설명해 주셔서 감사드립니다.
Thank you for the detailed explanation on the conference.
⋯▸ detailed 상세한, 자세한

이메일로 보내 주신 정보에 감사드립니다.
I would like to thank you for the information you emailed me.

소프트웨어 설치에 대해 설명해 주셔서 정말 감사드립니다.
I really appreciate all of the information you gave us on how to install software.

귀사의 제품에 대한 정보를 주셔서 감사드립니다.
I'd like to thank you for the information on your products.

알려 주신 정보가 정말 도움이 많이 되었습니다.
I found your information very useful.
⋯ useful 유용한, 쓸모가 있는

주신 정보가 아주 유익했습니다.
We found your information quite informative.
⋯ informative 정보가 되는, 유익한

알려 주신 정보 덕분에 신제품 개발 과정에서 시간과 비용을 줄일 수 있었습니다.
Your information helped us reduce time and cost in new product development process.

제 문의에 대해 빠른 답변을 주셔서 뭐라 감사드려야 할지 모르겠습니다.
I don't know how to thank you for your quick answer to my question.
⋯ I don't know how to thank you for ~에 대해 매우 감사하다 (뭐라 감사드려야 할지 모를 정도로 대단히 고맙다는 표현)

이메일로 친절하게 설명해 주신 덕분에 기술적인 문제들을 해결할 수 있었습니다.
Your kind explanation in the email really helped us solve the technical problems.

210 격려와 위로

긍정적으로 생각하세요. 곧 괜찮아질 겁니다.
Try to think positively, and everything will be okay with you.
⋯ think posively 긍정적으로 생각하다

긍정적으로 생각하세요. 곧 나아질 겁니다.
Be optimistic, and I am sure you will be able to get well soon.
⋯ optimistic 낙관적인, 낙천적인 get well 낫다, 회복하다, 건강을 찾다

이 어려운 시기에 용기를 내세요.
Do not lose heart during this painful time.
⋯ lose heart 낙담하다, 기운을 잃다

제가 위로해 드릴게요. 기운 내세요.
Please accept my sympathy and stay happy.
⋯ sympathy 위로, 동정, 공감

이 시기를 극복할 수 있는 힘을 하느님이 주실 겁니다.
May God give you the strength to overcome the situation.
⋯ may ~ 기원을 담아 말을 할 때 사용하는 표현   overcome ~을 극복하다, 이겨내다

너무 슬퍼하지 마세요. 당신을 생각하는 우리가 있잖아요.
Do not feel sad. All of us are with you and care for you.
⋯ care for ~을 좋아하다, 아끼다

기분 나빠하지 마, 기운 내!
Don't feel bad. Keep your chin up!
⋯ keep one's chin up 기운 내다 (당당하게 턱을 들고 용기를 내라는 의미)

당신 혼자라고 생각하지 말아요. 도움이 필요하면 언제든지 연락해요.
Do not think you are alone. If you need any help, feel free to call me.
⋯ feel free to 마음 편히 ~하다

일이 이렇게 된 게 당신 탓이 아닙니다. 다같이 해결책을 찾아보도록 하죠.
What happened is not your fault. Let's try to find a solution to your problem.
⋯ fault 실수, 잘못   solution to ~에 대한 해결책

누구라도 그렇게 했을 것입니다. 너무 자책하지 마세요.
Anyone would have done the same thing. Do not blame yourself for what happened.
⋯ would have done the same thing 같은 일을 했을 것이다   blame oneself for ~에 대해 자책하다

211 부고/조문/위로

아프시다고 하니 마음이 안 좋습니다.
I am sad to hear about your sickness.
⋯ sickness 병

일시적인 것이니 걱정 마세요. 곧 건강해지실 거예요.
Do not worry. This is temporary, and you will be a healthy person soon.
⋯ temporary 일시적인

이 슬픔을 어찌 말로 다 할 수 있겠습니까!
Words seem inadequate to convey the sadness we feel.
⋯ inadequate 부적당한

부군 상을 당하심에 조의를 표합니다.
Please accept my compassion on the death of your husband.
⋯ compassion 동정, 연민, 위로

슬픔과 고통은 잠시일 뿐입니다. 하느님이 마음의 상처를 치유해 주실 겁니다.
Sorrow and pain will go away; God will heal the wounds in your heart.
⋯ go away 사라지다 (=disappear) wound 상처

그런 일이 있었다니 유감입니다. 지금까지도 믿겨지지가 않습니다.
I am sorry for what has happened and still cannot believe it.

아버님이 돌아가셨다니 제 마음이 찢어집니다. 아버님의 영혼이 평온하시기를 기원합니다.
My heart broke upon hearing about the death of your father. May his soul rest in peace.
⋯ rest in peace 평온히 휴식하다

수잔 켈리가 지난 주말에 심장마비로 사망했음을 안타까운 심정으로 알려 드립니다.
I am sorry to inform you that Susan Kelly died of a heart attack last weekend.
⋯ die of ~로 사망하다 heart attack 심장마비

너무나 안타깝게도 사장님께서 어제 돌아가셨습니다.
We are extremely sorry to report that our boss passed away yesterday.
⋯▸ pass away 죽다, 사망하다

영업이사께서 2년 동안의 투병끝에 어젯밤 돌아가셨다는 소식을 애통한 심정으로 전해 드립니다.
I am terribly sad to tell you that the sales director died last night after a two-year battle with an illness.

아버님의 영혼이 평온하시기를 기원합니다.
May your father's soul rest in peace.

어머님이 영면하시기를 기원합니다.
I hope your mother is blessed with eternal rest.
⋯▸ be blessed with ~축복을 받다   eternal rest 영면, 영원한 휴식

당신과 가족분들께서 애통한 심정을 잘 견뎌내시기 바랍니다.
May you and your family bear this sorrow.
⋯▸ bear ~을 참다, 견디다

부친상을 당하심에 당신과 가족께 심심한 조의와 애도를 드립니다.
My heartfelt condolences and sympathy are with you and your family for the loss of your father.
⋯▸ condolence 조문, 조의   sympathy 동정, 조의, 공감

조문 연락은 서울의 샘물종합병원으로 하시기 바랍니다.
Please mail condolences to Saemmul General Hospital, Seoul.

건강해 보이셨는데, 그분의 부음 소식을 들어 정말 놀랐습니다.
We were shocked at the news of his death because he had looked so healthy.
⋯▸ be shocked at ~에 놀라다

고인이 원래 지병이 있으셨습니까?
Did he suffer from any chronic diseases?
⋯▸ chronic disease 지병

고인께서는 과로사로 돌아가셨습니다.
He passed away from overwork.
··· die from overwork 과로사하다 pass away 사망하다

고인께서 원래 심장병을 앓고 계셨었습니다.
The deceased has suffered from heart disease.
··· the deceased 고인 suffer from (병 등을) 앓다

고인께서는 간암으로 최근 2달 동안 건강이 악화되어 이번 상을 당하게 됐습니다.
The deceased died of liver cancer, which caused his health to deteriorate over the past two months.
··· die of ~로 사망하다 deteriorate ~을 악화시키다

212 장례식 공지

고인의 장례식은 로그인 병원 장례식장에서 오늘부터 3일간 치뤄질 예정입니다.
The funeral service will be held at the funeral parlor in Log-In Hospital for three days starting today.
··· funeral service 장례식 funeral parlor 장례식장 (= funeral home, funeral center, funeral hall)

고인의 장례식을 3일간 치른 후, 벽제 화장터에서 화장할 계획입니다.
The deceased will be cremated at Byeokje Crematorium following a three-day funeral service.
··· be cremated 화장되다 crematorium 화장터

고인은 고인의 고향에 있는 묘지에 묻힐 예정입니다.
He will be buried at a cemetery in his hometown.
··· be buried 묻히다 cemetery 묘지

3월 17일 오전 6시에 로그인 병원 장례식장에서 출발하여 약 1시에 부산 장지에 도착할 예정입니다.
The deceased will leave the funeral parlor in Log-In Hospital at 6 a.m. on Mar. 17 and will arrive at the burial site in Busan around 1 p.m.
··· burial site 장지

213 사과

미안합니다. 다시는 이런 일 없을 겁니다.
I am sorry, and I will not do that again.
⋯▶ 가장 전형적인 사과의 표현이다.

기분 상하게 해서 너무나 죄송합니다.
I am so sorry for hurting your feelings.
⋯▶ **hurt one's feelings** ~의 감정을 상하게 하다

기분 상하게 했다면 사과 드립니다.
I'm sorry if I hurt you.

어제 제가 당신께 한 행동에 대해 정말 죄송하게 생각합니다.
I am really sorry for the way I behaved toward you yesterday.
⋯▶ **behave** 행동하다

제 불찰로 인해 기분 상하게 해드렸네요. 정말 죄송합니다.
Due to my own stupidity, I hurt you, and for that I am really sorry.
⋯▶ **stupidity** 어리석음, 우둔함, 멍청함

Winning Tip

'서비스 안주'를 뭐라고 설명할까?

외국인 동료와 퇴근길에 가볍게 맥주 한잔 하러 맥주집에 갔다. 이것저것 시켜 먹으니 센스 있는 주인이 "이건 서비스예요." 하며 오징어 땅콩을 테이블에 놓고 간다. 시키지도 않은 음식이 나오자 외국인 동료는 영문을 몰라 하고 이게 뭐냐고 묻는다면, 여러분은 뭐라고 설명하겠는가?
이럴 때는 This is service.라고 하면 안 되고, 전치사 on을 써서 This is on the house.라고 한다. on에는 '~가 낸다'라는 뜻이 있어, 흔히 '내가 살게'라고 할 때 It's on me.라고 할 수 있다. 그러니까 on the house 하면 '가게가 낸다'는 의미이므로 '무료로 제공한 음식'인 '서비스'란 뜻이 되는 것이다.

제 진심은 그런 것이 아니었어요. 제가 한 모든 것에 대해 사과 드립니다.
I'm sorry for everything I have done as I really didn't mean to.

당신이 용서해 주시면 정말 감사하겠습니다. 제 사과를 받아 주세요.
Your forgiveness means the world to me. I hope you will accept my apology.

~ mean the world to ~은 정말 감사한 일이다

저희 협력 운송업체가 귀사에 그런 태도를 보여서 사과 드립니다. 정말이지 프로답지 못한 행동이었습니다.
We'd like to apologize for the bad attitude of our transportation subcontractor. He definitely did not behave in a professional manner.

subcontractor 하청업체, 협력업체 (= cooperative company)

CHAPTER 24 사내 이메일 공지

사내 이메일을 보낼 때는 그 목적을 가장 먼저 간단 명료하게 제시하는 것이 좋다.

SAMPLE EMAIL

Notice of personnel change

- **This notice is to inform you of the recent personnel changes.** As announced, the new personnel appointments were made yesterday. As part of it, Mr. Junho Park, the Managing Director, is being transferred to the New York office as of August 1, 2013. In addition, the following employees will be assigned to the overseas office in China starting next month.

inform A of B는 'A에게 B를 알리다'란 뜻으로, 어떤 사실을 공지할 때 가장 많이 쓰이는 구문이므로 잘 기억해 두도록 하자.

인사이동 공지

최근 인사이동에 대해 공지 드립니다. 공지된 바와 같이 새로운 인사임명 발표가 어제 있었습니다. 인사이동의 일환으로, 박준호 상무님이 2013년 8월 1일자로 뉴욕지사로 전근을 가십니다. 아울러 아래의 직원들은 다음 달부터 중국 해외지사 근무를 하게 됩니다.

inform A of B A에게 B를 알려 주다 | **personnel appointment** 인사임명 | **be transferred to** ~로 이동하다, ~로 옮기다 | **as of** ~ 날짜를 기준으로 | **be assigned to** ~로 배치되다, 임명되다

214 인사 이동 안내

새로운 인사임명 발표가 오늘 오후에 있을 예정입니다.
The new personnel appointments are being announced this afternoon.
⋯▸ personnel 인원, 직원 appointment 임명

연구개발부서에서 다음과 같이 인사이동을 하게 됩니다.
The R&D Department will make the following personnel changes.
⋯▸ R&D 연구개발(= Research & Development) personnel change 인사이동

박준호 전무이사가 2013년 8월 1일부로 뉴욕 사무소로 전근을 가게 됩니다.
Junho Park, the managing director, is being transferred to the New York office as of Aug. 1, 2013.
⋯▸ be transferred to ~로 이동하다, ~로 옮기다 as of ~날짜를 기준으로

빌 스미스 연구개발 이사님이 2014년 8월 3일자로 퇴직하십니다.
Our R&D director, Bill Smith, will resign effective August 3, 2014.
⋯▸ resign 사임하다, 퇴직하다, 물러나다

아래의 직원들이 다음 달부터 중국 해외지사 근무를 하게 됩니다.
The following employees will be assigned to the overseas office in China starting next month.
⋯▸ be assigned to ~로 배치되다, ~로 배속되다, ~로 임명되다

최근 인사이동으로 안드레아 마르티노 씨가 마드리드 지사로 전근을 가실 예정입니다.
Andrea Martino will be transferred to the Madrid office as a result of the recent personnel changes.
⋯▸ be transferred to ~로 이동하다, ~로 옮기다

몇 개 부서가 미국 조지아주로 최근에 이전하게 되었음을 알려 드립니다
This notice is to inform you of the recent relocation of several units to Georgia, USA.
⋯▸ notice 공지, 통보 relocation 이전

박준호 씨가 프로젝트 운영관리 코디네이터로 임명된 것을 기쁜 마음으로 알려 드립니다.
I am pleased to announce that Junho Park has been successfully appointed to the position of project and operations coordinator.

⋯▸ be appointed to ~로 임명되다

저희 팀장님께서 사업본부장으로 승진발령난 것을 기쁜 마음으로 알려 드립니다.
We are pleased to announce that the head of our team has been promoted to the head of operations.

⋯▸ the head of operations 사업본부장

저희 부장님께서는 이번 승진으로인해 귀사와의 프로젝트에는 더 이상 참여하시지 못합니다.
The head of our department will no longer be available for the project with your company due to his recent promotion.

| 215 | 공고/공지 | |

8월 5일 오늘 오후 2시에 정비가 있을 예정입니다.
We are scheduled for maintenance today, August 5, at 2 p.m.

⋯▸ be scheduled for ~로 예정되다   maintenance 정비, 수리, 보전

새 규정은 회사 홈페이지에 탑재되는 즉시 효력이 발생됩니다.
The new policy will take effect immediately upon being published on the company website.

⋯▸ take effect (법, 규정 등이) 효력을 발생하다

이번 일로 인한 불편에 대해 사과 드리며 시스템 업데이트가 완료될 때까지 기다려 주시면 감사 드리겠습니다.
We apologize for any inconvenience this may cause and appreciate your patience while we update the system.

⋯▸ inconvenience 불편   patience 인내, 참음

온수 공급이 내일부터 이틀 동안 중단될 예정입니다.
Hot water service will be suspended for two days from tomorrow.
⋯▸ be suspended ~이 중단되다

알펜시아 스키 리조트 시즌 티켓이 다음 달부터 판매에 들어갈 예정입니다.
Season tickets for the Alpensia Ski Resort are going on sale next month.
⋯▸ go on sale ~이 판매되다

새로운 휴대전화 케이스 제품을 출시하게 되어 기쁘게 생각합니다.
We are pleased to announce a new line of cell phone cases.
⋯▸ a new line of 새로운 ~제품

유럽시장 진출 성공을 기념하는 이번 금요일 파티를 기쁜 마음으로 알려 드립니다.
I am delighted to announce a party this Friday to celebrate our successful entry into the European market.

이번 토요일에 장기자랑과 성탄절 선물교환 행사를 가질 예정입니다.
We will be hosting a talent show and Christmas gift exchange this Saturday.
⋯▸ talent show 장기자랑 gift exchange 선물교환

축하파티를 내년까지 연기하게 되어 죄송하게 생각합니다.
We are sorry to announce that the celebration will have to wait until the new year.

한국시간으로 내일 밤 11시부터 다음날 새벽 3시까지 저희 메일서버를 점검할 예정입니다.
We are scheduled to inspect the mail server from 11 p.m. tomorrow night to 3 a.m. next morning Korean time.
⋯▸ Korean time 한국시간으로 inspect ~을 점검하다

점검 시간에 도착하는 메일은 수신하지 못하므로 다른 시간대를 이용하여 보내 주시기 바랍니다.
We cannot receive any emails sent during the inspection hours. Please email us another time.

다음 주 월요일부터 금요일까지 회계감사를 받을 예정입니다. 따라서 귀사의 물품대금 결제는 그 다음 주 월요일에 진행될 예정입니다.

As the company will be audited from Monday to Friday next week, the payment on your invoice will be made on Monday the week after next.

⋯ be audited 회계감사를 받다   payment on the invoice 대금결제

216 폐쇄 공지

건물의 무선인터넷 접속환경 개선공사로, 컴퓨터실이 주말 동안 폐쇄될 예정입니다.

As the building is going to improve its wireless Internet connection, the computer lab will be closed during the weekend.

⋯ wireless Internet connection 무선인터넷 접속

건물의 외벽미관 공사로 2층이 3일간 폐쇄될 예정입니다.

The second floor will be closed for three days due to the exterior facelift the building is receiving.

⋯ exterior facelift 외관미관 공사

누수방지 공사로 이틀간 일층 회의실에서 공사가 있을 예정입니다.

The conference rooms on the first floor will be under construction for a couple of days to fix a water leak.

⋯ water leak 누수   under construction 공사중인

균열수리로 인한 먼지 때문에 구내식당이 일주일간 영업을 하지 않게 됩니다. 2013년 1월 3일부터 정상 영업을 재개할 예정입니다.

The cafeteria will be closed for a week because of the dust caused by the repairs of the cracks. The cafeteria will resume business as usual on Jan. 3, 2013.

⋯ crack 균열, 금   as usual 평상시처럼   resume business 영업을 재개하다

컴퓨터 서버 설치로 인해 벽 공사가 있을 예정임을 알려 드립니다.
Please be notified that there will be some construction on the walls to install the computer server.
⋯ please be notified that ~을 공지합니다

본관 1층이 리모델링 공사로 인하여 엘리베이터 사용이 전면 금지됐습니다. 불편하시더라도 별관 엘리베이터를 이용해 주시기 바랍니다.
As we are remodelling the first floor of the main building, the elevators in the building won't be working. Please use those in the annex building.
⋯ annex building 별관

저희 도쿄매장이 리노베이션 공사에 들어갈 예정입니다. 따라서 그 매장은 토요일까지만 영업합니다. 이용에 참고하시기 바랍니다.
Our Tokyo store will be renovated, so please be informed that it will open until Saturday.

217 정전 및 중단 공지

연례 보수공사로 인해 전력공급이 중단될 예정입니다.
The power supply will remain suspended due to the annual maintenance work.
⋯ power supply 전력공급   maintenance work 보수공사   suspend ~을 중단하다

다음과 같은 일정으로 전력공급이 중단될 예정입니다.
The power supply will remain suspended as per the following schedule.
⋯ as per ~에 따라

2시간 동안 본관의 전력 공급이 중단될 예정임을 알려 드립니다.
Please be notified there will be a power outage in the main building for two hours.
⋯ Please be notified that ~을 공지합니다. 알려 드립니다

오전 9시부터 오전 11시까지 공장의 단전으로 오전 생산작업을 중단합니다.
We stop manufacturing products this morning as the electric supply to our factory will be suspended from 9 a.m. to 11 a.m.
··➔ electric supply to ~에 대한 전력공급

내일 오후 3시부터 3시간 동안 정전이 있을 예정임을 알려 드립니다.
This is to inform you that a power outage is scheduled for three hours from 3 p.m. tomorrow.
··➔ power outage 정전(= blackout)

보수작업으로 인해 엘리베이터 운행이 아래 시간대에 중단됩니다.
The operation of the elevators will be interrupted for maintenance work during the times below.

환기시스템은 월요일 하루 동안 보전작업으로 가동되지 않을 예정입니다.
The ventilation system will be unavailable only on Monday due to some maintenance work that will be done on it.
··➔ ventilation 통풍, 환기

파업으로 인해 셔틀버스 운행이 무기한 중단될 예정입니다.
The shuttle bus service will be suspended indefinitely due to the strike.
··➔ indefinitely 무기한으로   strike 파업

시스템 업데이트로 무선인터넷 접속이 차단될 예정입니다.
Wireless Internet access will be cut off while the system is being updated.
··➔ be cut off 차단되다

인터넷 보안장비 교체로 인해 인터넷 서비스가 간헐적으로 중단될 예정입니다.
Internet service will be intermittently interrupted because of the replacement of Internet security equipment.
··➔ intermittently 간헐적으로, 단속적으로   interrupt 중단하다, 막다

218 귀빈의 방문공지

다음 주 금요일에 본사에 귀빈이 방문하실 예정입니다.
An honored guest will visit headquarters next Friday.
⇢ honored guest 귀빈 (= a guest of honor)

우리의 단골 프랑스 고객이 이번 수요일에 수원 사업장을 방문하실 예정입니다.
Our regular client from France will visit the Suwon plant this Wednesday.
⇢ regular client 단골

스탠포드 대학의 박 교수님이 다음 달에 우리 연구소를 방문하기로 되어 있습니다.
Professor Park from Stanford University will visit our lab next month.
⇢ lab 연구소 (= laboratory)

사업본부장이신 박준호 상무님이 다음 주에 중국 사무소를 방문하실 예정입니다.
Executive Director Park Junho, our head of operations, will visit the China office next week.
⇢ executive director 상무   head of operations 사업본부장

중국 지사장께서 시제품에 대해 논의하기 위해 오늘 오후에 연구소에 들르실 계획입니다.
The regional director of China will visit the laboratory this afternoon to discuss a prototype.
⇢ regional director 지사장   prototype 시제품

이퍼블릭의 사장님께서 3박 4일의 일정으로 본사를 방문하실 계획입니다.
The CEO of E-public is scheduled to visit the headquarters for four days and three nights.
⇢ be scheduled to ~할 예정이다   four days and three nights 3박 4일 (우리말과 순서가 다른 데 주의)

주요 고객사인 오스틴 텍의 사장님이 10월 9일에 방문할 예정입니다.
The president of Austin Tech, one of our major clients, plans to visit us on October 9.
⇢ major client 주요 고객사

저희 사장님께서 귀사를 1월 5일부터 1월 8일까지 방문하실 계획임을 알려 드립니다.
I am informing you of our president's visit to your company. His visit is scheduled from January 5 to January 8.

내일 회장님께서 본사로 출근하셔서 부서별로 돌아보시고, 오후에는 본사 대회의실에서 이사회의에 참석하실 예정입니다.
The CEO is scheduled to come to the head office tomorrow to drop by each department office, and he will take part in a board meeting in the main conference hall in the afternoon.
⋯▸ board meeting 임원회의   drop by ~에 들르다

회장님과 사업본부장님이 중국의 모든 사업장과 지사를 순방하실 계획입니다. 이분들 맞을 준비를 철저하게 해주시기 바랍니다.
The CEO and the head of operations plan to visit all of the plants and offices in China. Please be sure to make thorough preparations for the visit.

| 219 | 해고 통보 |

유감스럽게도 잉글리시트리는 다음 달부터 20%의 인원감축을 하게 됨을 알려 드립니다.
We are sorry to inform you that Englishtree will be reducing its staff by 20% from next month.

모든 생산직 근로자를 일시 해고조치할 수밖에 없게 되었습니다.
It has become necessary for us to announce the temporary layoff of all of our production staff.
⋯▸ layoff (일시적인) 해고   production staff 생산직 근로자

그 동안 귀하의 공헌에 진심으로 감사드리며, 이번 해고가 불가피한 조치였음을 유감스럽게 생각합니다.
We sincerely appreciate your contributions and regret that this action has become necessary.
⋯▸ contribution 공헌, 기여   regret ~하게 되어 유감이다, 섭섭하다, 안타깝다

귀하의 고용을 10월 1일부로 종료하게 됨을 알려 드리게 되어 대단히 유감스럽게 생각합니다.
It is with great regret that I must inform you we are terminating your employment effective Oct. 1.

⋯→ terminate ~을 종료하다, 끝내다   effective (법, 규정 등이) 유효한

알려 드린 대로, 영업비용 절감의 이유로 인력감축을 단행할 예정입니다.
As you have been informed, the company is reducing its workforce due to the need to reduce operating costs.

⋯→ reduce the workforce 인력을 감축하다   due to ~때문에   operating costs 영업비용

안타깝지만 이번 해고는 불가피한 조치였습니다. 앞으로 귀하의 앞날에 성공을 기원합니다.
Unfortunately, this layoff was unavoidable. We wish you success in your future endeavors.

⋯→ layoff 해고   unavoidable 불가피한, 어쩔 수 없는   endeavour 노력

2013년 10월 1일부터 귀하는 영업과장직을 수행할 수 없게 됩니다.
Starting on Oct. 1, 2013 you will no longer be required to report to work as sales manager.

⋯→ report to work 출근하다

합의한 기대 수준에 미치지 못했으므로, 본 이메일을 통해 귀하의 고용을 즉시 종료하게 됨을 알려 드립니다.
As you have not lived up to the agreed-on expectations, please consider this as a notice of the termination of your employment with immediate effect.

⋯→ live up to (~의 수준, 기대 등에) 걸맞다   notice 공지, 통지   termination 종료, 말소, 중지

최근 2년간 실적이 부진하여 부득이 10% 인원감축이 있을 예정입니다.
Due to the poor business performance over the previous two years, we have no choice but to reduce our number of employees by 10%.

⋯→ poor business performance 사업실적 부진   have no choice but to ~할 수밖에 없다
    reduce (one's) employees/workforce 인원 감축을 하다

명예퇴직 신청인원이 목표인원에 미달할 경우, 부득이 인사 고과를 바탕으로 정리해고를 단행할 수밖에 없음을 양지해 주시기 바랍니다.
Please be advised that the company will be forced to conduct layoffs based on the result of employee evaluations if we have fewer applicants for voluntary resignation.

⋯ be advised that ~을 명심하다   be forced to ~할 수밖에 없다   conduct layoffs (정리) 해고를 단행하다

220 경고성 메일

이로써 귀하는 이 메일을 받은 후 24시간 내에 업무에 복귀할 것을 권고합니다.
You are hereby advised to report for duty within 24 hours of receipt of this email.

⋯ be advised to ~할 것을 권고하다, ~하는 것을 명심하다   receipt 접수, 영수, 영수증

무단결근에 대해 서면 보고서를 제출할 것을 권고합니다.
You are advised to submit a written explanation of your unauthorized leave.

귀하의 상사로서 마지막으로 경고합니다. 동일한 실수는 두 번 다시 하지 말기 바랍니다.
I, as your boss, will not warn you again. Do not ever make the same mistake again.

유감스럽게도 귀하의 문제는 인사위원회로 회부될 예정입니다.
I am sorry to inform you that your case will be remitted to the personnel committee.

⋯ be remitted to ~로 회부되다, ~로 위탁되다

이번 이메일은 귀하의 업무상 부정행위에 대한 최종 경고입니다.
This email is a final warning against your professional misconduct.

⋯ professional misconduct 업무상 부정행위, 직업상 위법행위

이번 같은 심각한 과오를 저지른다면, 우리 둘 모두에게 우려할 만한 사안이 될 겁니다.
If you make a terrible error like this, it will be an issue of serious concern for both of us.

귀하가 지난 10일 동안 3차례 결근한 사실에 대해 심히 우려하고 있습니다.
We take it seriously that you have been absent three times in ten days.

이번 상황이 개선되지 않으면, 정식으로 경고할 수밖에 없습니다.
If the current situation does not improve, we will have to give you a formal warning.

본 이메일은 저희가 보내는 귀사의 특허권 침해 내용증명에 대한 마지막 경고장입니다.
This email is our last warning notice to your company with the certification of contents showing that you infringed on our patent right.
··· certification of contents 내용증명 infringe on ~을 침해하다 patent right 특허권

본 이메일에 대하여 3일 이내에 답변이 없으시면 법적조치에 바로 들어갈 것입니다.
If you do not reply to the email within three days, we will immediately take legal action.
··· take legal action 법적 조치를 하다

귀사가 저희의 두 차례 손해배상 요청에도 답신이 없으셔서 1차 경고장을 보내 드립니다.
We are issuing our first warning letter as your company has not replied to our two rounds of requests to pay for damages.
··· pay for damages 손해배상을 하다

221 조직 개편

회사는 9월 전에 대대적인 구조조정을 계획하고 있습니다.
The company plans a major restructuring before September.
··· restructuring 재구성 개편 개혁

발표된 바와 같이, 본사의 구조조정을 단행할 예정입니다.
As announced, we plan to shake up our organizational structure at headquarters.
⋯▸ shake up 개편하다, 조정하다, 흔들다   headquarters 본사

회사의 구조조정 결과로, 다음의 두 부서는 한 명의 이사가 담당하게 됩니다.
As the company reorganization has concluded, the two departments are now managed by one director.
⋯▸ reorganization 재개편, 재구성, 개편

고객서비스만족부서는 폐쇄되고, 해당업무는 중앙 애프터서비스 부서로 이관됩니다.
The Customer Service and Satisfaction Division will be closed, and the task will be transferred to the Core After-Sales Service Division.
⋯▸ be transferred to ~로 옮겨지다, 이동되다

두 부서는 하나의 대형 부서로 통합될 예정입니다.
The two departments will be merged into one big department.
⋯▸ be merged into ~로 합쳐지다, 합병되다

조직개편은 다음과 같이 2014년 6월 1일부로 이루어질 예정입니다.
The organizational structure will be modified effective June 1, 2014 as follows.
⋯▸ modify 수정하다, 고치다   effective 날짜 (법, 규정 등이) ~날짜로 유효한   as follows 다음과 같이, 아래와 같이

판매점 운영조직은 이제 북부와 남부 두 개의 관할로 운영될 예정입니다.
Our store operations organization will now operate under two divisions North and South.
⋯▸ operate 운영하다

부서의 총괄감독은 다음 달부터 박 이사가 맡게 됩니다.
The general control of the department will be placed under Director Park from next month.
⋯▸ be placed under ~아래에 놓이다, ~의 관리, 지휘하에 놓이다

본 이메일로 뉴욕지사의 지사장 인사발령을 통보합니다.
This email is to announce changes in leadership at the New York branch office.

금년에 7개 부서를 3개 그룹으로 감축하고, 온라인 마케팅부서는 폐쇄됩니다.
We will scale back our seven divisions into three groups this year and ditch the online marketing division.
⋯▸ scale back 단계적으로 감축하다, 줄이다   ditch 버리다

기획총무부서 관할이었던 투자기획 업무기능은 재무회계부서로 이관될 예정입니다.
The investment planning function that was under the control of the Planning & General Affairs Department will move to the Finance & Accounting Department.

생산부와 생산관리부서가 통폐합되어 생산부로 명명될 것입니다.
Both departments of Manufacturing and Manufacturing Management have merged into what is now called the Department of Manufacturing.
⋯▸ be merged into ~로 통폐합되다

3군데의 연구소 중 1곳은 폐쇄하기로 결정했습니다.
The company decided to close one of its three laboratories.

Winning Tip

'촉탁 사원'을 영어로 뭐라고 할까?

'촉탁 사원'이란 우리말 표현을 처음 들어 보는 분도 있겠지만 필자는 특정 분야의 사람들로부터 '촉탁 사원'의 영어 표현에 대한 문의를 많이 받았다. 그런데 이 '촉탁 사원'이라는 말은 우리말로도 규정하기가 쉽지 않다. 촉탁 사원은 정규직원으로 고용계약을 맺지 않고 채용한 직원을 의미하는데, 일종의 계약 임시직이지만 흔히 전문적인 특수 업무를 하는 사원들을 촉탁 사원으로 분류하는 경우가 많다. 영어로는 non-regular staff라고 하면 된다.

CHAPTER 25 사내 업무용 이메일

상사에게 업무와 관련한 결재를 요청하는 이메일이다. 업무상 결재를 받는 일은 필수적이며, 특히 결재는 시간과 결부되는 일이므로, 늦추지 말고 신속하게 결재 받을 수 있도록 해야 한다.

 SAMPLE EMAIL

[URGENT] I need your approval ASAP

As I mentioned in the meeting yesterday, we need to purchase more spare parts for manufacturing the amount ordered. I was told that you are going to have another meeting in the afternoon. If you don't mind, I would like you to sign the purchase order for new spare parts before the meeting. Will it be okay with you?

> I would like you to ~는 상대방에게 '~해 주시기 바랍니다, ~해 주시면 좋겠습니다' 정도의 느낌으로 말하고자 할 때 사용하면 된다.

[긴급] 빠른 결재 부탁드립니다

어제 회의에서 말씀드린 바와 같이 주문량을 제조하기 위해서 추가로 예비부품을 구매해야 합니다. 오후에 다른 회의가 있으시다고 들었습니다. 혹시 괜찮으시면, 회의 전에 새 예비부품 구매 오더에 결재를 부탁 드립니다. 가능하실까요?

purchase order 구매 오더 **spare parts** 예비부품 **sign** 서명하다, 결재하다

222 결재 요청

일정표 변경안에 결재를 받을 수 있을까요?
May I have your approval on a change in schedule, please?
↳ have one's approval ~의 승인/결재를 받다

제안서를 방금 완료했는데, 결재를 받아야 합니다.
I've just finished the proposal, so it needs your approval.

첨부문서에 대한 결재를 바랍니다.
I am seeking your approval on the attached document.
↳ seek one's approval on ~의 승인/결재를 구하다 attached document 첨부파일

새 예비부품 구매주문에 결재를 부탁드립니다.
I would like you to sign the purchase order for new spare parts.
↳ purchase order 구매주문 spare parts 예비부품

수정예산안에 이사회의 승인을 받아야 합니다.
I need to obtain the board's approval on the revision of the budget.
↳ revision 개정, 수정 budget 예산

오후 회의가 있기 전에 결재를 받을 수 있을까요?
Could I obtain your approval before the meeting this afternoon?
↳ obtain one's approval ~의 승인, 결재를 받다

이번 거래에 정식결재는 언제 받을 수 있습니까?
When can you give me your official approval on the deal?
↳ official approval 공식승인, 정식결재 deal 거래, 취급, 대우

지난 주에 제출한 경비보고서 결재를 부탁드립니다.
Please sign the expense report I submitted last week.
↳ sign 서명하다, 사인하다 expense report 경비보고서, 비용기안, 비용결재서

이 프로젝트에 대한 투자금액이 너무 커서 CEO 결재까지 받아야 합니다.
As the current project requires a big amount of investment, I need to get the CEO's approval for it.

이 기안서는 팀장님의 결재가 아직 안 났습니다. 결재 받자마자 바로 보내 드리겠습니다.
The document has yet to be signed by the head of my department. I will send it immediately after he signs it.

⋯▸ have yet to 아직 ~하지 않다

비용이 50만 달러 이하인 경우 본부장의 결재만 필요하기 때문에 시일이 예상보다 짧게 걸릴 것입니다.
If the expense is less than 500,000 dollars, it requires approval only from the division head. It will take fewer days than expected.

223 보고 요청

진행사항에 대해 정기적으로 보고를 하기 바랍니다.
I'd like you to regularly report to me how things are going.

주간회의 결과를 반드시 보고해 주세요.
Please make sure to report the results of the weekly meeting.

⋯▸ make sure to 반드시 ~하다

현재까지의 진척상황에 대한 종합보고서를 제출할 것을 요청하는 바입니다.
This email is to request that you submit a comprehensive account of the progress made up to now.

⋯▸ comprehensive account of ~에 대한 종합적인 설명, 보고   progress 진척, 진도

스웨덴에서 열린 회의에 대한 브리핑을 해주기 바랍니다.
I am looking forward to being briefed on the conference held in Sweden.

⋯▸ look forward to ~하는 것을 고대하다, 간절히 바라다, 기대하다

이번 납품지연 사태에 대한 보고는 언제 받을 수 있는지요.
I wonder when I can get briefed about the recent delay in the delivery.

⋯▸ get briefed about ~에 대해 브리핑을 받다, 간략보고를 받다   delay in ~의 지연

이 번호로 귀하의 보고서를 팩스로 바로 보내 주세요.
Fax your report to me at this number immediately, please.
→ fax A to B A를 B에게 팩스로 보내다 at this number 이 번호로 (전치사 at를 사용하는 것에 유의)

부산 사업장에서 무슨 일이 발생했는지 간략보고 바랍니다.
I need a brief rundown on what happened at the Busan factory.
→ rundown on ~에 대한 항목별 검사, 보고, 개요

컴퓨터 보안 신제품 출시에 대해 계속 보고해 주기 바랍니다.
Please keep me informed of any new releases of computer security products.
→ keep A informed of B A에게 B에 대해 계속해서 알려 주다, 정보를 주다 release 출시, 방출, 석방

변경사항이 있을 때마다 바로바로 보고 드리겠습니다.
I will report to you without any delay whenever a change is made.
→ without any delay 지체없이, 바로바로

이번 개발 프로젝트의 계약을 맺은 날부터 일주일에 한 번씩 주간보고서를 작성하시기 바랍니다.
Make a weekly report since when the contract for the development project is signed.
→ make a weekly report 주간보고서를 작성하다, 주간보고를 하다

224 자료 요청

회의록 사본을 보내 주시겠습니까?
Can you send me a copy of the meeting minutes, please?
→ meeting minutes 회의록 a copy of ~의 사본

지난 번 회의록을 이메일로 보내 주시면 감사하겠습니다.
I'd appreciate it if you would email me the minutes of the last meeting.
→ minutes 회의록

귀사의 인적자원관리 정책을 알려 주실 수 있을지요.
I wonder if you can share your company's policy on human resources management.

⋯ human resources management 인적자원관리

귀하의 프레젠테이션 파일 사본을 이메일로 보내 주실 수 있는지요?
Could I ask you to email me a copy of your presentation file?

⋯ a copy of ~의 사본

회의에서 언급했던 참고자료를 보내 주시기 바랍니다.
Please send me the reference materials you mentioned at the meeting.

⋯ reference material 참고자료

어제 회의에서 약속하신 대로 협력업체 연락처를 주시면 감사하겠습니다.
As promised in the meeting yesterday, I'd be grateful if you could give me the contact number for your supplier.

⋯ supplier 협력업체, 공급업체

출시를 앞두고 있는 제품의 환경영향보고서를 보내 주시기 바랍니다.
I'd like you to send us an environmental impact report of the products to be released on the market.

⋯ environmental impact report 환경영향보고서

개발비 품의를 받으려면 국제시장현황과 개발일정, 마케팅 전략 등의 자료가 필요합니다.
I need documents on international market trends, a development schedule, marketing strategies, etc. in order to get approval of the development expense document.

⋯ get approval of the development expense document 개발비 품의를 받다

225 상황 보고

현재 공사의 마지막 단계에 접어들었습니다.
We are now entering the final phase of the construction.

⋯ phase 단계

일정보다 빠르게 정해진 예산 범위 내에서 사업이 진행되고 있습니다.
We are now ahead of schedule and under budget.
⋯▸ ahead of schedule 일정보다 빠른   under budget (정해진) 예산 범위 내의

현재 한 달째 사업에 진척이 없습니다.
The project has been making little progress for a month now.
⋯▸ make little progress 진척이 거의 없다

본 이메일로 프로젝트가 예정대로 잘 진행되고 있음을 알려 드립니다.
This email is to inform you that the project is going well as planned.
⋯▸ as planned 계획대로

그 프로젝트에서 현 단계를 마무리짓는 데 예상보다 늦어지고 있습니다.
The project is taking more time than we expected to complete the current phase.

이번 프로젝트 추진은 일정대로 진행되고 있으며 결과도 좋습니다.
Work on this project is progressing on schedule and with good results.
⋯▸ on schedule 일정대로 진행되는 시간표대로

우리 회사의 생산성은 여전히 다른 주요 경쟁사들보다 상당히 뒤쳐지고 있습니다.
Our productivity still lags far behind that of other leading companies.
⋯▸ productivity 생산성   lag behind ~에 뒤쳐지다

이번 프로젝트는 일정보다 한 달 지연되고 있지만 3월까지는 완료될 것입니다.
The project is one month behind schedule, but it will be completed by March.
⋯▸ behind schedule 일정보다 뒤처진

지금 현재 에이스 테크사에서 저희 제품을 그들의 고객사에 제안했습니다. 다음주 화요일에 최종결정을 할 예정입니다.
Ace Tech, Inc. suggested our product to its client. They will make the final decision on next Tuesday.
⋯▸ client 고객 고객사   make a final decision 최종결정을 내리다

저희 고객사에서는 제시한 가격이 약간 높다는 반응입니다. 이번 주중으로 가격협상을 끝낼 계획입니다.
Our client is of the opinion that the suggested price is a little expensive. We plan to complete negotiations on the price by the end of this week.
⋯→ be of the opinion ~입장이다

226 업무 요청 및 제안

다음과 같은 제안을 드리고자 합니다.
I'd like to propose the following suggestion.

문제에 대한 해결책을 제안하고자 합니다.
I would like to suggest a solution to the problem.

귀사의 제안에 대안을 제시해도 되겠습니까?
Could I offer an alternative idea to your suggestion?
⋯→ alternative idea to ~에 대한 대안

귀하의 계획에 대해 한 말씀 드리겠습니다.
Please allow me to make a comment on your plan.
⋯→ Please allow me to ~하겠습니다, ~해도 될까요? make a comment on ~에 대해 의견을 말하다

실례가 되지 않는다면, 내년도 예산과 관련해서 한 가지 제안을 하고자 합니다.
If you don't mind, I'd like to make a proposal on next year's budget.
⋯→ make a proposal on ~에 대한 제안을 하다

프로젝트와 관련해서 잠시 말씀을 나눠도 되겠습니까?
May I possibly have a word with you on the project?
⋯→ have a word with ~와 얘기하다 May I possibly ~? ~해도 될까요?

귀하의 결정에 대해 재고 요청을 드려도 되겠습니까?
Would it be all right if I asked you to reconsider your decision?
⋯→ reconsider ~에 대해 재고하다

이 안건에 대해서는 제가 생각해 놓은 것이 하나 있습니다.
I have my own idea in relation to this agenda.

제안서에 담긴 내용도 좋지만 만일의 경우를 대비한 계획을 세워야 합니다.
The proposal sounds good, but we need to set up a fallback plan.
⋯ fallback plan 만일의 경우를 대비한 계획

227 업무 보고에 대한 피드백

진척 보고서 잘 받았습니다. 진행이 잘 되고 있다니 대단히 만족스럽습니다.
Thanks for the progress report. I am very glad that things are going well.
⋯ progress report 진척보고서 go well 잘 되어가다, 잘 진행되다

보고서를 보내 줘서 고맙습니다. 진척상황에 대해 계속 보고해 주기 바랍니다.
I appreciate you sending me your report. Please keep me posted on your progress.
⋯ keep A posted on B A에게 B에 대해 계속 알려 주다

주간요약보고와 더불어 일일보고도 해주시기 바랍니다.
I'd like to have a daily report in addition to a weekly summary.
⋯ daily report 일일보고 in addition to ~에 추가로, 덧붙여

아주 자세한 보고서 잘 받았습니다.
Thank you for the report, which was very detailed.
⋯ detailed 자세한, 상세한

보고서에 대해 간략하게 프레젠테이션을 해주기 바랍니다.
I'd like you to give me a short presentation on your report.
⋯ short presentation on ~에 대한 간략 발표

귀하의 소프트웨어 디자인에 수정 제안을 했으니 확인해 보십시오.
Please check the revision suggestion I made to your software design.
⋯ revision 개정, 수정

보고서 내용이 최신 사업동향을 이해하는 데 아주 도움이 되는군요.
I found your report very helpful for me to understand the latest business trends.

일정 변경의 이유에 대해 설명을 해주기 바랍니다.
I need your explanation on why the schedule needs to be changed.

귀하의 제안서 수정본을 내일 오전까지 가져오세요.
Please bring me a revised version of your proposal by tomorrow morning.
⋯▸ revised version 수정본, 개정판

마케팅 전략 보고서를 잘 썼는데, 하나 아쉬운 점은 각각의 전략을 뒷받침하는 근거자료가 부족한 것 같습니다.
You made a good report on marketing strategies. But, it seems that it lacks supporting evidence for each strategy.
⋯▸ supporting evidence for ~에 대한 근거자료

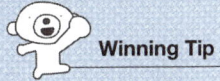

Winning Tip

외국에서의 택시 합승
우리나라의 경우 택시 합승이 과거에는 흔했지만 지금은 크게 줄어든 것 같다. 외국으로 출장을 간 경우 택시 합승을 할 가능성이 높지는 않지만, 유럽의 일부 국가에서는 전혀 예상치 못하게 합승을 해야 하는 경우도 생긴다. '합승하다'란 표현은 간단하게 share a taxi라고 하면 된다. 단, 외국에서 합승할 때 가끔 호텔 숙소를 알아내 범죄의 표적이 될 수도 있으니 조심하는 것이 좋겠다.

Can we share a taxi, please?
합승해서 갈까요?

평생 숙제 '영어 공부' 끝내고 싶을 땐
로그인 영어책

100일이면 하고 싶은 말이 영어로 술술 나온다!
영어회화 BIG 표현 1500 시리즈

오석태 지음 | 소설편 420쪽 | 드라마편 416쪽 | 영화편 440쪽 | 각 14,800원

10년 넘게 공부해도 말 못하는 영어, 맛있게 끝내자! 저자의 30년간 노하우로 꼭 필요한 표현만 소설, 드라마, 영화에서 각각 1,500개씩 추출한 빅표현 시리즈! 빅표현으로 원어민이 실생활에서 쓰는 말을 다 알아듣고 자유롭게 의사소통해 보자!

초등학교 영어만 알아도 되는 리얼 영어회화
한 문장으로 통하는 영어

오석태 지음 | 328쪽 | 14,800원

영어 초보라도 가볍게 도전할 수 있는 쉬운 단어와 표현들, 표현을 이해하는 데 꼭 필요한 문법 설명을 곁들인 기본서! 정확한 문법 틀에 하고 싶은 말을 정확하게, 영어를 영어답게 말할 수 있도록 도와준다.

어원 학습법으로 순식간에 익히는
대박 어원 영단어 900

시미즈 겐지 지음 | 정은희 옮김 | 360쪽 | 14,800원

어원을 알고 단어를 보면 뜻이 보인다! 하나를 알면 100개를 저절로 아는 주요 어원 150개를 수록했다. 재미있고 효율적인 '어원 학습법'으로 영단어 900개를 순식간에 정복할 수 있다!

작은 습관이 만드는 대단한 영어 실력
하루 10분 명문 낭독 영어 스피킹 100

조이스 박 지음 | 272쪽 | 13,000원

입 밖으로 내는 영어, 방법은 낭독뿐이다. 매일 10분씩, 꾸준히 100일을 하면 어마어마한 실력이 쌓이고, 영어를 입 밖으로 소리 내어 말할 수 있다. 영어 박사 조이스가 엄선한 영어권 인사들의 주옥같은 명언집!